GCSE german for OCR

Students' Book

Lynn Erler
Morag McCrorie
Anke Neibig
Clare Parker
Dagmar Sauer
Michael Spencer

OCR
RECOGNISING ACHIEVEMENT

OXFORD
UNIVERSITY PRESS

Official Publisher Partnership

OXFORD
UNIVERSITY PRESS

Great Clarendon Street, Oxford OX2 6DP

Oxford University Press is a department of the University of Oxford.

It furthers the University's objective of excellence in research, scholarship, and education by publishing worldwide in

Oxford   New York

Auckland   Cape Town   Dar es Salaam   Hong Kong   Karachi
Kuala Lumpur   Madrid   Melbourne   Mexico City   Nairobi
New Delhi   Shanghai   Taipei   Toronto

With offices in

Argentina   Austria   Brazil   Chile   Czech Republic   France
Greece   Guatemala   Hungary   Italy   Japan   South Korea
Poland   Portugal   Singapore   Switzerland   Thailand
Turkey   Ukraine   Vietnam

Oxford is a registered trade mark of Oxford University Press in the UK and in certain other countries

© Oxford University Press 2009

The moral rights of the author have been asserted

Database right Oxford University Press (maker)

First published 2009

British Library Cataloguing in Publication Data

Data available

ISBN 978 019 915494 4

10 9 8 7 6 5 4 3 2

Printed in Singapore by KHL Printing Co Pte Ltd.

Paper used in the production of this book is a natural, recyclable product made from wood grown in sustainable forests. The manufacturing process conforms to the environmental regulations of the country of origin.

Acknowledgements
The publishers would like to thank the following for permission to reproduce photographs:

8a Dean Mitchell/Shutterstock.com, 8b Monkey Business Images/Shutterstock.com, 8c Monkey Business Images/Shutterstock.com, 8d Yuri Arcurs/Shutterstock.com, 8e Galina Barskaya/Shutterstock.com, 8f Felix Mizioznikov/Shutterstock.com,12b Stephen Oliver/Alamy, 12c Thomas Cockrem/Alamy,12d Michelle Pedone/zefa/Corbis,12e Hans Neleman,14a AFP/Getty Images,14b Rainer Jensen/epa/Corbis,14c Getty Images,16a Simone Mueller,16b Matthew Donaldson/www.photolibrary.com, 16i Getty Images, 20a Klaus Hackenberg/zefa/Corbis, 20b INSADCO Photography/Alamy, 20c Eberhard Streichan/zefa/Corbis, 20d Linda Kennedy/Alamy, 20e Edifice/CORBIS, 20f Derek Croucher/CORBIS, 20g purchased from www.bigstock.com, 20h Chris Rose/PropertyStock/Alamy, 20i Derek Croucher/Alamy, 20k-Bieke Claessens/www.photolibrary.com, 20l Chris Rose/PropertyStock/Alamy, 20n Andrew Twort, 20o Chris Rose/PropertyStock/Alamy, 28m Kevin Dodge/Corbis, 28n Michael Paras/www.photolibrary.com, 28o Charles Gullung/zefa/Corbis, 28p eStock Photo/Alamy, 28q ianmurray/Alamy, 29a OUP, 30a Tips Images UK, 30b Knoll/Mauritius/www.photolibrary.com, 31a Svenja-Foto/zefa/Corbis, 32a Werner Otto/Alamy, 32b EIGHTFISH/Getty, 35a Günay Mutlu/www.photolibrary.com, 36b ianmurray/ Alamy, 36c Charles Gullung/zefa/Corbis, 36d eStock Photo/Alamy, 36e Michael Paras/www.photolibrary.com, 37a Alberto Paredes/Alamy, 37b SPP Images/Alamy, 37c AA World Travel Library/Alamy, 37d superclic/Alamy, 41a Tips Images UK, 44a Little Blue Wolf Productions/Corbis, 44b, 50a, 50b, 50c, 57a, 57b and 57c purchased from www.bigstock.com, 44c kolvenbach/
Alamy, 44d Sue Cunningham Photographic/Alamy, 46a Getty Images, 46b imago/WEREK, 46c Getty Images, 48a Gary Rothstein/Icon SMI/Corbis, 48b Jean-Christophe Bott/epa/Corbis, 52a AFP/Getty Images, 60a Jon Helgason/www.iStockphoto.com, 60b Joe Gough/www.iStockphoto.com, 60c koi88/www.iStockphoto.com, 60d Maceofofo/www.iStockphoto.com, 60e Alex Nikada/www.iStockphoto.com, 60f Sergei Didok/www.iStockphoto.com, 60g Peter Jobst/
www.iStockphoto.com, 60h john norman/Alamy, 60i Juergen Henkelmann Photography/Alamy, 60j Thomas Cockrem/Alamy, 63b and 63d Picture Partners/Alamy, 66a Gary Cook/Alamy, 66b Bo Zaunders/Corbis, 66c Paul Mayall/Alamy, 66d Peter Erik Forsberg/Alamy, 66e Lise Gagne/www.iStockphoto.com, 66f Andy Medina/www.iStockphoto.com, 66g Luke Daniek/www.iStockphoto.com, 66h and 178a purchased from www.bigstock.com, 73b and 73c OUP, 76g OUP, 76h purchased from www.bigstock.com, 78a OUP, 80a OUP, 80b OUP, 80c Joseph Luoman/www.iStockphoto.com, 81a frostyg/www.BigStockphoto.com, 81b Yadid Levy/Alamy, 82k OUP, 82l OUP, 84a Werner Dieterich/Alamy, 84b imagebroker/Alamy, 84c Ingolf Pompe 67/Alamy, 84d Thomas Frey/epa/Corbis, 89a vario images GmbH & Co.KG/Alamy, 89b OUP, 92a imagebroker/Alamy, 92b OUP, 94a Colin Walton/Alamy, 94b Julia Catt Photography/Alamy, 94c purchased from www.bigstock.com, 94d purchased from www.bigstock.com, 94e OUP, 96a OUP, and 96b kind permission from www.wdr.de, 96c Content Mine International/Alamy, 96d Rolf Haid/epa/Corbis, 96e RTL/STEFAN GREGOROWIUS, 96f RTL, 98a poster reproduced by kind permission of Bavaria-film.de, 100a WireImage, 100b Getty Images, 100f AFP/Getty Images, 100g Getty Images, 101a INTERFOTO Pressebildagentur/Alamy, 105a AFP/Getty Images, 105b Getty Images, 105e OUP, 108a RM05076664 A1pix, 108 Robert Harding Picture Library Ltd/Alamy, 108c Mark van Aardt, 108d purchased from www.bigstock.com, 109a PA Photos, 110b Jon Arnold Images Ltd/Alamy, 112a mediablitzimages (uk) Limited/Alamy, 112b Larry Williams, 114a Jamie Duplass/www.iStockphoto.com, 114b Huchen Lu/www.iStockphoto.com, 116a Adrian Sherratt/Alamy, 116b vario images GmbH & Co.KG/Alamy, 118a OUP, 121a RM05076664 A1pix, 121b Jon Arnold Images Ltd/Alamy , 121c Richard Klune/Corbis, 121d Bubbles Photolibrary/Alamy, 124a ROUSSEL BERNARD/Alamy, 124b David South/Alamy, 124c purchased from www.bigstock.com, 127a Rosemary Roberts/Alamy, 127b OUP, 127c Anthony Kay/Flight/Alamy, 128a imagebroker/Alamy, 128b nik wheeler/Alamy, 128c Peter Widmann/Alamy, 128d FAN travelstock/Alamy and © John Warburton-Lee Photography / Alamy, 132h Picture Partners/Alamy, 133a Chris Schmidt/iStockphoto.com, 140a Stefanie Grewel/zefa/Corbis,142a Stefanie Grewel/zefa/Corbis,142b, 142e and 142f purchased from www.bigstock.com,142c Sally and Richard Greenhill/Alamy, 142d David Deas/Getty images, 142g keith morris/Alamy, 144a ACE STOCK LIMITED/Alamy, 146b www.lemonphotographic.co.uk, 148a, 150aPhotofusion Picture Library/Alamy,156a Picture Partners /Alamy, 156b Picture Partners/Alamy, 158a Jacek Chabraszewski /www.iStockphoto.com, 158b OUP, 158c OUP, 158d Sean Locke/www.iStockphoto.com, 158e ACE STOCK LIMITED/Alamy, 160a Chris Schmidt/www.iStockphoto.com, 160b Steve Cole/www.iStockphoto.com, 162a Marcel Pelletier/www.iStockphoto.com, 162b Heiko Potthoff/www.iStockphoto.com, 164a Ricardo Azoury/www.iStockphoto.com, 164b Rob Walls/Alamy, 164c Dennis Guyitt/www.iStockphoto.com, 164d Dimitriy Shironosov/www.iStockphoto.com, 164e The Photolibrary Wales /Alamy, 172a Bjorn Andren/www.photolibrary.com, 174a INTERFOTO Pressebildagentur/Alamy, 174b purchased from www.bigstock.com, 174c Paul Thompson Images/Alamy, 174d OUP, 174e Jon Arnold Images Ltd/Alamy, 175a AFP/Getty Images, 176a 2008 AFP, 177a Tips Images Uk, 177b Bohemian Nomad Picturemakers/Corbis, 179a imagebroker/Alamy, 180a Gianni Muratore/Alamy, 182a Lucy Nicholson/Reuters/Corbis, 183a Alibi Productions/Alamy, 184a 'volunteer with Real Gap, Africa', is produced by kind permission of Real Gap, 184b OUP, 186a John Warburton-Lee Photography/Alamy, 187a Chris Schmidt/www.iStockphoto.com, 188a D. Hurst/Alamy, 190a david pearson/Alamy, 190b Rolf Haid/epa/Corbis, 190c Dirk v. Mallinckrodt/Alamy, 190d vario images GmbH & Co.KG/Alamy, 190e vario images GmbH & Co.KG/Alamy.

Illustrations by: Adrian Barclay, Kessia Beverley Smith, Jo Blake, Phillip Burrows, Emmanuel Cerisier, Stefan Chabluk, Moreno Chiacchiera, Peter Donnelly, Mark Draisey, Mark Duffin, Clive Goodyer, John Hallett, Bill Houston, Richard Jones, Mike Lacey, Dusan Pavlic, Pedro Penizzotto, Mike Phillips, Pulsar Studio, Andy Robb, Simon Tegg, Theresa Tibbetts, Matt Ward, Ian West.

Cover image: Erik Isakson/Getty

The authors and publishers would like to thank the following people for their help and advice:

Frances Reynolds, Marion Dill, Melissa Weir, Katie Lewis, Colette Thomson and Andrew Garratt (Footstep Productions), Chris Buckland (the Thomas Hardye School), Tessa Kelly (Trinity School), Helen Smith.

Every effort has been made to contact copyright holders of material reproduced in this book. If notified, the publishers will be pleased to rectify any errors or omissions at the earliest opportunity.

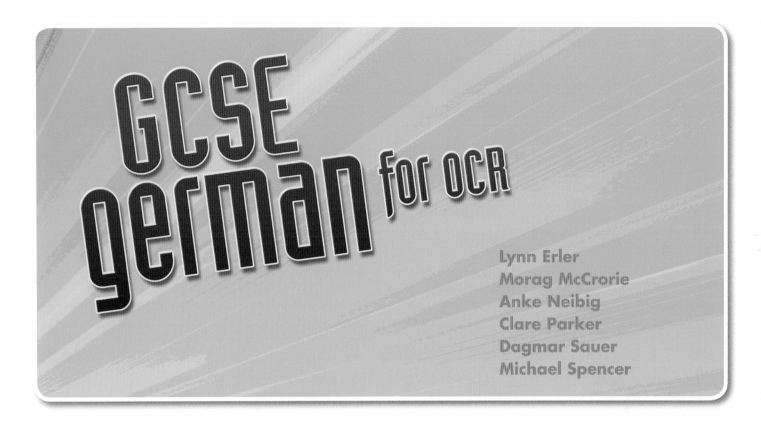

GCSE german for OCR

Lynn Erler
Morag McCrorie
Anke Neibig
Clare Parker
Dagmar Sauer
Michael Spencer

Welcome to *GCSE German for OCR*!

The following symbols will help you to get the most out of this book:

🎧 listen to the audio CD with this activity

👥 work with a partner

👥 work in a group

B←→A swap roles with your partner

GRAMMATIK an explanation of an important aspect of grammar

TIPP a skill or strategy that will help you maximise your marks

WORTSCHATZ key expressions for a particular topic

Jetzt seid ihr dran!

a round-up activity that helps you to put the skills and grammar you have learnt into practice. Additional support for these activities is provided on the OxBox CD-ROM.

Aktive Grammatik Grammar explanations and practice

Kompetenzen Summary and practice of the skills and strategies covered in the unit

Szenario Extended tasks which will help you to prepare for your speaking and writing controlled assessments. Additional support for these activities is provided in the *Exam Skills Workbooks*.

Vokabeln Unit vocabulary list

Lesen Additional reading material to accompany each unit

Contents

Trainingszone

What will you be studying?

You will be studying topics from five areas:

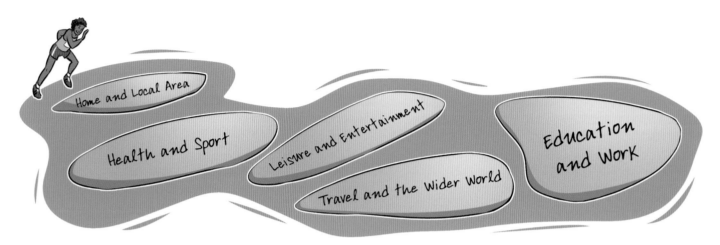

Home and Local Area

Health and Sport

Leisure and Entertainment

Travel and the Wider World

Education and Work

Are you ambitious and creative? You can suggest your own ideas!

This book covers the whole range: topics relating to yourself and your own interests, and topics from the German-speaking world. This isn't so you can be tested on your knowledge of Germany or other countries: it's because if you are learning German, you will want to use it to find out and talk about something interesting, relevant, useful and imaginative. The German you learn will equip you to communicate in different ways, from dealing with practical situations, to expressing yourself creatively. Oh yes, and of course... it is designed to help you to succeed in your OCR GCSE exam too!

Audition for a place in the Big Brother house
Plan an extreme sports holiday

***

Review your favourite film
Write a holiday brochure
[insert your own choice here]

***

For or against building in the Green Belt?
Describe your dream job

What is in the exam?

For the OCR GCSE exam, you will be tested on the four skills shown in the pie chart. Controlled Assessments account for 60% of the marks (those for Speaking and Writing), so for 60% of your GCSE, what you will be assessed on is up to you! **You** will be saying it or writing it. Make sure you have plenty to say, stick to what you know, and you will be in control!

Listening and Reading are assessed in exams. The examiners are not trying to trick you or confuse you:
– all instructions will be in English
– questions are designed to find out how much you understand.

Speaking and Writing are tested by Controlled Assessment. That's designed to let you show off what you can do.

Overall GCSE grade: 100%

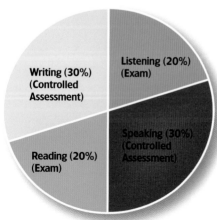

Writing (30%) (Controlled Assessment)

Listening (20%) (Exam)

Reading (20%) (Exam)

Speaking (30%) (Controlled Assessment)

What is Controlled Assessment?

Controlled Assessment is like an exam, except it's even better because individual schools or individual students (that means you!) can be involved in the choice of topic. This is to encourage you to speak and write on topics that you are really interested in. At the end of the course you submit your best two Speaking tasks and your best two Writing tasks.

How does *GCSE German for OCR* equip me for the exam?

- It develops your Listening, Speaking, Reading and Writing skills, step by step, building your confidence in tackling material in German.

- It focuses on strategies for success in the exam so you can do your best on the day. There are skills boxes in each unit to set out step-by-step the best way to learn for you, and a skills page which encourages you to focus on applying and evaluating these strategies yourself. You can keep applying the same strategies in all units because they **really** work!

- It tells you exactly what you need to do in order to approach the Speaking and Writing assessments with confidence. At the end of each unit, there is a Speaking and a Writing *Szenario* task. These are creative tasks, similar in style to the GCSE Controlled Assessment tasks. All the German and all the skills you have learned so far will come into play, so you can use the task as a chance to show off and express yourself.

- It provides you with language tools (some call it grammar!) for your German toolkit so that you feel that you are properly equipped to deal with the assessment tasks. There are grammar boxes throughout each unit introducing the tools you need, a grammar spread at the end of the unit, and a summary *Grammar Bank* at the end of the book. Language is recycled and reused so that your tools in your toolbox won't be going rusty!

What else will help me succeed?

- The *Exam Practice* section at the back of this book, which provides a complete set of sample exam papers for you to sharpen up on.

- The *Exam Skills Workbook* (available in Foundation and Higher tier editions), which brings together lots of useful advice and strategies, and gives you activities to evaluate and practise them with.

- The *Resources and Planning OxBox CD-ROM*, which provides overviews of German grammar and pronunciation, plus flash cards to help you to master the OCR prescribed vocabulary list. Use the *Record & Playback* activities to record practice speaking Controlled Assessment tasks and perfect your pronunciation and delivery.

How to learn new words and use them

There are many strategies for learning German vocabulary. The most important thing is to try them, evaluate them, and stick to what works for you. Spending time learning words thoroughly is a simple thing that will make a big difference to your grade. It is something no one else can do for you!

Top Five Strategies for Learning Vocabulary

Crack the spelling/ pronunciation link

Learn the German spelling rules

Pronounce any German word correctly

Spell any German word correctly

Notice links between related words

Spend more time on learning the meaning of words

Fun techniques

Word association pictures

Flashcards/Memory games

Stories

Text your friends in German

Focus on important words

Core vocabulary

Vocabulary that transfers to all topics

"Tricky" words

Words that make you stand out from the crowd

Word families

Use your own system

Organise your vocabulary your way: alphabetically, by topic, or in some other way that is meaningful to you Keep using the vocabulary you learned in previous units

Test yourself frequently to see if you can remember everything

Have your own Top Five Strategies

Eat, drink, read, write, speak, listen

Eat, drink, read, write, speak, listen

When you are swimming, count your lengths in German

When you are jogging, listen to your words on your MP3 player

On the bus, have a look at your German verb list

Set the menus on your phone and games console to German

Label everything around your house in German

What works for you?

I read words over and over again and then repeat them in my head or out loud.

I record myself speaking and then listen to the recording.

I write each new word out ten times and then I write a sentence using it.

I write new words on a small card with the English translation on the back and use them to test myself.

I ask a friend or relative to test me.

I spell new German words out for myself, silently or out loud.

Which of these ideas would work best for you? Try some and see!

Getting to grips with your German grammar toolkit

Grammar is the set of tools that lets you build German for yourself and express what you want to say. Once you have a collection of grammar tools, they can be used for all topics.

Have you seen those modelling magazines that give you one part of a kit each month, so at the end of the year you have all the parts of a plane? The problem is you have to wait a year before your plane can fly!

This book is not like that. From the very first unit, you begin to assemble a working model that flies. Then you can add to it, customise it and build your own constructions with more independence and more creativity each unit.

Basic Starter Kit:
descriptions
opinions
reasons
regular + irregular verbs
present
past
future

Add-ons:
imperfect
comparative/ superlative
adverbs and intensifiers
pronouns
conditional
linking words

Where will you find your grammar tools in *GCSE German for OCR?*

Aktive Grammatik pages towards the end of each unit of the *Students' Book*, with more in-depth explanation and practice activities.

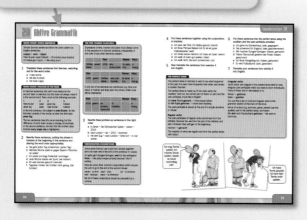

Purple grammar panels on most pages of the *Students' Book*.

One page of grammar activities for each unit in the *Exam Skills Workbooks*.

Extensive practice of all of the grammar points covered at GCSE level.

A GCSE *Grammar Bank* at the end of the book, for reference and extra practice.

ICT presentations of the core grammar points you need for GCSE

What do you do with your grammar toolkit?

The three most important things to do with your grammar toolkit are:

1. Look after the tools: add new ones, but always keep using your old ones.
2. Use the right tool for the job: match the expressions you know to the parts of the task you are doing.
3. Practise taking things apart and putting them back together again. That's how you find out how things work and how to make them yourself.

The grammar activities in this book will give you plenty of practice to make sure you follow these three rules. Some activities are about making sure you put things together correctly, others are about discovering and analysing how things work. Then you always get the chance to use what you have learnt to express yourself creatively and show off what you know.

With *GCSE German for OCR*, you'll have the tools to be a champion!

Viel Erfolg!

1A Mein Leben

Weißt du schon, wie man...

- ❏ sich vorstellt?
- ❏ seine Freunde und Familie beschreibt?
- ❏ seine tägliche Routine beschreibt?
- ❏ die Hausarbeit einteilt?
- ❏ über das Leben zu Hause spricht?

Szenario

- **Bewirb dich um einen Platz im *Kleiner Bruder*-Haus!**
- **Stell dich auf einer Pressekonferenz vor.**

Stell dich auf einer Pressekonferenz vor.

Kompetenzen

Beim Sprechen

In German, how do you...
- start a conversation with confidence?
- avoid awkward silences?
- cope when you don't understand what's been said?

Beim Schreiben

How do you...
- use adverbs of time?
- use the correct sentence order with reflexive and separable verbs?

Aktive Grammatik

As part of your German language 'toolkit', can you...
- tell the gender of common nouns?
- make plural forms of nouns?
- use the present tense of common regular and irregular verbs?
- use adjectives to show possession?

G das Präsens im Singular **W** Persönliches und Charaktereigenschaften **K** einüben, was man sagen will

---

www.schuelerwelt.de: Nimm Kontakt mit Schülern in anderen Ländern auf!

Elke Steinberger, 15 Jahre alt
wohnt in: Luzern
mit: Mutter, Vater, Katze
Lieblingsschauspieler/in*:
Johnny Depp

Florian Müller, 16 Jahre alt
wohnt in: Dresden
mit: Mutter, Schwester,
Kaninchen und Hund
Lieblingsfernsehsendung:
Die Simpsons

Thomi Huber, 14 Jahre alt
wohnt in: Salzburg
mit: Mutter, Bruder, Stiefvater,
Stiefschwester
Lieblingssänger/in: Justin
Timberlake

Gülçin Malik, 15 Jahre alt
wohnt in: Frankfurt am Main
mit: Mutter, Vater, Großmutter,
2 Brüdern
Lieblingssportler: Roger Federer

Name:
Alter:
Wohnort:
Familienmitglieder*:
Lieblingsschauspieler/in:
Lieblingsband:
Lieblingssportler/in:

*der Liebingsschauspieler - *favourite actor*
das Familienmitglied - *family member*

TIPP

Before you start speaking, rehearse what you want to say and jot down brief notes. This will give you greater confidence!

---

1 Wie heißt du?
2 Wie alt bist du?
3 Wo wohnst du?
4 Wen gibt es in deiner Familie?
5 Wer ist dein/e Lieblingsschauspieler/in oder deine Lieblingsband?
6 Wie heißt dein/e Lieblingssportler/in?
7 Wie heißt deine Lieblingsfernesehsendung?

1 📖 Schau dir die Website-Einträge 1–4 und die Bilder a–d an. Was passt zusammen?

2a 📖 Du willst dich deinem/deiner Internet-Partner/in beschreiben. Wie bist du? Was passt zusammen?

1	groß	a	small
2	klein	b	lazy
3	sympathisch	c	medium-sized
4	ungeduldig	d	cheerful
5	freundlich	e	tall
6	faul	f	friendly
7	fröhlich	g	likeable
8	lustig	h	impatient
9	mittelgroß	i	funny

2b 📖 Such in einem Wörterbuch noch weitere fünf positive und fünf negative Adjektive, um dich zu beschreiben.

2c Arbeite mit einem Partner/einer Partnerin und frag ihn/sie: „Wie bist du?" **B↔A**

Beispiel:
A: Also, wie bist du?
B: Ich bin eigentlich immer fröhlich, aber faul. Und du, wie bist du?

3 Hör gut zu. Wer spricht hier? Füll die Tabelle aus.

Who?	Home town?	Country?	What is he/she like?	Why does he/she want an English partner?

4 Buchstabiere zuerst diese Namen und dann deinen und andere Namen. Dein/e Partner/in muss die Namen aufschreiben. Tauscht dann die Rollen.

a Huber   c Steinberger
b Müller   d Malik

5a Lara und ihre englische Internet-Partnerin sprechen zum ersten Mal am Telefon miteinander. Sie stellen sich vor. Hör gut zu und beantworte die Fragen.

a How old is Lara and where does she live?
b What does Lara say about her town?
c How many brothers and sisters does Sarah have?
d What does she say about her brother?
e What does Lara say about music?

TIPP

Filler words

To sound more authentic, use some of these filler words when answering questions:

also – *so*   wirklich – *really*
nun – *well*   Mann, das ist... – *hey, that's...*
eigentlich – *actually*   ja, gut – *yes, fine*

If you don't understand something, ask one of these questions:

Können Sie das bitte wiederholen? – *Can you repeat that, please?*

Wie bitte? – *Pardon?*

Bitte noch mal. – *Could you say that again, please?*

5b Schau dir die Ausdrücke in der Tipp-Box an und hör dann nochmal gut zu. Welche Ausdrücke benutzt Lara?

6 Partnerarbeit. Wählt eine bekannte Persönlichkeit. **A** stellt die Fragen von Seite 12 und **B** antwortet. Weißt du, wer **A** ist? **B↔A**

GRAMMATIK

The present tense

The present tense is used in German to say what you are doing now, or what you do on a regular basis, and to describe the current situation. It is formed by taking the infinitive of the verb (e.g. *heißen*), removing the final *-en* and adding the following endings:

ich: **-e** → ich heiß**e** – *I am called*
du: **-st** → du wohn**st** – *you live*
er/sie/es: **-t** → er hat – *he has*
wir: **-en** → wir woll**en** – *we want*
ihr: **-t** → ihr mach**t** – *you do*
sie/Sie: **-en** → sie sprech**en** – *they are speaking*

Note: the present tense is used in German to translate both the simple present (*I live*) and the present continuous (*I am living*) in English (see page 22).

7 Füll die Tabelle mit den richtigen Verbformen aus.

Verb in present tense	ich	du	er/sie/es/man	wir	ihr	sie/Sie
sein		bi**st**			seid	sind
haben			ha**t**			
heißen		heiß**t**				
wohnen	wohn**e**					

8 Schau dir diese Verbendungen an. Zu welcher Person (*ich, du, er/sie/es, wir, ihr, sie/Sie*) gehören sie? Schreib das Subjekt auf.

Beispiel: **a** – ich

a finde   b liegt   c habt
d verstehe   e gehen   f buchstabiert

Jetzt seid ihr dran!

9a Choose an internet correspondent from page 12 you'd like to meet and talk to. Work with a partner and prepare the conversation.

- Write down the questions in German you'd like to ask and your own answers to the questions in case he/she asks you them as well.
- Practise your conversation in German with your partner. **A** asks the questions and **B** answers. **B↔A** Include some filler expressions.

9b To make contact with your correspondent:
a fill in the web form on page 12 in German
b write a short message to introduce yourself.

G Geschlechter; Adjektivendungen im Akkusativ **W** Freunde und Familie beschreiben

K Fragen in einem Gespräch stellen

Michael und Ralf Schumacher: Brüder oder Rivalen?

a Ich war ein sehr erfolgreicher Rennfahrer und bin in der ganzen Welt bekannt.

b Ich bin als Tennisspieler und als Fernsehmoderator bekannt.

c Ich bin 1m90 groß und kräftig.

d Ich bin 1m74 groß und ziemlich dünn.

e Ich habe einen jüngeren Bruder*. Er war auch Rennfahrer.

f Ich bin verheiratet und ich habe eine Tochter und einen Sohn.

g Meine Frau und ich haben uns getrennt. Ich bin jetzt geschieden, aber ich habe eine Freundin, zwei Söhne und eine Tochter.

h Ich wohne in der Schweiz mit meiner Frau und meinen Kindern, aber ich komme aus Deutschland.

Boris Becker und seine Ex-Frau Barbara: die perfekte Familie?

i Mein Bruder geht mir manchmal auf die Nerven*, weil er mein Rivale ist.

j Ich habe eine ältere Schwester*, Sabine. Sie ist auch sportlich. Wir spielen manchmal Tennis zusammen.

k Meine Kinder sind Teenager. Sie verstehen sich nicht* immer. Sie wohnen bei ihrer Mutter.

l Ich bin viel unterwegs. Meine Frau passt zu Hause auf die Kinder auf*. Sie ist sehr nett und hat viel Geduld.

1a Welche Sätze passen zu wem? Mach eine Liste für Michael Schumacher und eine für Boris Becker.

1b Such die Adjektive in den Sätzen a–l. Welche stehen **vor** einem Nomen? Welche stehen **nach** einem Verb? Mach zwei Listen. Welchen Unterschied stellst du fest? (Denk an die Endungen!)

Adjectives before a noun	Adjectives after a verb
erfolgreicher	groß

WORTSCHATZ

*mein jüngerer Bruder/meine jüngere Schwester
– *my younger brother/sister*

mein älterer Bruder/meine ältere Schwester
– *my older brother/sister*

...geht mir auf die Nerven – *...gets on my nerves*
sie verstehen sich (nicht) – *they (don't) get on well*
...passt auf die Kinder auf – *...looks after the children*

1c Wie heißen diese Adjektive auf Englisch? Schau im Wörterbuch nach.

GRAMMATIK

Every German noun has a gender:

masculine: der Bruder/ein Bruder

feminine: die Stadt/eine Stadt

neuter: das Kaninchen/ein Kaninchen

2a Lara stellt sich und ihre Familie vor. Hör gut zu und beantworte die Fragen auf Englisch.

a What does Lara say about her family?

b How many brothers and sisters does she have?

c What three things does she say about her sisters?

d What does she say about her brother?

e She says three things about her best friend: what are they?

f What does Lara think of her family?

TIPP

Asking questions can be a great way of getting to know people and of keeping a conversation going. Can you remember what the following question words mean? Make up a question to ask with each one: **wie, wo, was, wie viele, wer**.

2b Du willst Lara einige Fragen stellen. Hör noch einmal gut zu und schreib Fragen zu den Antworten.

a Ich bin 14 Jahre alt.

b Es gibt fünf Mitglieder in meiner Familie.

c Meine Schwestern sind wirklich nett und wir verstehen uns gut.

d Er heißt Jens.

e Sie ist so groß wie ich.

f Ich mag meine Familie.

GRAMMATIK

Adjective endings in the accusative

When you say which people there are in your family (using *haben*), you need to use the accusative case. This changes the endings that you add to adjectives coming before a noun. The endings will depend on whether the noun is masculine, feminine, neuter or plural.

	Wen gibt es in deiner Familie?
der Bruder	Ich habe einen kleinen Bruder.
die Schwester	Ich habe eine nette Schwester.
das Kaninchen	Wir haben ein hungriges Kaninchen.
die Geschwister	Wir haben drei jüngere Geschwister.

3 Schau dir die Grammatik-Box an. Schreib neue Sätze mit den folgenden Adjektiven.

a geduldig   b alt   c faul   d freundlich

4 Schreib einen Artikel über dich und deine Familie für die *Hallo!*-Webseite. (Wenn du nicht über deine eigene Familie schreiben möchtest, kannst du dir vorstellen, du bist eine berühmte Person!) Benutze die Ausdrücke aus der Wortschatz-Box auf Seite 14.

Beispiel: Ich komme aus England und bin Schüler. Meine Familie ist groß. Ich habe eine nette Mutter.

GRAMMATIK

Possessive adjectives: mein/dein/sein/ihr/euer/Ihr

These are words for 'my', 'your', 'his', 'her', etc. Their endings also depend on the case and gender of the noun they precede.

Beispiel: Ich finde **meinen** Bruder doof.

Sie mag **ihre** Freundin.

See page 23 for more information.

Jetzt seid ihr dran!

5a Work in groups of 6. Each person chooses a character from the TV series *Beste Freunde* and writes sentences about his/her imaginary family and friends.

Example: Ich habe fünf gute Freunde. Meine beste Freundin ist Franzi. Sie ist sehr nett und freundlich. Wir wohnen in Bremen. In meiner Familie gibt es...

5b In your groups, act out a scene from *Beste Freunde* in which each character talks about themselves and their family. Find out as much as you can about the others by asking questions. Act out your scene in front of the class. Record it using the OxBox software.

G Reflexive und trennbare Verben im Präsens **W** Alltagsvokabular

Ein Tag im Leben von... Annika Bauer

Samstag:

7.00 Uhr – Der Wecker klingelt*! Aber es ist doch Wochenende! Ich drehe mich um* und schlafe weiter.

11.00 Uhr – Ich muss aufstehen. Ich dusche kurz, ziehe mich an und gehe frühstücken: ein Joghurt, einen saftigen Pfirsich und ein Marmeladenbrot – lecker!

11.45 Uhr – Gehe für Mutti einkaufen, aber leider keine Zeit zum Bummeln*.

12.30 Uhr – Bett machen, Zimmer aufräumen, Mittagessen, muss um 13.00 Uhr im Café sein.

17.00 Uhr – Endlich etwas Ruhe! Nach Hause radeln*, Mutti beim Kochen helfen und dann...

19.00 Uhr – ...mit Susi und Florian ins Kino gehen, danach...

22.00 Uhr – ...ein bisschen im Internet chatten und...

23.00 Uhr – ...ins Bett gehen, noch etwas Musik hören – alles in allem kein schlechter Tag!

> *der Wecker klingelt – *the alarm clock rings*
> ich drehe mich um – *I turn over*
> bummeln – *to wander, to dawdle*
> radeln – *to cycle*

Ein Tag im Leben von... Lutz Huber

a Es ist Fasching.

b Er isst sein Frühstück und verkleidet sich dann als Pirat.

c Nach dem Umzug gibt es Abendessen bei seinem Freund zu Hause.

d Nach dem Abendessen gehen sie auf eine Faschingsparty, wo sie bis in den frühen Morgen tanzen.

e Um elf Uhr trifft er seine Freunde und um 12.00 Uhr gehen sie zum Faschingsumzug.

f Er und seine Freunde haben sich alle verkleidet und haben viel Spaß.

g Heute ist Rosenmontag und Lutz steht um 10.00 Uhr auf.

GRAMMATIK

Separable verbs

The verbs in red in the diary extract are called separable verbs. This means you take the prefix off and place it after the verb.

einkaufen – *to do the shopping*
Ich **kaufe ein**. – *I am doing the shopping.*

Ein Tag im Big-Brother-Haus

Montag
9.00 Uhr ....
11.00 Uhr ....
13.00 Uhr ....
15.00 Uhr ....
19.00 Uhr ....
23.00 Uhr ....

1 Partnerarbeit. Schaut euch Annikas Tagebuch an und beschreibt Annikas Tag.

2 Schau dir die Bilder von Lutz an. Wie feiert er Fasching? Welche Sätze passen zu welchem Bild?

3a Hör gut zu. Was für einen Tag beschreiben Ann-Kathrin und Daniel?

3b Hör noch einmal zu. Wie sagt man auf Deutsch...?

a I have a shower.
b I get dressed.
c I have breakfast.
d I clean my teeth.
e I go to school.
f I fall asleep.
g We have a party.
h I receive a digital camera.
i We go shopping.

3c Hör noch einmal zu und füll die Lücken aus.

a Ich stehe um _____ Uhr auf.
b Ich _____ ein Glas Orangensaft.
c Um _____ komme ich nach Hause.
d Nach den Hausaufgaben _____ ich meine Freunde.
e Ich habe _____ Geburtstag.
f Nach dem Mittagessen _____ meine Freunde.
g Wir machen eine _____.
h Meine Freunde bringen noch mehr _____.

4 Partnerarbeit. Schaut euch die Zeichnungen unten an und beschreibt den Tagesablauf. Schreibt Sätze. Macht einen Wettbewerb in der Klasse. Welches Paar hat die beste Beschreibung?

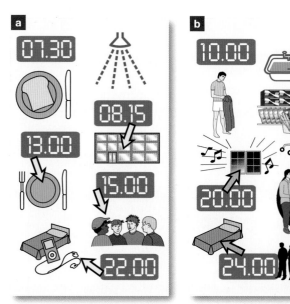

5 Beschreib jetzt deinen Tagesablauf. Wähl entweder einen normalen Wochentag, ein Wochenende oder einen besonderen Tag.
Beispiel: Ich stehe um 7 Uhr auf. Um 7.30 Uhr frühstücke ich und dann...

GRAMMATIK

Reflexive verbs
Many of the verbs used in German to describe your daily routine are reflexive. This means they require a reflexive pronoun, meaning 'myself', 'yourself', 'himself', etc.:
mich, dich, sich, uns, euch, sich
Ich wasche **mich**. – *I have a wash* (literally: *I wash myself*).
Er zieht **sich** an. – *He gets dressed.*

6 Übersetze die folgenden Sätze auf Englisch.

a Er wäscht **sich**.
b Sie duscht **sich**
c Du ziehst **dich** an.
d Wir verkleiden **uns**.
e Ihr zieht **euch** um.
f Sie putzen **sich** die Zähne.

7 Setz das passende Reflexivpronomen (*mich, dich, sich*) ein.

a Ich dusche _____.
b Wir ziehen _____ an.
c Er putzt _____ die Zähne.
d Du verkleidest _____.
e Sie zieht _____ aus.

Jetzt seid ihr dran!

8 You are planning a surprise party for a friend. With a partner, discuss in German all the things you have to do on the day (e.g. shopping, cooking, decorating the room), and when you will do them.

Example:
Um 10 Uhr: Wir gehen zum Supermarkt.
Wir kaufen...
Um 12 Uhr: Wir essen unser Mittagessen, dann...

9 You're spending a day in the *Big Brother* house. Fill in the blog on page 16 to describe what happens. Then read your blog out to the class and decide whose is the best.

G Negation: „kein" **W** Hausarbeit **K** Zeitadverbien; Ausreden

Mach mit beim *Jugendmagazin*-Wettbewerb: „Wer hat die besten Ausreden?"

1 den Tisch decken	**7** abtrocknen
2 beim Kochen helfen	**8** abstauben
3 bügeln	**9** das Auto waschen
4 die Spülmaschine füllen	**10** staubsaugen
5 aufräumen	**11** die Betten machen
6 die Wäsche aufhängen	**12** den Boden putzen

1a Welcher Text passt zu welchem Bild?

1b Wer macht was in deiner Familie? Schreib Sätze. Überprüfe deine Antworten mit deinem Partner/deiner Partnerin.

Beispiel: Ich trockne ab. Mein Vater deckt den Tisch.

2a Was für Hausarbeit ist das? Du hast nur eine Minute Zeit, um die Wörter zu entziffern.

a genlbü **d** rumneufaä
b ztupne **e** ntkbcornea
c sugetasunba **f** ochnek

2b Überleg dir noch andere Arten von Hausarbeit. Schau die Wörter im Wörterbuch nach, bring die Buchstaben durcheinander und lass dann deine Klasse die Wörter entziffern.

TIPP

Adverbs of time

When you talk about a series of activities, start your sentences with adverbs of time:

zuerst – *at first* anschließend – *following that*
dann – *then* zum Schluss – *finally, lastly*
danach – *after that*

Note that you need to invert the subject and verb if your sentences start with the expression of time. However, the verb always remains in second place.

Du **räumst** auf. – *You tidy up.*
Zuerst **räumst** du auf. – *First you tidy up.*

3 Es gibt bei Lisa in der Küche ein schreckliches Durcheinander. Was muss Lisa alles machen? Arbeite mit einem Partner/einer Partnerin und ergänze die Liste von Lisas Mutti.

Hallo, Lisa,
Hier ist eine Liste für dich
– beeil dich bitte!
1 Zuerst... du...
2 Dann...
3 Danach...
4 Anschließend...
5 Zum Schluss...

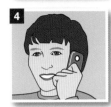  

4 🎧 Hör gut zu und sieh dir die Bilder oben an. Welche Hausarbeiten sollen diese jungen Leute machen und was sind ihre Ausreden? Füll die Tabelle auf Englisch aus.

Name	Which chores?	Excuse
Florian		
Anna		
Jan		
Gülçin		
Thomas		
Sandra		

TIPP

Making excuses

Use the following expressions to make excuses:

Ich habe (jetzt) keine Zeit. – *I don't have time (right now).*
Ich habe keine Lust. – *I'm not in the mood.*
Ich habe keinen Bock. – *I can't be bothered.*
Ich mag jetzt nicht. – *I don't want to right now.*

5a Schreib deine eigenen Ausreden zu den folgenden Bitten. Benutze die Ausdrücke aus der Tipp-Box.

a Kannst du bitte staubsaugen?
b Bitte, putz die Fenster.
c Kannst du jetzt dein Zimmer aufräumen?
d Bitte, deck den Tisch.
e Ich muss in die Stadt gehen. Kannst du bitte die Wäsche aufhängen und das Mittagessen kochen?

5b 👥 Macht einen Wettbewerb in eurer Klasse. Wer hat die besten Ausreden? Lest eure Ausreden vor und vergebt Punkte von 1 bis 10: 10 für die besten Ausreden und 1 für die schlechtesten.

GRAMMATIK

Negative sentences

In German, there are two ways of forming negatives:

1 By adding **nicht** (not) or **nie** (never) to a positive sentence.

Ich spiele auf der Playstation. → Ich spiele **nicht** auf der Playstation. – *I'm not playing on the Playstation.*

Ich spiele **nie** auf der Playstation. – *I never play on the Playstation.*

Use **gar nicht** or **überhaupt nicht** to say 'not at all', and **nicht mehr** to say 'not any more':

Ich verstehe das **gar nicht**! – *I can't understand that at all.*

Mein Vater wohnt **nicht mehr** bei uns. – *My father doesn't live with us any more.*

2 By turning an indefinite article into **kein**(**e**/**en**).

Ich habe einen Bruder. → Ich habe **keinen** Bruder. – *I don't have a brother.*

Kein takes the same endings as the indefinite article **ein**. It can be translated as '*not a, no, not any*'.

Nominative (subject case)	Accusative (direct object)
kein	Wir haben keinen Bock.
keine	Ich habe keine Lust.
kein	Er hat kein Kaninchen
keine (pl)	Ihr habt heute keine Hausaufgaben.

6 ⏱ Setz die richtige Form von *kein* ein.

a Ich habe _____ Hund.
b Sie hat _____ Telefon.
c Du kaufst _____ Bananen.
d Er hat kein _____ Bock.

Jetzt seid ihr dran!

7 👥 Work with a partner. **A** is the parent and **B** is the son/daughter. **B** should be helping **A** with the housework, but **B** keeps coming up with excuses to get out of helping! B↔A

Example:
A: Stefan, kannst du bitte staubsaugen?
B: Nein, Mutti, ich treffe mich mit Freunden.
A: OK, aber du hast Zeit abzutrocknen.
B: Nein, ich muss…

8 👥 Write a scene in a play entitled *Krise im Haushalt der Meiers* (Crisis in the Meier household). It should include the following characters: grandmother, mother, a baby, a 3-year-old and a 15-year-old.

(G) Substantive: Pluralformen (W) das Zuhause

1 Schau dir die verschiedenen Häuser oben an. Wähl für jedes Bild das richtige Wort.

a das Einfamilienhaus e die Villa
b das Doppelhaus e das Schloss
c die Wohnung f die Dachterrassenwohnung

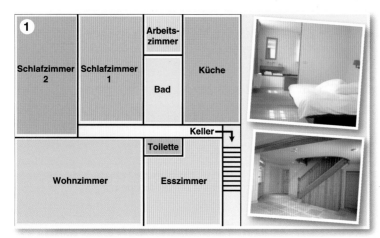

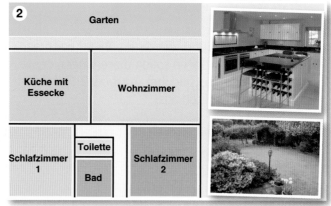

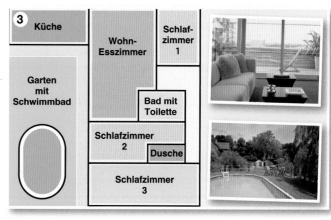

2a Familie Steinberger sucht ein neues Haus. Welches Haus wählen sie? Diskutiert zuerst mit einem Partner/einer Partnerin und dann in der Klasse.

a **Elke**: sie hat eine Katze.
b **Elkes Mutter**: sie ist ziemlich sportlich.
c **Elkes Vate**r: er arbeitet viel zu Hause am Computer.

2b Hör gut zu. Wer möchte:

a den Bungalow?
b das Einfamilienhaus?
c das Doppelhaus?

2c Hör noch einmal zu. Was sagen sie?

1 Frau Steinberger: Im Schwimmbad kann ich jeden Tag _____ schwimmen.
 a eine Stunde
 b eine halbe Stunde
 c mehr als eine Stunde

2 Elke: In der Küche essen finde ich _____.
 a praktisch
 b nicht so gut
 c in Ordnung

3 Herr Steinberger: Ich finde _____ besonders gut.
 a zwei Badezimmer
 b ein Arbeitszimmer
 c einen Keller

2d Hör noch einmal gut zu und mach Notizen auf Englisch.

a What does Frau Steinberger like? Note down three or more things.
b What doesn't Elke like about the detached house?
c Why does Herr Steinberger think that the semi-detached house is better than the others? Note down at least one reason.

3a Steffi beschreibt ihr Zuhause. Ergänze die Lücken mit Wörtern aus dem Kasten.

Hallo, zu Hause habe ich ein tolles_____, *wo* ich meine _____ mache, Musik höre und mit meinen Freunden in MSN chatte. Wir haben eine große, helle_____, *wo* ich immer frühstücke und ein modernes Wohnzimmer. Unser Bad ist ganz in Weiß. Meine Mutti hat ein _____, *aber* kleines Zimmer mit einem Einbauschrank und einer _____. Sie arbeitet oft in ihrem Zimmer. Wir haben auch einen schönen _____ mit vielen Blumen. Meine Mutti hat zwei große Hunde, die immer hungrig sind. *Jeden Tag* geht sie mit den beiden Hunden spazieren. _____ dem Abendessen sehe ich meistens ein bisschen fern, _____ ich ins Bett gehe. Ich finde mein _____ echt cool, *weil* ich mich gut mit meiner Mutter verstehe.

> Hausaufgaben   Dusche   nach   Zuhause   Zimmer
> bevor   Garten   Küche   nettes

3b Partnerarbeit. **A** beschreibt sein/ihr ideales Zuhause. **B** macht Notizen und beschreibt dann **A**s Traumwohnung. Hat er/sie gut zugehört? **B↔A** Benutzt die *schräg gedruckten* Wörter aus Steffis Text.

4 Stell dir vor: du studierst in Berlin und suchst einen anderen Studenten/eine andere Studentin, der/die eine Wohnung mit dir teilen will. Schreib eine Anzeige für die Zeitung und beschreib die Wohnung.

Beispiel: Ich habe eine Wohnung in Südberlin und suche einen Mitbewohner/eine Mitbewohnerin. Die Wohnung ist ... und hat ... .

GRAMMATIK

Plurals

Unlike in English, where you add an 's' to most nouns to form the plural, German nouns form their plurals in a variety of ways. It is therefore best to learn the plural of each new noun you are learning.

However, there are some patterns to help you remember:

a die Dusche – die Dusch**en**
die Wohnung – die Wohnung**en**
b die Freundin – die Freundin**nen**
die Partnerin – die Partnerin**nen**

c der Stuhl – die Stühl**e**
der Fluss – die Flü**sse**
d der Sessel – die Sessel
der Partner – die Partner
e der Garten – die G**ä**rten
das Mädchen – die M**ä**dchen
f das Hotel – die Hotel**s**
das Taxi – die Taxi**s**
g das Haus – die H**ä**us**er**
das Schloss – die Schl**össer**

5 Finde die Pluralformen für die folgenden Wörter.
a die Tante
b der Kuss
c das Zimmer
d die Blume
e das Kaninchen
f der Fernseher

6 Partnerarbeit. Findet andere Beispiele von Wörtern der Typen a–g. Wo könnt ihr die Pluralformen prüfen?

Jetzt seid ihr dran!

7 Work in pairs. You are going on holiday to Switzerland with your German correspondent and you need to phone him/her to exchange information about two possible holiday apartments you've found.

- Draw a plan of your apartment and describe the layout and the rooms it has.
  Example: Mein Ferienapartment ist sehr groß und hat fünf Schlafzimmer.
- Say what is particularly good about your apartment and why you think it is better than the other one.
  Example: Ich finde mein Apartment besser, weil es ein Schwimmbecken hat.

8 Find out about the home of one of your favourite stars on the internet and write a short article describing it. Use your imagination if necessary! When you've finished, check your text for:
- the gender of the nouns
- adjective endings
- plural forms.

1A Aktive Grammatik

THE USES OF THE PRESENT TENSE

The present tense is used for:

a actions which are happening at the moment;
b actions which happen regularly or every day;
c actions which are going to happen in the near future.

Example:

a Ich koche das Abendessen. – *I'm cooking dinner.*
b Ich stehe jeden Tag um sieben Uhr auf. – *I get up at seven o'clock every day.*
c Heute Abend gehe ich mit meinem Hund spazieren. – *Tonight I am going to take my dog for a walk.*

THE FORMATION OF THE PRESENT TENSE

Most verbs have the following endings in the present tense:

Singular	Plural
ich geh**e**	wir geh**en**
du geh**st**	ihr geh**t**
er/sie/es/man geh**t**	sie/Sie geh**en**

Many irregular verbs have a vowel change in the **du** and **er/sie/es/man** forms:

fahren – *to travel, to drive*
ich f**a**hre, du f**ä**hrst, er/sie/es/man f**ä**hrt

lesen – *to read*
ich l**e**se, du l**ie**st, er/sie/es/man l**ie**st

essen – *to eat*
ich **e**sse, du **i**sst, er/sie/es/man **i**sst

Sein (to be) and *haben* (to have) are called 'auxiliary verbs' and are completely irregular. They form the present tense as follows:

ich bin	ich habe
du bist	du hast
er/sie/es/man ist	er/sie/es/man hat
wir sind	wir haben
ihr seid	ihr habt
sie/Sie sind	sie/Sie haben

1 Fill in the correct form of the verb for each person. If you are not sure, check the endings in the examples on the left.

a sehen: meine Eltern _____
b hören: du _____
c sich gut verstehen: Thomi und Steffi _____
d sich waschen: meine Schwester _____
e spazieren gehen: wir _____
f wohnen: ihr _____

2 Read the text and fill in the verbs in the correct form. Think carefully: there are more verbs than gaps!

Hallo, ich _____ Mark. Meine Eltern, meine Schwester und ich _____ in Hamburg. Das _____ in Norddeutschland. Meine Schwester _____ ziemlich nett und wir _____ uns gut. Sie _____ eine kleine, süße Katze, die Schnuppi _____ . Zu Hause _____ ich gern _____ oder _____ Musik in meinem Zimmer. Meine Schwester _____ ihre Hausaufgaben oft am Computer im Arbeitszimmer. Jeden Abend _____ meine Eltern das Abendessen zusammen.

> fernsehen   machen   haben   heißen   liegen   gehen
> wohnen   sein   kochen   verstehen   hören

GENDER OF NOUNS

Every German noun has a gender: masculine, feminine or neuter. It is best to learn the gender of a new noun as if it were part of the noun. There are some patterns, however, which can help you to learn the correct gender:

Endings which are usually masculine:	Endings which are usually feminine:	Endings which are usually neuter:
–er, –ich, –ig, –or	–e, –in, –ung, –heit	–chen, –um

3 Look at these words and decide whether they are masculine, feminine or neuter, and which are plural.

a eine Mutter
b die Tanten
c ein Meerschweinchen
d ein Onkel
e die Opas

4 Make a list of all the new nouns that you have encountered in this unit and learn them by heart, including the gender and how the plural is formed.

ADJECTIVE ENDINGS IN THE ACCUSATIVE

Look at the examples in the table on page 23. Each noun in the first column becomes the object in the sentences in the second column. This means you have to know what gender the noun is and then add endings to the indefinite article **ein/eine** and to any adjectives describing the noun.

		Was hast du? Was habt ihr?
masculine	der/ein Computer	Ich habe einen neuen Computer.
feminine	die/eine Küche	Ich habe eine moderne Küche.
neuter	das/ein Kaninchen	Wir haben ein hungriges Kaninchen.
plural	die Hunde	Wir haben zwei große Hunde.

5 **Complete the sentences.**

a Mein Bruder hat _____ (ein) _____ (klein) _____ .

b Gülçin hat _____ (ein) _____ (neu) _____.

c Elke hat _____ (ein) _____ (braun) _____ .

d Wir haben drei _____ (süß) _____ .

e Thomi hat _____ (ein) _____ (neu) _____.

f Mein bester Freund hat _____ (ein) _____ (groß) _____.

POSSESSIVE ADJECTIVES

Meine Schwester hat ein kleines Zimmer – *My sister has a small room.*

The word ***meine*** in this sentence is called a possessive adjective and means 'my'. Other possessive adjectives are:

mein – *my*   unser – *our*
dein – *your*   euer – *your*
sein – *his/its*   ihr – *their*
ihr – *her/its*   Ihr – *your* (polite form)

Possessive adjectives take the same endings as ***kein*** (no, not a):

	Nominative	Accusative	Nominative	Accusative
masculine	mein	mein**en**	unser	unser**en**
feminine	mein**e**	mein**e**	unser**e**	unser**e**
neuter	mein	mein	unser	unser
plural	mein**e**	mein**e**	unser**e**	unser**e**

6 **Read the sentences and choose the correct form of the possessive adjective for each one.**

a Mein/Meinen Bruder hat viele CDs.
b Ich sehe deine/dein Schwester im Garten.
c Wo ist ihre/ihr Zimmer?
d Unser/Unsere Eltern haben ein großes Schlafzimmer.
e Thomas liest sein/seinen neues Buch.
f Warum machst du deine/dein Hausaufgaben nicht?

7 **Complete the sentence with the correct possessive adjective (*mein, dein, sein*, etc.).**

a _____ Opa wohnt in Berlin. (*my*)
b Ich mag _____ Opa sehr. (*my*)
c _____ Freundin hat drei Schwestern und einen Bruder. Sie mag _____ Geschwister. (*my, her*)
d _____ Schwester ist älter als ich. (*his*)

REFLEXIVE VERBS

Remember when describing your daily routine some of the verbs you use are reflexive verbs.

Ich wasche **mich** jeden Morgen mit kaltem Wasser. – *I wash with cold water every morning.*

8 **Match up the reflexive pronoun with the correct subject. One reflexive pronoun matches more than one subject: which one?**

a uns
b mich
c euch
d sich
e dich

1 er
2 ich
3 meine Geschwister
4 wir
5 meine Oma
6 du
7 ihr
8 mein Kaninchen

9 **Your little brother is not very cooperative. Fill in the correct reflexive pronouns in each sentence.**

a Nein, ich wasche _____ heute nicht. Mein Freund wäscht _____ auch nicht! Ich möchte _____ duschen.
b Nein, mein Freund und ich ziehen _____ erst nach dem Frühstück an.
c Warum ziehst du _____ nicht an?
d Meine Eltern putzen _____ die Zähne nach dem Frühstück, aber ich putze _____ die Zähne vor dem Frühstück.
e Nein, ich gehe heute nicht in die Schule. Mein Freund möchte _____ verkleiden, und ich _____ auch.

1A Kompetenzen

In this unit, you've learnt how to...

Beim Sprechen

1 Ask questions to keep a conversation going.

Apart from using question words, you can also form questions by starting with the verb. For example: *Gehst du oft mit deinem Hund spazieren?*
- ❑ Now have a go at using the following verbs to form questions: *wohnen, haben, hören, lesen.*
- ❑ Try to use one or two questions like this when you do the final role play on page 15.

2 Ask questions for clarification.

To avoid silences in a conversation or to check that you understood properly, use the following expressions:
- • Ich habe das nicht ganz verstanden.
- • Können Sie das bitte wiederholen?
- ❑ You are having a telephone conversation with an estate agent (your partner) who is describing a house to you, but the line is bad, so you have to ask if he/she could repeat. Look at the tip on page 12. Then use as many of these expressions as possible in the telephone conversation with your partner.

3 Use filler words to gain time to think of what you want to say next.

German speakers tend to use filler words a lot in spoken language.
- ❑ Have a conversation with your partner about what you normally do on a Friday evening. Try to use a filler word in every sentence.

4 Feel confident when speaking and having a conversation.

Rehearse what you want to say or ask before saying it. Think of the vocabulary you need and the word order in German sentences.
- ❑ Try to think as much as possible in German. If you are listening to music, for example, tell yourself, *Ich höre Musik*, or on your way to school, *Ich gehe zur Schule.*
- ❑ Prepare five sentences about what you are going to do after school today. Then tell your partner.

5 Listen to as much German as possible.

Why not listen to some German radio stations on the internet, or watch some TV online at the ZDF Mediathek (www.zdf.de)?
- ❑ Try listening to some German rock music and singing along!
- ❑ Ask your teacher for some listening comprehensions or practise listening from the **Exam Skills Workbook CD**.

6 Improve your pronunciation.
- ❑ Why not start off by working on some typical German sounds such as *u* and *ü*, *o* and *ö*, and *a* and *ä* on the pronunciation guides on the **OxBox CD-ROM**?

Beim Schreiben

1 Check your work carefully for spelling.

Look out for those words which have letters that are pronounced differently in German and English, such as *v* and *w*, as in **viel** (= a lot) and **weil** (= because).
- ❑ Make a list of your main spelling mistakes and look at it each time you check a piece of writing, so that you don't repeat the same mistakes.

2 Look out for umlauts.

Think about how the word is pronounced to work out whether an umlaut is needed. If you're not sure, check in the dictionary.

3 Learn the correct gender of nouns.
- ❑ Look out for endings which are typically masculine, feminine and neuter and check on page 22.

4 Check verb tenses and verb endings.
- ❑ Check in the **Grammar Bank** at the back of this book for the verb endings in the present and perfect tenses.

Zum Schreiben

1. You want to take part in a new reality TV series for teenagers called *Kleiner Bruder*. To apply, you need to write a paragraph for the TV company telling them about yourself and your home life and why you think you are the ideal candidate for the programme. You should mention at least three of the following points:
   - who you are and where you live
   - what you do at home, and what your daily routine is like
   - what you like about your home
   - what activities you enjoy
   - what your ideal house would be like
   - why you want to take part in the TV programme.

2. Make sure you check your letter carefully for word order, adjectival endings and the gender of nouns.

Bewirb dich um einen Platz im *Kleiner Bruder*-Haus!

Zum Sprechen

1. Choose a famous person to play: an actor, sportsperson or politician. Prepare the questions and answers that are likely to come up in your next press conference so that you will be able to face the journalists with confidence.

2. Practise with a partner, taking turns to ask and answer questions on the points below. Use some of the filler words you have learnt if you find yourself lost for words at any time!
   - where you come from
   - your family
   - what you usually do at home
   - your favourite room in your house.

3. Now it's time for the press conference itself. Introduce yourself as your chosen character to the rest of the class, remembering to mention where you come from, something about your family background and what you like doing. Rehearse what you want to say before you begin and look up any of the words you will need in the dictionary. The rest of the class has to guess who you are. You can record your presentation using the OxBox software.

Viel Erfolg!

Stell dich auf einer Pressekonferenz vor.

Wie man sich vorstellt (Seite 12–13)

das Alter - *nn*	*age*
der Wohnort -e *nm*	*place of residence*
faul *adj*	*lazy*
freundlich *adj*	*friendly*
fröhlich *adj*	*cheerful*
groß *adj*	*tall*
klein *adj*	*small*
lustig *adj*	*funny*
mittelgroß *adj*	*medium-sized*
sympathisch *adj*	*likeable*
ungeduldig *adj*	*impatient*
also	*so*
eigentlich	*actually*
Lieblings...	*favourite...*
nun	*well*
wirklich	*really*

Wie man seine Freunde und Familie beschreibt (Seite 14–15)

die Frau -en *nf*	*wife*
Geschwister *npl*	*siblings; brothers and sisters*
der Mann, die Männer *nm*	*husband; man*
kommen *vb* aus	*to come from*
alt *adj*	*old*
bekannt *adj*	*well-known*
dünn *adj*	*thin*
erfolgreich *adj*	*successful*
geduldig *adj*	*patient*
geschieden *adj*	*divorced*
getrennt *adj*	*separated*
groß *adj*	*big*
jung *adj*	*young*
kräftig *adj*	*strong, powerful*
nett *adj*	*nice*
verheiratet *adj*	*married*

Wie man seine tägliche Routine beschreibt (Seite 16–17)

der Feierabend *nm*	*evening*
sich an/ziehen *vb*	*to get dressed*
auf/räumen *vb*	*to tidy up*
auf/stehen *vb*	*to get up*
sich die Zähne putzen *vb*	*to clean one's teeth*
sich duschen *vb*	*to shower*
ein/kaufen gehen *vb*	*to go shopping*
ein/schlafen *vb*	*to go to sleep*
kochen *vb*	*to cook*
im Internet chatten *vb*	*to chat on the internet*

ins Kino gehen *vb*	*to go to the cinema*
Musik hören *vb*	*to listen to music*
sich verkleiden *vb*	*to get dressed up*
zu Hause helfen *vb*	*to help at home*

Wie man die Hausarbeit einteilt (Seite 18–19)

die Ausrede -n *nf*	excuse
ab/stauben *vb*	*to dust*
ab/trocknen *vb*	*to dry up*
das Auto waschen *vb*	*to wash the car*
beim Kochen helfen *vb*	*to help with the cooking*
die Betten machen *vb*	*to make the beds*
den Boden putzen *vb*	*to clean the floor*
bügeln *vb*	*to iron*
die Spülmaschine füllen *vb*	*to fill the dishwasher*
staubsaugen *vb*	*to vacuum*
den Tisch decken *vb*	*to lay the table*
die Wäsche auf/hängen *vb*	*to hang out the washing*
anschließend	*following that*
danach	*after that*
dann	*then*
zuerst	*at first*
zum Schluss	*finally, lastly*
Ich habe (jetzt) keine Zeit.	*I don't have time (right now).*
Ich habe keine Lust.	*I'm not in the mood.*
Ich habe keinen Bock.	*I can't be bothered.*
Ich mag jetzt nicht.	*I don't want to right now.*

Wie man über das Leben zu Hause spricht (Seite 20–21)

das Arbeitszimmer - *nn*	*study*
das Badezimmer - *nn*	*bedroom*
der Bungalow -s *nm*	*bungalow*
die Dachterrassenwohnung -en *nf*	*attic flat*
das Doppelhaus -häuser *nn*	*semi-detached house*
die Dusche -n *nf*	*shower (room)*
das Einfamilienhaus -häuser *nn*	*detached house*
das Esszimmer - *nn*	*dining room*
das Ferienapartment -s *nn*	*holiday apartment*
der Garten, die Gärten *nm*	*garden*
die Küche -n *nf*	*kitchen*
das Schlafzimmer – *nn*	*bedroom*
das Schloss, die Schlösser *nn*	*castle*
das Schwimmbecken – *nn*	*swimming pool*
die Villa, die Villen *nf*	*villa*
die Wohnung -en *nf*	*flat*
das Wohnzimmer - *nn*	*living room*
das Zuhause *nn*	*home*
praktisch *adj*	*practical, useful*

1B Wohnort und Umgebung

Weißt du schon, wie man...

- ❏ eine Stadt beschreibt?
- ❏ Städte vergleicht?
- ❏ sich über eine Gegend informiert?
- ❏ sich in einer Stadt zurechtfindet?
- ❏ eine Stadtführung macht?

Szenario

- Schreib eine Broschüre über deinen Wohnort.
- Stell deine Stadt vor, um einen Städtepartner-schaftswettbewerb zu gewinnen.

Ein virtueller Rundgang durch deine Stadt.

Kompetenzen

Beim Lesen

In German, how do you...
- read for gist?
- use the context and cognates to understand a German text?
- answer questions about a German text?

Beim Hören

How can you...
- improve your targeted listening?
- improve your general listening skills?

Aktive Grammatik

As part of your German language 'toolkit', can you...
- use the imperfect tense of *haben, sein* and modal verbs?
- use comparatives and superlatives?
- use the imperative?
- use the correct dative and accusative forms after prepositions?

1B Wie man eine Stadt beschreibt

G das Imperfekt von „haben" und „sein" **W** Gebäude und Einrichtungen in einer Stadt **K** Hörverständnis

1a Was sagen diese jungen Leute über ihren Wohnort? Finde die passenden Bilder für die Texte.

a Ich wohne in einer ziemlich kleinen, aber historischen Stadt. Es gibt viele alte, restaurierte Gebäude. Am besten gefällt mir, dass es zwei gute Cafés im Park gibt.

b Das Dorf, in dem ich wohne, ist nicht sehr groß, aber die Atmosphäre ist echt gut, weil die Leute so freundlich sind. Leider gibt es nicht viel für junge Leute. Aber die Kirche ist ziemlich interessant, und jeden Samstag gibt es einen kleinen Markt.

c Ich wohne in einer Großstadt mit fast einer Million Einwohnern*. Ich finde das toll, weil man so viel unternehmen kann. Für mich sind das Stadion* und die Eisbahn besonders attraktiv, weil ich viel Sport treibe. Es gibt hier auch eine bekannte Universität.

d Wir wohnen in einer wunderschönen Gegend in den Bergen und daher ist unsere Stadt besonders für Touristen attraktiv. Natürlich gibt es ein Verkehrsamt*, wo man Informationen über die Stadt und die Gegend bekommen kann, und einen Bahnhof. Daher kann man unsere Stadt und unsere Gegend leicht erreichen.

e Ich wohne in einer modernen Industriestadt. Daher gibt es viele Fabriken*. Das Stadtzentrum ist auch ganz neu und es gibt einen total coolen Kinokomplex und ein tolles Einkaufszenter.

1   **2**

3   **4**

5   **6**

7   **8**

9   **10**

11   **12**

> *die Einwohner – *inhabitants*
> das Stadion – *stadium*
> das Verkehrsamt – *tourist information office*
> die Fabrik – *factory*

1b Lies die Texte noch einmal. Wie sagt man auf Deutsch...?

a renovated buildings
b the village
c there is nothing to do
d inhabitants
e to do, to undertake
f in the mountains
g factories

> **TIPP**
>
> **Talking about what there is in a town**
>
> Use the following expressions to say what there is in a town now and in the past:
>
> **Es gibt** viele alte Gebäude in meiner Stadt.
> – *There are many old buildings in my town.*
>
> Mein Dorf **ist** sehr klein und **hat** nur 400 Einwohner. – *My village is very small and has only 400 inhabitants.*
>
> Stuttgart **war** einmal ein kleines Dorf.
> – *Stuttgart was once a small village.*
>
> Vor zehn Jahren **hatte** mein Dorf 600 Einwohner. – *Ten years ago, my village had 600 inhabitants.*
>
> Es **gab** viele Touristen. – *There were a lot of tourists.*

2 Hör gut zu. Kannst du das Rätsel lösen? Das Lösungswort ist eine deutsche Stadt.

```
1 ☐☐☐☐☐
2 ☐☐☐☐☐☐☐
3 ☐☐☐☐
4 ☐☐☐☐☐☐
5 ☐☐☐☐☐☐☐☐
6 ☐☐☐☐
7 ☐☐☐☐☐
```

Hallo,

wie ihr ja wisst, ist Wien die Hauptstadt von Österreich. Früher war Wien die Residenzstadt der österreichischen Kaiserfamilie*.

Die Stadt hat heute ungefähr 2 Millionen Einwohner und liegt an der Donau. Ich wohne wirklich gern hier, weil es nie langweilig ist. Wie in allen Großstädten gibt es natürlich viele Museen und Theater. Wien ist eine sehr historische Stadt, und daher gibt es viele barocke Kirchen und Schlösser. Das bekannteste Schloss heißt Schönbrunn. Es liegt mitten in einem echt tollen Park. Überhaupt gibt es viele Parks, Cafés und Biergärten in Wien, wo man sich treffen und chillen kann.

Am besten gefällt mir jedoch, dass Wien eine Musikstadt ist. Der Wiener Walzer ist weltbekannt, und berühmte Komponisten wie Mozart, Schubert und Beethoven haben in Wien gelebt. Es gibt aber nicht nur Musik für die ältere Generation, sondern auch Rockkonzerte und Jazzfestivals – also Musik für jeden Geschmack. Der einzige Nachteil an Wien ist meiner Meinung nach, dass es zu viele Touristen und zu viele Souvenirgeschäfte gibt. Toll war natürlich, dass die Fußballweltmeisterschaft 2008 in Österreich und der Schweiz stattfand. Das Endspiel war im Wiener Fußballstadion. Es war ein einmaliges Erlebnis*.

Könnt ihr mir eure Stadt beschreiben?

Bis bald!

Susi

> * die Kaiserfamilie – *imperial family*
> das Erlebnis – *event*

3a Lies die E-Mail und beantworte die Fragen auf Englisch.

a Which family used to live in Vienna?
b What does Susi particularly like about Vienna?
c What doesn't she like?
d Why was 2008 a special year for Vienna?

3b Lies den Text noch einmal und ergänze die Sätze mit dem passenden Wort.

1 Susi findet Wien...
a interessant b langweilig c schrecklich.
2 Die Stadt hat... 2 Millionen Einwohner.
a rund b fast c mehr als
3 Der Wiener Walzer ist...
a bei alten Leuten beliebt
b ein Tanz, den man nicht überall kennt
c in der ganzen Welt bekannt.
4 2008 fand in Wien... statt.
a die Fußballweltmeisterschaft
b ein Fußballspiel
c das Weltmeisterschaftsfinale

TIPP

A lot of English words sound similar to their German equivalents. This is often the case with words of foreign origin, e.g. Café.

Make a list of as many other words like that as you can, particularly words to do with the topic 'town and local area' and listen out for them in the following activities.

4a Katja, Jana und Franjo beschreiben ihren Wohnort. Hör gut zu und füll die Tabelle aus.

	What kind of place do they live in?	Advantages	Plans/Wishes for the future
Katja	small village		
Jana			
Franjo			

4b Hör noch einmal gut zu. Was sagen diese Jugendlichen, um ihre Meinung auszudrücken?

a Das _____ ich gut.
b Aber _____ gibt es viele Touristen.
c Es gibt kein Schwimmbad, und das finde ich _____.
d Meiner _____ nach...

5 Partnerarbeit. Wählt entweder einen Wohnort aus Übung 1a oder eine andere bekannte Stadt. **A** muss die Stadt erraten und stellt die folgenden Fragen, **B** antwortet. B↔A

- Was für eine Stadt ist es?
- Was gefällt dir an der Stadt?
- Was gefällt dir nicht?

Jetzt seid ihr dran!

6 Your German MSN contact wants to know more about your home town. Send a message saying what you can do there, what advantages and disadvantages it has and what you would change, especially to improve facilities for young people.

7 Where is it better to live: in a country village or in a city? Write a list of the advantages and disadvantages of both (find at least five for each) and decide. Then debate in class. Which is the most popular option?

G Komparativ und Superlativ   **W** Städte und Regionen vergleichen   **K** Leseverständnis

Hamburg – *die schönste Stadt der Welt?*

Hamburg ist die schönste Stadt der Welt. Sie liegt in Norddeutschland an der Elbe* und hat ihren eigenen See, die Alster*. Es gibt die Binnenalster und die Außenalster. Hier kann man segeln und angeln gehen. Hamburg ist eine große Stadt mit fast zwei Millionen Einwohnern. Es ist eine Universitätsstadt und auch eine historische Stadt. Die Geschäfte dort sind wunderbar und man kann gut einkaufen.

Titisee-Neustadt – *Urlaub im Schwarzwald*

Titisee-Neustadt ist nicht nur eine Ferienstadt mit Tradition, sondern auch eine Stadt, wo immer etwas los ist. Die Stadt liegt 805 m über dem Meeresspiegel und ist umgeben von* Wäldern und Wiesen. Die Stadt wurde im Jahr 1275 gegründet, und heute hat sie rund 10 000 Einwohner.

Es gibt natürlich viele Wanderwege* durch den Wald und um den Titisee herum. Wer lieber Radtouren macht, kann ein Fahrrad oder Mountainbike mieten. Der Feldberg ist das bekannteste Skigebiet im Schwarzwald zum Skifahren, Rodeln und Schlittenfahren. Und auf dem Titisee kann man im Winter sogar Schlittschuh laufen. Es gibt einen ganz neuen Golfplatz, und man kann in der Gegend schwimmen und zelten.

Und wie kommt man nach Titisee-Neustadt? Ganz einfach: mit der Bahn oder mit dem Auto. Die Stadt ist nicht weit von Freiburg, Straßburg und Basel entfernt.

> *die Elbe – *river in eastern and northern Germany*
> die Alster – *man-made lake in the centre of Hamburg*
> umgeben von – *surrounded by*
> der Wanderweg – *footpath*

1a 📖 **Lies die Texte und finde die passenden Wörter für die Sätze.**

1 Hamburg ist eine... Stadt
  a kleine
  b große
  c mittelgroße

2 Hamburg hat...
  a eine Universität
  b einen Dom
  c einen Berg.

3 Hamburg hat... zwei Millionen Einwohner.
  a genau
  b weniger als
  c mehr als

4 Titisee-Neustadt ist eine... Stadt.
  a neue
  b moderne
  c alte

5 In Titisee-Neustadt und herum kann man...
  a segeln
  b zelten
  c einkaufen.

6 Titisee-Neustadt kann man... erreichen.
  a mit dem Flugzeug
  b mit dem Auto
  c mit der Fähre

1b 📖 **Lies die Texte noch einmal und füll das Formular aus.**

	Hamburg	Titisee-Neustadt
Location		
Population		
Sports		
Tourist attractions		

2a 🎧 Peter und Sonja vergleichen ihre Wohnorte. Hör gut zu. Wer sagt was?

a Es ist die Hauptstadt, aber es ist nicht die größte Schweizer Stadt.
b Bern ist die Hauptstadt der Schweiz.
c Es gibt immer viele Touristen.
d Der Bärengraben ist besonders berühmt.
e Es ist eine historische Stadt.
f Die Karnevalszeit gefällt mir am besten.

> die Aare – *river in Switzerland, flows around Bern*
>
> der Bärengraben – *tourist attraction in Bern*

2b 🎧 Hör noch einmal gut zu. Welche Wörter benutzen Peter und Sonja, um ihre Wohnorte zu vergleichen? Füll die Lücken aus.

a Die Stadt hat _____ als eine halbe Million Einwohner.
b Köln hat aber _____ als 1 Million Einwohner.
c Es wäre _____, wenn es _____ Kleidergeschäfte mit junger Mode hier gäbe.
d Am _____ mag ich die Karnevalszeit.

GRAMMATIK

The comparative

Der Kölner Dom ist bekannt**er als** der Bärengraben. – *Cologne cathedral is **more famous than** the Bärengraben.*

The superlative

Die bekannt**este** Sehenswürdigkeit von Bern ist der Bärengraben. – *The **most famous** sight in Bern is the Bärengraben.*

See page 39 for how to form the comparative and superlative. Here are some of the most useful forms:

adjective/adverb	comparative	superlative
gut	besser *better*	der/die/das beste *the best*
bekannt	bekannter *more famous*	der/die/das bekannteste *the most famous*
viel	mehr *more*	am meisten *most*
wenig	weniger *less*	am wenigsten *least*
gern	lieber *(liking) more*	am liebsten *(liking) most*

See page 39 for how to form the comparative and superlative.

TIPP

Other useful expressions for making comparisons

so/genauso alt wie – *as/just as old as*
besser als – *better than*

Köln ist größ**er als** Bern. – *Cologne is **bigger than** Bern.*
Meine Stadt ist **genauso** groß **wie** deine. – *My town is **just as big as** yours.*

3 ✏️ Füll die Lücken mit den passenden Formen der Adjektive im Kasten aus.

a Bern hat _____ Geschäfte, aber Köln hat _____ und London hat die _____.
b Das Wasser im Schwimmbad ist _____ als das Wasser im Titisee.
c Die Stadt Wien ist genauso _____ wie die Stadt Berlin.

> viel   warm   bekannt

4a 👥 Partnerarbeit. Jeder wählt eine britische Stadt und stellt Fragen zu den folgenden Punkten:

• Größe   • Sehenswürdigkeiten   • Fluss
• Geschäfte   • Spezialitäten

4b 👥 Jeder schreibt fünf Sätze im Komparativ oder Superlativ, um die zwei Städte zu vergleichen.

Beispiel: Portsmouth ist wärmer als Edinburgh.
London ist die größte Stadt in Großbritannien.

Jetzt seid ihr dran!

5a 👥 You are trying to find a town to twin your home town with. Work with a partner. Choose a town or area in Germany, Austria or Switzerland and research information about it on the internet, e.g. size, sights, specialities and shops.

5b 👥 Now write a leaflet about the German-speaking town or area you have chosen. Make comparisons with your own town or area and say why you think they should be twin towns (*Partnerstädte*). Use as many expressions from the Tipp box as you can.

G das Datum; Modalverben: „können", „wollen" und „mögen" **W** Thema Verkehrsamt **K** Leseverständnis

Steinwasen Park

Erleben Sie die längste Seilbrücke der Welt – 218 m lang in einer Höhe von 28 m.

Steinwasen Park bietet Unterhaltung real oder in Simulation.

Wählen Sie, was zu Ihnen passt:
Sommerrodelbahnen, die 750 m lange Bahn des Spacerunners, ein Großsimulator oder die ‚Sagenhafte Schwarzwaldbahn'. Wir bieten alles für Jung und Alt.

Für Kinder gibt es den Wildpark mit mehr als 20 Wildarten.

Entspannen Sie sich in unserem Selbstbedienungsrestaurant, unserem Restaurant mit Sonnenterrasse oder kaufen Sie sich einfach einen Snack am Kiosk.

Das besondere Erlebnis ist jedoch die 218 m lange Seilbrücke, auf der Sie das bewaldete Tal überqueren können.

Wo finden Sie uns? Ganz einfach: Steinwasen Park 79254 Oberried

Hasenhorn Rodelbahn

Besuchen Sie die spektakulärste Rodelbahn Deutschlands!

Kommen Sie zum Hasenhorn im Schwarzwald – wir freuen uns auf Ihren Besuch!

Unsere Rodelbahn ist sicher – für große und kleine Flitzer. Der Fahrspaß beginnt oben auf dem Berg und dann geht's mit Schlitten auf Schienen die 2,9 km lange Strecke hinunter ins Tal – das Tempo können Sie selbst bestimmen und die Fahrt ist voller Überraschungen!

Für weitere Informationen besuchen Sie uns unter: www.hasenhorn-rodelbahn.de

1a Lies die Anzeigen. Wie sagt man auf Deutsch...?

a to offer entertainment
b a special experience
c a rope bridge
d toboggan run
e for big and small speed fans
f in toboggans on runners
g decide for yourself
h full of surprises

TIPP

Tip for reading

When you come across unknown words in a German text, before consulting a dictionary, ask:

• Is there a similar word in English?

• What could the word mean in the given context?

1b Lies die Anzeigen noch einmal und beantworte die Fragen auf Englisch.

a What is 28 m high?
b What is there for children?
c Where can you go if you are hungry?
d Where is the spectacular toboggan run?
e How fast do the toboggans go?
f Who is the toboggan run ideal for?

2a Vier Leute rufen beim Verkehrsamt an. Hör gut zu. Kopiere die Tabelle und füll sie auf Englisch aus.

Name	Where do they want to stay?	What do they want to find out about?
Herr Krause		
Andreas Pfaff		
Frau Behrens		

2b Hör noch einmal gut zu. Wer sagt was?

a Wir möchten im Winter kommen.
b Wir wollen vom 21. bis 29. März bleiben.
c Ich interessiere mich für Museen.
d Ich will im Oktober Ferien machen.
e Haben Sie Informationen über Campingplätze und Jugendherbergen?

3 ⏱ Füll die Lücken mit den passenden Wörtern im Kasten aus.

Sehr geehrte Damen und Herren,
meine Freunde und ich machen ein Projekt über den Schwarzwald. (a) ▓▓▓ Sie uns bitte Adressen von Campingplätzen und Hotels im (b) ▓▓▓ zuschicken? Wir (c) ▓▓▓ auch gern Informationen über Abenteuerparks oder andere Attraktionen für junge Leute. Gibt es viele (d) ▓▓▓ in der Gegend? Können Sie uns bitte eine Landkarte schicken?

Auch interessieren wir uns für Sportmöglichkeiten in der (e) ▓▓▓ . Gibt es viele Seen und wie viele (f) ▓▓▓ findet man im Schwarzwald? Vielleicht haben Sie einige (g) ▓▓▓ mit Radfahrwegen? Wir (h) ▓▓▓ auch gern Informationen über gute Restaurants, wo man Schwarzwälder Spezialitäten essen kann.

Ich freue mich, bald von Ihnen zu hören, und danke Ihnen im Voraus,

Ihre Anke Heizmann

| Wanderwege | Schwarzwald | können | Gegend |
| möchten | hätten | Broschüren | Schwimmbäder |

4 👤👤 Arbeitet mit einem Partner/einer Partnerin. Jeder überlegt sich zuerst Folgendes:

- Wann möchtet ihr in die Ferien fahren?
- Über welche Aktivitäten wollt ihr euch informieren?
- Wo wollt ihr übernachten?
- Interessiert ihr euch für Sehenswürdigkeiten oder Spezialitäten?

Setzt euch nun Rücken an Rücken, so dass ihr euren Partner/eure Partnerin nicht sehen, aber hören könnt.
B↔A

A arbeitet im Verkehrsamt und beantwortet die Fragen

B möchte sich informieren und stellt Fragen.

5 ⏱ Übersetze die Sätze ins Deutsche.
a What's the date today? It's the 5th September.
b We want to come next year in the summer.
c I would like to stay from the 1st October to the 7th.
d He wants to come next month from the 2nd to the 9th January.

Jetzt seid ihr dran!

6 🎧 Listen to the information from the tourist office and make notes. What does Pfaffenweiler have to offer in the way of:
- sports facilities • culture • food

7 ⏱ Write to the tourist office in your real or imaginary twin town and ask for information about the following points so that you can plan activities with your class when you go on an exchange visit there. Use activity 3 as a model.

- accommodation available on your preferred dates
- facilities for your own sporting or cultural interests
- entry prices to museums or leisure centres
- any other points of interest

G der Imperativ **W** Wegbeschreibungen **K** Leseverständnis

B

A: Entschuldigung, wir wollen zum Olympia-Einkaufszentrum. Wie kommen wir am schnellsten dahin?

B: Also, wir sind hier am Rotkreuzplatz, und ihr wollt zum Olympia-Einkaufszentrum. Da nehmt ihr am besten die U-Bahn. Es gibt auch einen Bus, aber mit der U-Bahn seid ihr schneller dort.

A: Danke und welche U-Bahn-Linie ist das, bitte?

B: Tja, da bin ich mir nicht so sicher. Ich glaube, es ist die Linie 3.

A: Danke schön!

C

A: Entschuldigen Sie bitte, ich möchte zur Jugendherberge. Wie komme ich am besten dorthin?

B: Die Jugendherberge, also, fahr mit dem Bus. Das wäre die Nummer 13 oder fahr mit der S-Bahn, mit der Linie S7.

A: Ist es weit?

B: Mit dem Bus etwa 20 Minuten, mit der S-Bahn etwa 15.

A: Danke, dann nehme ich die S-Bahn.

A

A: Entschuldige bitte, kannst du mir sagen, wie ich am besten von hier zum Krankenhaus komme?

B: Ja, das ist nicht weit. Sie gehen am besten zu Fuß. Gehen Sie die Nymphenburgerstraße entlang und biegen Sie dann in die dritte Straße rechts ein, das ist die Lachnerstraße. Gehen Sie bis zur Renatastraße, biegen Sie dann rechts ab und gehen Sie die Straße entlang. Das Krankenhaus ist auf der linken Seite an der Ecke.

A: Vielen Dank!

1a Lies die Dialoge. Welches Bild passt zu welchem Dialog? Warum? Hör dann zu, um deine Antworten zu prüfen.

1b Lies die Dialoge noch einmal. Welche Verkehrsmittel gibt es in München? Welche anderen gibt es noch? Mach eine Liste.

1c Lies die Dialoge noch einmal. Richtig, falsch oder nicht angegeben?

a Das Krankenhaus ist in der Lachnerstraße.

b Man kommt ohne Verkehrsmittel zum Krankenhaus.

c Das Olympia-Einkaufszentrum ist nicht weit.

d Der Bus ist schneller.

e Zur Jugendherberge fährt man am besten mit der Buslinie 13.

f Mit der S-Bahn ist es schneller als mit dem Bus.

2 Hör gut zu. Wohin wollen diese Leute? Wie kommen sie dorthin? Wie weit ist es?

Name	Where do they want to go?	How do they get there?	How far?	Further details
Frau Breuner				
Thomas				
Susi und Anna				
Herr Kleiser				

3 Macht eine Liste von Wörtern und Ausdrücken, die man braucht, um Anweisungen zu geben.

Beispiel:
die Straße entlang gehen – *to go down the street*
rechts abbiegen – *to turn right*

4 Du möchtest mit dem Zug nach Starnberg fahren. Lies den Fahrplan und ergänze den Dialog.

Markus:	Wann fährt ein Zug nach halb elf nach Starnberg, bitte?
Angestellter:	Um (a)_____ Uhr.
Markus:	Und wann kommt der Zug an?
Angestellter:	Um (b)_____ Uhr. Du musst (c)_____ umsteigen. Es ist ein direkter Zug.
Markus:	Danke und von welchem Gleis fährt der Zug ab?
Angestellter:	Von Gleis (d)_____.
Markus:	Gut, dann eine Fahrkarte nach Starnberg, bitte, zweiter Klasse.
Angestellter:	Einfach oder hin und zurück?
Markus:	Eine Rückfahrkarte, bitte. Was kostet das?
Angestellter:	(e)_____ Euro, hin und zurück.

Bahnhof/ Haltestelle	Zeit	Gleis	Umsteigen	Preis (Hin- und Rückfahrt)
München (Hbf)	ab 09:53			
Starnberg	an 10:24	8	0	9,30 €
München (Hbf)	ab 10:33			
Starnberg	an 11:04	8	0	9,30 €
Starnberg	ab 18:54			
München (Hbf)	an 19:27	3	0	9,30 €

GRAMMATIK

The imperative
You use the imperative to give instructions or commands. There are three different forms in German:
- **du:** Nimm den Bus Nummer 10.
- **ihr:** Nehmt die erste Straße links.
- **Sie:** Nehmen Sie am besten die U-Bahn.

See *Aktive Grammatik* page 39.

5a Lies die Dialoge auf Seite 34 noch einmal und schreib eine Liste mit den Imperativformen.

5b Was sind die Imperativformen der folgenden Verben? Schreib eine Liste in dein Heft.

a gehen **b** nehmen **c** fahren **d** kommen

Jetzt seid ihr dran!

6 Work in pairs. **A** wants to buy a train ticket and **B** works in the ticket office. Act out a dialogue, taking activity 4 as a model. **B↔A**

Destination: Berlin.
Ticket type: return
Passengers: 3 adults
Changes required: 1, in Mannheim
Price: 95 euros

Hallo!
Wie du weißt, komme ich am Samstag am Hauptbahnhof an. Kannst du mir den Weg zu deinem Haus beschreiben? Ich möchte mich nicht verlaufen! Ich habe keinen Stadtplan von deiner Stadt.
Danke und bis bald!

7 Your German exchange partner is coming next week and sends you an email to ask how to get to your house from the train or bus station. Write a reply, saying which form of transport to take or giving directions for how to get to your house on foot.

Beispiel:
Am Hauptbahnhof nimm den Zug in Richtung...
Am besten fährst du mit dem Bus Nummer 10...
Geh zu Fuß...

1B Wie man eine Stadtführung macht

G Akkusativ und Dativ mit Präpositionen **W** Stadtführung **K** Hörverständnis

Anja hat einen Sommerjob als Stadtführerin für Austauschstudenten aus dem Ausland. Bevor sie ihren Studenten Freiburg beschreibt, fragt sie einige Freiburger Schüler und Schülerinnen, wie sie die öffentlichen Transportmittel in Freiburg finden.

Ann-Cathrin:

Wie ich die öffentlichen Verkehrsmittel in Freiburg finde? Also, ganz cool, eigentlich. Ich finde die Deutsche Bahn CallBikes besonders gut, weil sie umweltfreundlicher* sind als Busse. Man kann ganz einfach ein Fahrrad per Telefon mieten* und wieder abgeben. Es kostet nicht viel and es ist sehr gut für die Umwelt. In Wieslau, wo ich früher gewohnt habe, konnte man das nicht machen.

Asli:

Ich fahre am liebsten mit dem Rad. Die Radwege* sind echt super hier – viel besser als in Bremen. Da wollte ich nie Rad fahren! Wenn ich zum Marktplatz vor dem Münster fahre, kann ich mein Rad neben dem Münster abstellen. Wenn man mit dem Bus oder mit der Straßenbahn in die Stadt fährt, kann man nicht bis vor das Münster fahren. Und ich bin etwas faul und gehe nicht so gern zu Fuß.

Jamie:

Ich finde die Busse hier auch total praktisch, weil sie an der Haltestelle direkt vor meinem Haus halten. Ich fahre immer mit dem Bus zum Fußballtraining – das konnte ich in meinem Dorf nicht machen. Dort musste man überall mit dem Auto hinfahren. Nach dem Fußballtraining gehe ich mit meinen Freunden zusammen zur Haltestelle gegenüber dem Stadion und wir warten auf die Nummer 14. Eine halbe Stunde später bin ich wieder zu Hause. Busse sind einfach schneller als die Straßenbahn.

Nick:

Ich wohne in einem kleinen Dorf nicht weit von Freiburg, und wenn ich meine Freundin in Freiburg treffen will, kann ich mit dem Bus oder mit dem Zug fahren. Die Busse fahren ziemlich regelmäßig, aber ich fahre lieber mit dem Zug, weil es billiger ist. Ich habe eine BahnCard und bekomme eine Schülerermäßigung. Das finde ich toll. Züge sind außerdem viel umweltfreundlicher als Busse.

> *umweltfreundlich – *environmentally friendly*
> mieten – *to hire*
> der Radweg – *bike path*

1a 📖 Lies die Meinungen der vier Schüler und Schülerinnen und beantworte die Fragen.

Who...?
- **a** takes the bus to visit his girlfriend
- **b** is lazy
- **c** cares about the environment
- **d** takes the bus to training
- **e** loves cycling
- **f** finds the trains cheaper
- **g** hires a bike by telephone
- **h** find buses quicker than trains

1b 👤🌓🥧 Diskutiert mit einem Partner/einer Partnerin. Was sind die Vor- und Nachteile jedes Verkehrsmittels? Mach Notizen.

Verkehrsmittel	Vorteile	Nachteile
Bus		
Straßenbahn		
Zug		
CallBikes		
Rad		

TIPP

Tip for listening

When listening for detail and taking notes, make sure you know exactly what kind of information you are listening for. In activity 4 you have to listen for different buildings and means of transport. In your mind, go over the German names of the different buildings in a town and the different means of transport before you start listening.

2a 🎧 Hör gut zu. Was sagen diese Leute über die verschiedenen öffentlichen Verkehrsmittel? Mach Notizen.

Beispiel: Frau Klein: Ich fahre immer mit dem Bus.

2b 🎧 Hör noch einmal zu. Wer sagt was?
a Es gibt nicht sehr viele Busse pro Tag.
b Bei Regen fahre ich nicht mit dem Rad.
c Radfahren ist nicht so schnell wie die Straßenbahn.
d Die Busse fahren sehr oft.
e Ich gehe oft zu Fuß in die Stadt.
f Es gibt zu wenig Parkplätze.
g Die Straßenbahn ist umweltfreundlicher als der Bus.

3 📖 Welche Sätze passen zu welchen Fotos?

Eine Führung durch Freiburg

A

Wir sind hier am Bahnhof und nehmen am besten die Straßenbahn zur Stadtmitte.

B

Jetzt gehen wir zu Fuß zum gotischen Münster und dem Marktplatz. Man kann den Münsterturm besteigen und von oben hat man dann eine ganz tolle Aussicht über die Stadt und die Gegend.

C

Nun fahren wir mit dem Bus zur Eishalle, wo wir Schlittschuh laufen wollen. Die Eisbahn ist ganz toll und Schlittschuhlaufen macht viel Spaß.

D

Mit der Straßenbahn fahren wir wieder zum Bahnhof und dann mit dem Zug nach Littenweiler, wo unsere Jugendherberge ist. Wir finden Freiburg echt cool!

4a 🎧 Hör gut zu. Anja beschreibt ihre Stadt. Welche Gebäude und Plätze nennt sie und mit welchen Verkehrsmitteln kommt man dorthin? Mach Notizen.

4b 🎧 Hör noch einmal gut zu und beantworte die Fragen auf Englisch.

What does Anja say about the...?
a theatre   c castle   e river
b university   d museum

GRAMMATIK

Prepositions with the dative and the accusative

The preposition **vor** can be followed by the accusative or the dative:

a Der Bus **hält** direkt **vor dem** Bahnhof/**der** Kirche/**dem** Schloss/**den** Geschäften. – *The bus **stops** right in front of the station/the church/the castle/the shops.*

b Der Bus **fährt** direkt bis **vor den** Bahnhof/**die** Kirche/**das** Schloss/**die** Geschäfte. – *The bus **drives** right **up to** the station/the church/the castle/the shops.*

Many other prepositions follow this pattern: **an, auf, hinter, in, neben, über, unter, vor, zwischen.**

a **In der** Stadtmitte gibt es viele Museen.
b Ich fahre **in die** Stadtmitte.

a Der Schloss liegt **auf dem** Berg.
b Ich gehe **auf den** Berg.

5 👥 Partnerarbeit. Diskutiert den Unterschied zwischen den Sätzen **a** und **b** in der Grammatik-Box. Wann benutzt man den Dativ und wann benutzt man den Akkusativ?

Jetzt seid ihr dran!

6 👥📖 Work with a partner. Choose a German, Austrian or Swiss town and research it on the internet.
a Make a list of buildings and places. Describe them.
b Make a list of the types of public transport.
c Find out interesting facts about the town or the buildings and note them down.
d Is the transport system environmentally friendly?

7 👥 Design and present a virtual tour through your chosen town, thinking about the environment and the different means of transport available there. Use your notes from activity 6 and the text *Eine Führung durch Freiburg* to help you.

INTRODUCTION TO THE IMPERFECT TENSE

The imperfect is used to describe a state of affairs in the past. The most common verbs for making descriptions, *sein*, *haben* and *geben*, are irregular in the imperfect.

Wien **war** eine sehr reiche Stadt. – *Vienna was a rich city.*
Die Stadt **hatte** viele Einwohner. – *The city had many inhabitants.*
Es **gab** viel Verkehr. – *There was a lot of traffic.*

1 Translate the following sentences into English.

a Die Stadt war einmal sehr klein.
b Es gab viele Touristen im Zug.
c Der Steinwasen Park hatte viele Attraktionen.
d Die Leute in Titisee-Neustadt waren sehr nett.
e Die Jugendlichen hatten viel Spaß auf der Rodelbahn.

2 Fill in the gaps with the words from the box.

a Es _____ im Museum viel zu sehen.
b Wien _____ die Residenzstadt der Kaiserfamilie.
c Der Stadtführer _____ gestern eine große Gruppe.
d Die drei Dörfer _____ früher nur eine Buslinie.
e Die Radwege _____ vorher viel schlechter.

> hatte   war   gab   hatten   waren

MODAL VERBS

Use a modal verb followed by a second verb in the infinitive to say what you can do, and what you like, want, are allowed, supposed or have to do. The verb in the infinitive goes to the end of the clause or sentence.

Ich kann mit dem Bus **fahren**. – *I can take the bus.*
Er **will** das Stadtmuseum **besuchen**. – *He wants to visit the town museum.*
Wir **mögen** keine Stadtführungen **machen**. – *We don't like going on city tours.*
Du **darfst** die Fahrkarte im Bus **kaufen**. – *You may buy the ticket on the bus.*
Sie **sollen** nach Berlin **fahren**. – *They should go to Berlin.*

Remember to use the polite expression *ich möchte* to say what you would like:
Ich **möchte** mitkommen. – *I'd like to come with you.*

3 Fill in the gaps in the table to complete the modal verbs, following the pattern of *können*.

	können (to be able to)	dürfen (to be allowed to)	mögen (to like to)	müssen (to have to)	sollen (to be supposed to, should)	wollen (to want to)
ich	kann			muss		
du	kannst		magst			
er/ sie/ es	kann	darf			soll	will
wir	können	dürfen		müssen		
ihr	könnt		mögt		sollt	
sie/ Sie	können					wollen

4 Translate the following sentences into German.

a We want to come next summer.
b You (*du*) can take the bus into town.
c They should visit Hamburg.
d Do you (*ihr*) like to travel by tram?
e They can take the 3 o'clock train.
f I'm not allowed to go to Steinwasen Park.

THE IMPERATIVE

The imperative is the command form of the verb. There are three different forms:

a the *du* form (when giving instructions to a friend):
Geh nicht ins Kino! – *Don't go to the cinema!*
Mach deine Hausaufgaben! – *Do your homework!*

b the *ihr* form (for more than one person of your own age):
Geht jetzt nach Hause! – *Go home now!*
Fahrt mit dem Zug! – *Go by train!*

c the *Sie* form (for an adult or a stranger):
Gehen Sie hier geradeaus! – *Go straight on here!*
Hören Sie bitte zu! – *Listen, please!*

5 Change these sentences into instructions using the imperative form.

a Du musst die erste Straße links nehmen.
b Sie sollten mit dem Bus fahren.
c Du solltest zu Fuß gehen.
d Ihr müsst über die Brücke fahren.
e Sie müssen einen Stadtplan kaufen.
f Ihr müsst die U-Bahn nehmen.

THE IMPERFECT TENSE OF MODAL VERBS

Use the imperfect tense of modal verbs to say what you could, wanted, liked, were able, allowed or had to do.

Here are some examples from the texts on page 36:

In Wieslau **konnte** man das nicht machen. – *You couldn't do that in Wieslau.*

In Bremen **wollte** ich nie Rad fahren! – *I never wanted to cycle in Bremen!*

In meinem Dorf **musste** man mit dem Auto fahren. – *In my village, you had to travel by car.*

To form the imperfect tense of a model verb, remove the **-en** from the infinitive and add the following endings:

	können	dürfen	mögen	müssen	sollen	wollen
ich	konnte	durfte	mochte	musste	sollte	wollte
du	konntest	durftest	mochtest	musstest	solltest	wolltest
er/ sie/ es	konnte	durfte	mochte	musste	sollte	wollte
wir	konnten	durften	mochten	mussten	sollten	wollten
ihr	konntet	durftet	mochtet	musstet	solltet	wolltet
sie/ Sie	konnten	durften	mochten	mussten	sollten	wollten

NB Those verbs which have an umlaut in the infinitive lose it in the imperfect. The *g* in *mögen* changes to a *ch*.

6 Fill in the imperfect form of the verbs in brackets.

a Er _____ es, in einer Stadt zu wohnen, weil immer viel los war. (mögen)

b Wir _____ ins Museum gehen, aber es _____ geschlossen. (wollen, sein)

c Ich _____ gestern mit meiner Mutti in die Stadt gehen, um einzukaufen. (müssen)

d Anja _____ jeden Donnerstag im Stadion trainieren. (können)

e Die Kinder _____ ein Picknick im Park machen. (wollen)

f Meine Freunde und ich _____ gestern Abend ins Kino. (dürfen)

THE COMPARATIVE AND THE SUPERLATIVE

The *comparative* is used to compare two objects or people. Berlin ist **kleiner** als London. – *Berlin is smaller than London.*

The *superlative* is used to compare more than two objects or people.

a Berlin ist **schön**, Hamburg ist **schöner**, aber München ist **am schönsten**.

b Meine Stadt hat den **schönsten** Park in Leicestershire.

Some adjectives/adverbs add an umlaut in the comparative and superlative:

adjective	comparative	superlative
lang	länger	der/die/das längste
warm	wärmer	der/die/das wärmste
groß	größer	der/die/das größte
hoch	höher	am höchsten
nah	näher	am nächsten

7 Comparative or superlative? Complete the sentences.

a Das Wasser im Hallenbad ist natürlich viel _____ als im Freibad.

b Der Eifelturm ist _____ als der Turm in meiner Stadt.

c Freiburg hat die _____ Geschäfte in Südwestdeutschland.

d Der Feldberg ist _____ , die Zugspitze ist _____ , aber K2 ist _____ .

PREPOSITIONS WITH THE DATIVE AND THE ACCUSATIVE

Some German prepositions are **always** followed by the **dative**: *aus, außer, bei, mit, nach, seit, von, zu, gegenüber.*

Some prepositions are **always** followed by the **accusative**: *bis, durch, für, gegen, ohne, um.*

See page 37 for prepositions which are followed by either the dative or the accusative case.

8 Read the sentences carefully: dative or accusative? Fill in the correct definite article.

a Gegenüber d_____ Bahnhof gibt es ein neues Einkaufszentrum.

b Du musst nach d_____ nächsten Haltestelle aussteigen.

c Geh zuerst nach rechts, dann nach links und das Rathaus ist gleich um d_____ Ecke.

d Ohne d_____ alte Stadion ist die Stadt viel schöner.

e Wenn Sie mit d_____ Bus fahren, können Sie bis zu d_____ Kirche fahren.

f Der Bus fährt von d_____ Universität bis zu d_____ Geschäften.

In this unit, you've learnt how to...

Beim Lesen

1 **Practise making clever guesses about what unknown words mean.**

Remember you need not understand every word to understand the gist of a text. Here are some strategies to help you guess an unknown word.

a Look at the context: read the sentences before and after the sentence containing the unknown word and you may be able to guess its meaning. Also read the title carefully as it may contain a clue.

❑ Look at the text on page 173 for two seconds. Can you guess what it is about?

b Look at the unknown word: can you split the word into sections? You may know the meaning of part of the word, for example: *Stadtplan*: *Stadt* = town and *plan* = plan, so you get 'town plan'. But that's not what you'd say in English. What would you say? Well, a map of a town, and that's exactly what it is. Remember, German is a very literal language.

❑ Can you explain the following words?

● Autobahn ● Haltestelle ● Parkplatz

2 **Recognise common sound-spelling links.**

Sometimes, reading the German word with an English pronunciation gives you a clue as to its meaning.

Example:

Lampe – *lamp* Traum – *dream* Mitte – *middle*
Haus – *house* Tag – *day*
       trinken – *drink*

❑ Find some more words to fit into these categories.

Beim Hören

1 **Listen with the task in mind.**

Read the task or questions. They give you the first clues as to what you are likely to hear. Question words tell you what to listen out for.

Examples:
Wo? – listen for a place
Wann? – listen for a time element
Wie viele? – listen for numbers

❑ Brainstorm 10 German words you might hear for each of the following topics.

● Directions ● Public transport ● Home life

Beim Lernen

Sorting out the new vocabulary for a topic in a way which makes it easier for you to memorise new words and phrases is really important. There are different ways to do this.

1 **Word families**

List the vocabulary of a topic area, for example *Meine Stadt*, into categories such as verbs, nouns and adjectives.

2 **Mind maps using pictures or words/questions.**

Was gibt es?   Was kann man machen?

mein Wohnort

→ einkaufen
→ in den Park gehen

Vorteile   Nachteile → nichts zu tun

→ kein Kino
→ keine Disko
→ kein Fitnesszentrum

3 **Write vocabulary on sticky notes.**

Stick them on your walls, desk, folders or anywhere else in your room. Each time you look at them, you will read the words and learn them.

❑ Make a list of the new words you have come across in this unit and organise them in the way that you find most helpful.

Zum Schreiben

Prepare a presentation about your home town in order to win a competition to be twinned with the German town of Münster.

Schreib eine Broschüre über deinen Wohnort.

1   Work in a group. Brainstorm the most interesting buildings, places and events in your town, and any green transport initiatives it has. Then write down suitable adjectives to describe each of them in German.

2   Each member of the group chooses one of the locations, events or initiatives and does some research into its background on the internet. Make notes in German.

3   Each person then writes a paragraph of 150–300 words about the item they have researched.

4   Find pictures on the internet to illustrate your paragraph and then put them together to create a brochure about your town for your group's competition entry.

Zum Sprechen

1   The time has come to meet the committee and tell them why you think your town should be chosen.

Stell deine Stadt vor!

2   Divide into small groups. In your group, write two lists: one containing questions that you think the committee are likely to ask you about your town, and one containing reasons why you think it should be chosen. Try to flesh out your arguments as much as possible, using plenty of adjectives, adverbs, comparatives and superlatives.

3   Work with another group. One group is the Münster selection committee and the other is the delegation from your town. Then swap roles.

4   Which group do you think had the most convincing arguments? Who do you think should have won?

Viel Erfolg!

Wie man eine Stadt beschreibt (Seite 28–29)

der Bahnhof ⸗e *nm*	station
der Berg -e *nm*	mountain
die Bücherei -en *nf*	library
der Einwohner - *nm*	inhabitant
die Eisbahn -en *nf*	ice rink
die Fabrik -en *nf*	factory
das Gebäude - *nn*	building
die Gegend -en *nf*	area, region
die Hauptstadt -städte *nf*	capital
der Komponist -en *nm*	composer
der Nachteil -e *nm*	disadvantage
der Skihang -hänge *nm*	ski slope
das Stadion, die Stadien *nn*	stadium
der Stadtgarten -gärten *nm*	municipal garden
das Verkehrsamt -ämter *nn*	tourist information office
etwas unternehmen *vb*	to do something (e.g. go out)
einmalig *adj*	unique
schick *adj*	chic

Wie man Städte vergleicht (Seite 30–31)

der Dom -e *nm*	cathedral
das Geschäft -e *nn*	shop
der See -n *nm*	lake
die Sehenswürdigkeiten *fpl*	sights
das Sommernachtsfest -e *nn*	summer night's party
der Stadtteil -e *nm*	district, part of a town
der Wald, die Wälder *nml*	woods, forest
bestehen *vb* aus	to consist of
genießen *vb*	to enjoy
umgeben *adv*	surrounded

Wie man sich über eine Gegend informiert (Seite 32–33)

der Eintritt -e *nm*	entry fee
die Jugendherberge -n *nf*	youth hostel
die Schienen *fpl*	tracks
die Sportmöglichkeiten *fpl*	sports facilities
die Strecke -n *nf*	route
das Tal, die Täler *nn*	valley
die Unterhaltung -en *nf*	entertainment
sich entspannen *vb*	to relax
überqueren *vb*	to cross
lecker *adj*	delicious
sicher *adj*	safe
Ich danke Ihnen im Voraus	thank you in advance
Rücken an Rücken	back to back
Wir freuen uns auf Ihren Besuch	we look forward to your visit

Wie man sich in einer Stadt zurechtfindet (Seite 34–35)

die Ampel -n *nf*	traffic lights
der Bahnsteig -e *nm*	platform
die Bauarbeiten *fpl*	building works
der Fahrplan -pläne *nm*	timetable
die Fernbahn -en *nf*	long distance trains
das Gleis -e *nn*	track (for trains)
die Haltestelle -n *nf*	stop
die Kreuzung -en *nf*	crossroads
die Hauptverkehrsstraße -n *nf*	arterial road
die öffentlichen Verkehrsmittel *npl*	public transport
die Rückfahrkarte -n *nf*	return ticket
die S-Bahn -en *nf*	local train
die Straßenbahn -en *nf*	tram
die U-Bahn -en *nf*	underground train
der Verkehr *nm*	traffic
der Zug, die Züge *nm*	train
ab/fahren *vb*	to depart
an/kommen *vb*	to arrive
dauern *vb*	to last, to take (time)
billig *adj*	cheap
verspätet *adj*	delayed
entlang *adv*	along
geradeaus *adv*	straight on
links *adv*	on the left
rechts *adv*	on the right
weit *adv*	far

Wie man eine Stadtführung macht (Seite 36–37)

die Aussicht -en *nf*	view
die Brücke -n *nf*	bridge
der Brunnen - *nm*	fountain
der Radweg -e *nm*	cycle path
das Münster - *nn*	cathedral, minster
der Münsterturm -türme *nm*	tower of the cathedral
die Schülerermäßigung -en *nf*	student discount
die Umwelt *nf*	environment
ab/geben *vb*	to return
ab/stellen *vb*	to put down, to leave
besteigen *vb*	to climb
mieten *vb*	to hire
Schlittschuh laufen *vb*	to ice skate
bequem *adj*	comfortable
einfach *adj*	easy
langsam *adj*	slow
umweltfreundlich *adj*	environmentally friendly
oben *adv*	at the top
regelmäßig *adv*	regularly
wieder *adv*	again

2A Gesundheit und Sport

Weißt du schon, wie man...

- ☐ über Sport redet?
- ☐ seinen Sporthelden beschreibt?
- ☐ gesund lebt?
- ☐ Abenteuer findet?
- ☐ eine Verletzung beschreibt?

Szenario

- Einen Sporturlaub planen.
- Den Sportler des Jahres wählen.

Wer ist Sportler des Jahres?

Kompetenzen

Beim Sprechen

In German, how do you...
- say what you like and dislike?
- give opinions in a variety of different ways?
- use word order to change the emphasis of what you're saying?

Beim Schreiben

How can you...
- write longer sentences using conjunctions?
- add detail to your descriptions?
- vary sentence structure and word order?

Aktive Grammatik

As part of your German language 'toolkit', can you...
- use the perfect tense to talk about the past?
- use conjunctions with the correct word order?
- use adverbs of time and place?

G das Perfekt; trennbare Verben **W** Sport beschreiben **K** Ausdrücke des Grades und der Häufigkeit

Jugendmagazin hat vier junge Leute zum Thema Sport interviewt. Hier könnt ihr lesen, was sie gesagt haben.

Mein Lieblingssport ist Fußball und ich sehe sehr gern Fußball im Fernsehen und im Stadion. Meine Lieblingsmannschaft ist Werder Bremen und ich schaue mir regelmäßig ihre Spiele an. Letztes Jahr habe ich das Endspiel gegen Bayern-München gesehen und es war sehr spannend, aber leider hat meine Mannschaft 1:4 verloren. Das war ziemlich traurig. Mein Lieblingsspieler ist Michael Ballack. Ich finde ihn toll, aber auch ein bisschen launisch. Ich bin enttäuscht, dass er jetzt für die englische Mannschaft Chelsea spielt. Ich spiele auch gern Fußball in einem Fußballverein. Wir trainieren zweimal in der Woche, freitags und montags, und jeden Samstag haben wir ein Spiel. Wir sind leider nicht sehr erfolgreich. Letzte Woche habe ich als Torwart gespielt und ich habe zwei Tore durchgelassen! Also haben wir 1:2 verloren! So eine Schande!

Thorsten, 15, Bremen

Ich bin totaler Tennisfan, aber leider kann ich überhaupt nicht spielen. Ich sehe aber sehr gern Tennis im Fernsehen und schaue mir auch jedes Match mit Roger Federer an. Er ist mein Held! Ich finde, dass er ein sehr guter Spieler mit Stil und Stärke ist. Er sieht auch sehr gut aus! Ich fand das Wimbledon-Endspiel mit Nadal sehr aufregend und es war schade, dass Federer das Spiel nicht gewonnen hat. Viele waren der Meinung, dass es zwei Pokale* geben sollte, weil beide einen Pokal verdienten*. Ich selbst treibe wenig Sport. Ich habe keinen Sinn für Regeln und ich finde es schwierig, in Mannschaften zu spielen. Ich schwimme ab und zu mit meiner Freundin Anna und ich gehe zweimal in der Woche mit meiner Schwester joggen. Das finde ich O.K., aber anstrengend.

Tania, 16, Berlin

Zurzeit mache ich Aikido – einen Kampfsport – in einem Verein. Wir treffen uns einmal in der Woche und wir trainieren miteinander. Letzten Monat habe ich den braunen Gürtel bekommen und das bedeutet, dass ich Fortschritte mache. Es ist eine Sportart, die man allein betreibt, und das finde ich gut, weil ich nicht gern in einer Mannschaft spiele.

Meike, 17, Hamburg

Mein Lieblingssport ist Handball. Das ist nicht sehr bekannt in England, glaube ich, aber in Deutschland ist es sehr beliebt. Es gibt sogar Ligaspiele* und die beste Mannschaft in Deutschland ist zurzeit natürlich THW Kiel. Mein Lieblingsspieler ist Christian Zeitz, weil er gut spielen kann und weil er seit 2003 in der Mannschaft mitspielt. Letztes Jahr hat THW Kiel den Deutschen Handballpokal gewonnen. Handball ist ein großes Geschäft in Deutschland, fast so wichtig wie Fußball. Ich schaue gern Handball im Fernsehen und ich spiele auch selber Handball im Verein, aber ich bin nicht sehr gut.

Michael, 15, Kiel

> * der Pokal – *cup, trophy*
> verdienen – *to deserve*
> das Ligaspiel – *league game*

1 Wie findest du Sport?
2 Hast du einen Lieblingssport?
3 Siehst du gern Sport im Fernsehen?
4 Hast du einen Sporthelden/eine Sportheldin?
5 Treibst du auch gern Sport?

TIPP

To sound more authentic use some of these qualifiers and time phrases:

sehr – *very*	ab und zu – *now and again*
ziemlich – *quite*	jeden... – *every...*
ein bisschen – *a little*	sonntags – *every Sunday, on Sundays*

1 Lies die Texte auf Seite 44 und füll die Tabelle aus.

	Watches which sport on TV?	Hero/heroine?	Participates in which sport?
Thorsten			
Tania			
Meike			
Michael			

2a Wie beschreibt man Sport und Sportler? Finde die deutschen Wörter in den Texten auf Seite 44.

a great
b tiring
c successful
d exciting (2 words)
e moody
f a disgrace

2b Such in einem Wörterbuch weitere fünf positive und negative Adjektive, um Sport und Sportler zu beschreiben.

3 Jens stellt sich vor. Hör gut zu und beantworte die folgenden Fragen auf Englisch.

a How old is Jens and where does he live?
b What is his favourite sport?
c Where and with whom does he play?
d Who is his hero?
e Why does he admire him?
f What other sports does Jens do?

GRAMMATIK

The perfect tense

The perfect tense is used to say what happened in the past. It is more common than the imperfect in spoken German for all but a handful of verbs which have familiar imperfect forms (*sein, haben, geben* and the modals). It is formed by taking the correct part of the verb **haben** or **sein** (the 'auxiliary') and adding the past participle:

Ich **habe** als Torwart **gespielt**. – I *played* as a goalkeeper.
Ich **habe** den braunen Gürtel **bekommen**. – I *got* my brown belt.

NB the past participle goes to the end of the sentence. See page 55 for details of how to form past participles.

4 Hör gut zu. Wie finden sie Sport? Schreib die Tabelle in dein Heft ab und füll sie aus.

	Opinion on sport	Which sports?	How often?	Last week...
Thorsten				
Tania				

5a Hör noch einmal zu. Wie sagt man auf Deutsch:

a I played on Saturday.
b Unfortunately we lost.
c A dog chased me.

5b Mach andere Sätze im Perfekt mit den Verben (in Klammern).

Beispiel:
Ich trainiere jeden Tag. (haben, trainiert) → Ich habe jeden Tag trainiert.

a Er gewinnt den Pokal. (haben, gewonnen)
b Wir sehen das Spiel im Fernsehen. (haben, gesehen)
c Sie fahren am Sonntag Rad. (sein, gefahren)

GRAMMATIK

Separable/inseparable verbs

In German, as in English, many verbs come in two parts. If the verb is separable, the two parts do not come next to each other in a sentence in the present tense. If the verb is inseparable, they do.

Ich **sehe** gern **fern**. – I like watching television.
Ich **be**komme eine Medaille. – I'm getting a medal.

You can find a list of common separable and inseparable verbs in the grammar section at the back of the book.

6a Finde die deutschen trennbaren Verben für:

a to watch television
b to appear, to look (like)
c to ski

6b Finde die deutschen untrennbaren Verben für:

a to get
b to lose
c to admire

Jetzt seid ihr dran!

7 Work in groups. Imagine you are doing an interview for *Jugendmagazin*. Use the questions on page 44 to interview each other. Which is the favourite sport? Remember to use expressions from the *Tipp* box.

8 You are writing an article about sport for *Jugendmagazin*. Answer the questions on page 44 about yourself and then write them up into a report. Try to use as many words and expressions from this spread as possible.

G Wortstellung **W** Helden beschreiben **K** Meinungen äußern

1956 – Deutscher Torwart – Englische Mannschaft

Trautmann stand 1949-1964 im Tor von Manchester City.

Tag: 5. Mai 1956

Ort: Wembley-Stadion, London (GB)

Zuschauer: 100.000 (ausverkauft)

Sportart: Fußball

Anlass: 75. Finale im FA-Cup

Beginn: 15:00 Uhr (Ortszeit)

Paarung: Manchester City – Birmingham City

Ergebnis: 3:1 (1:1)

1994 – "Franzis" goldenes Happy-End

Mit 16 Jahren wurde "Franzi" Weltmeisterin.

Tag: 6. September 1994

Beginn: 18:26 Uhr

Ort: Olympisches Schwimmstadion, Rom (Italien)

Sportart: Schwimmen

Anlass: 7. Weltmeisterschaft

Ergebnis: 1. Franziska van Almsick (GER)
2. Bin Lu (CHN)
3. Claudio Poll (CRC)

1984 – Carl der Große regiert in L.A.

Carl Lewis wurde 1984 Olympiasieger.

Sportart: Leichtathletik

Anlass: Olympische Spiele der XXIII. Olympiade

Ort: Los Angeles Memorial Coliseum

Datum: Finale 100 m: 04. August 1984
Finale 200 m: 08. August 1984
Finale Weitsprung: 06. August 1984
Finale 4x100: 11. August 1984

Ergebnisse: Gold 100 m in 9,99 Sekunden
Gold 200 m in 19,80 Sekunden
Gold Weitsprung mit 8,54 Meter
Gold 4x100 in 37,83 Sekunden

Olympiasieger: Carl Lewis (USA)

Kennst du diese Helden?

Wer hat was gemacht und wann?

1 Wer ist Schwimmer?

2 Wer ist Leichtathlet?

3 Wer ist Fußballprofi?

4 Wo und wann ist „Franzi" zur Heldin geworden?

5 Wo und wann war Trautmann ein Held?

6 Wo und wann hat Lewis Gold gewonnen?

1a 🔵 Schau dir die Bilder und Infos auf Seite 46 an. Sind die folgenden Sätze richtig oder falsch?

a Carl Lewis ist Deutscher.
b Bert Trautmann spielte für Manchester City.
c 1994 war die 7. Weltmeisterschaft in Amerika.
d 1956 waren die Olympischen Spiele in London.
e Franziska von Almsick ist Deutsche.
f Trautmann war Engländer.

1b 🔵 Korrigiere die falschen Sätze und schreib die sechs richtigen Sätze a–f in dein Heft.

TIPP

How to express your opinions

ich finde... – *I find...*

ich glaube... – *I believe...*

ich meine... – *I think...*

meiner Meinung nach... – *in my opinion...*

...gefällt mir – *I like...*

2 🔵 Wie findest du diese Sportler? Wer hat dir am meisten imponiert? Warum? Schreib mindestens sechs Sätze und benutze dabei die Ausdrücke aus der Tipp-Box.

Beispiel: Ich finde Bert Trautmann am besten, weil er...

3a 🔵 Hör gut zu und beantworte die folgenden Fragen auf Englisch.

a Who is Paul's hero?
b What is his sport?
c What position did he play?
d Which team did he play for?
e Why was this so problematic?
f When did he play?
g What happened in 1956?
h What injury did 'Bert' have?

3b 🔵 Hör noch einmal zu und füll die Lücken mit den richtigen Jahreszahlen aus.

a _____ war er Fußballprofi.
b _____ war das problematisch.
c _____ wurde er zur Legende.

4 🔵 Anna beschreibt ihre Heldin. Füll die Lücken mit den Wörtern aus dem Kasten unten aus.

Hallo, meine _____ heißt Franziska von Almsick. Sie ist _____ und ihr Sport ist _____. _____ war „Franzi" erst 16 Jahre alt und wurde in _____ Weltmeisterin im _____ Freistil mit einem neuen _____. Ich finde sie _____, weil sie so jung war und weil sie so viel für den deutschen Sport in der Welt gemacht hat.

> Deutsche   Weltrekord   1994   spitze   200 m
> Heldin   Rom   Schwimmen

GRAMMATIK

German sentences follow a standard word order

Carl Lewis gewann 1984 vier Goldmedaillen in Los Angeles. – *Carl Lewis won four gold medals in 1984 in Los Angeles.*

1984 gewann Carl Lewis vier Goldmedaillen in Los Angeles. – *In 1984, Carl Lewis won four gold medals in Los Angeles.*

See *Aktive Grammatik*, pages 54–55.

5 🔵 Schreib diese Sätze in der richtigen Reihenfolge auf. Pass auf die korrekte Wortstellung auf!

a die Europameisterschaft – 1972 – Deutschland – in Brüssel – gewann
b Boris Becker – 1986 – wieder der Sieger – von Wimbledon – war
c Deutschlands Handballteam – in Slowenien – 2004 – gewann – die Europameisterschaft

Jetzt seid ihr dran!

6 🔵 Choose a famous sporting hero or heroine from the past and find out as much as possible about his or her life. Why is he or she famous? What do you think: is he or she really a hero or heroine? Do an oral presentation about your hero for the class in German.

7 🔵 Using the above information, write a report about your hero or heroine. Use as many expressions from this spread as possible. Say:
• what kind of sport they are famous for
• what their major successes were
• if they faced any problems in their career.

G um... zu...　**W** gesund leben　**K** großschreiben

Jugendmagazin fragt Roger Federer und Bill Kaulitz über ihr Leben. Wie gesund sind sie?

Roger Federer – Tennismeister

„Jeden Morgen stehe ich um sechs Uhr auf und gehe joggen. Dann frühstücke ich – ich esse Müsli und ich trinke Wasser oder Orangensaft. Wenn ich nicht auf Tournee* bin, trainiere ich morgens für zwei Stunden. In der Mittagspause esse ich viel Obst. Nachmittags gehe ich schwimmen und dann trainiere ich noch zwei Stunden. Um sieben Uhr esse ich zu Abend – Salat und Hähnchen – und dann besuche ich Freunde. Um zehn Uhr gehe ich ins Bett – ich brauche mindestens acht Stunden Schlaf, um gesund zu bleiben und viel Energie zu haben. Ich trinke nur wenig Kaffee und esse wenig Schokolade, weil das nicht gut für mich ist. Ich finde es sehr wichtig, gesund und fit zu sein, um besser Tennis zu spielen."

Fitnessstand: 10/10

> * auf Tournee – *on tour*

Bill Kaulitz – Sänger bei Tokio Hotel

„Jeden Tag bleibe ich bis elf Uhr im Bett. Dann stehe ich auf und esse Pizza vom Vorabend und trinke viel Kaffee, um wach zu werden. Auf Tournee und unterwegs esse ich Pommes, Schokolade und Kekse. Abends essen wir Fastfood – ich esse gern Hamburger und Pommes und ich trinke gern Bier. Dann geht's los mit dem Konzert. Wir sind manchmal bis Mitternacht auf der Bühne und dann habe ich wieder Hunger. Ich esse wieder Schokolade, weil ich mich ausruhen und entspannen will. Um zwei Uhr morgens gehe ich ins Bett. Ab und zu kann ich nicht schlafen und ich muss oft aufstehen und mehr Kekse essen und mehr Kaffee trinken. Ich bin nicht sehr fit, das weiß ich. Ich möchte gern viel fitter werden, aber das Leben auf Tournee ist sehr schwierig, weil man immer im Restaurant essen muss. Unterwegs ist es auch schwierig, weil es weder Zeit noch Platz für Training gibt. Ich bin immer müde, ich habe oft Kopfschmerzen und bald werde ich sehr dick sein!!"

Fitnessstand: 2/10

Jugendmagazin-Umfrage: Wie gesund bist du?

Beantworte die fragen mit **A** – *immer,* **B** – *manchmal,* **C** – *nie.*

		Noten
1	Wie oft isst du Obst und Gemüse?	1. A 2　B 1　C 0
2	Wie oft isst du Schokolade?	2. A 0　B 1　C 2
3	Wie oft trinkst du Alkohol?	3. A 0　B 1　C 2
4	Wie oft trainierst du?	4. A 2　B 1　C 0
5	Wie oft gehst du spät ins Bett?	5. A 0　B 1　C 2

Gesundheitsstand

0–3 Du bist nicht sehr gesund. Du solltest gesünder essen und vielleicht etwas Sport treiben.

4–6 Es geht, aber du könntest noch etwas mehr für deine Gesundheit tun.

7–10 Super! Du bist sehr gesund und voll fit. Mach weiter so!

Was ist gesund? Was ist ungesund? Schreib die Tabelle ab und füll sie aus.

gesund	ungesund
Müsli	
	Kekse

1a 📖 🕐 Lies die Texte über die tägliche Routine von Roger und Bill und beantworte die Fragen.

a Wann steht Bill auf?
b Wann steht Roger auf?
c Was isst Roger zum Frühstück?
d Was isst Bill zum Abendessen?
e Was trinkt Bill gern?
f Was trinkt Roger gern?
g Was für Sport macht Roger?
h Was für Sport macht Bill?

GRAMMATIK

Liking and preferring

Liking and preferring can be difficult things to translate:

gern ♥	indicates **liking** and goes after the verb
lieber ♥ ♥	indicates **preferring** and goes after the verb
am liebsten ♥ ♥ ♥	shows what you **like most** and also goes after the verb, but may also be used at the beginning of the sentence or clause for emphasis

NB **gern** on its own does not mean 'like'. It must always be used with a verb.

1b 🗨 🌙 Diskutiert mit einem Partner/einer Partnerin über gesundes Essen. Was esst ihr gern oder nicht gern? Was ist gesund und was nicht?

TIPP

Using capital letters

Remember that in German all nouns must begin with a capital letter.

If you can put *the* or *a* in front of a word, then it is a noun. Names of people and places are all nouns too.

das **W**asser   der **T**ag   die **S**chokolade

Always check your written work for capital letters.

2 🎤 Hör gut zu! Wer ist das? Schreib die Sätze ab und setz die Namen von Heinrich, Mario oder Brigitte ein.

a _____ trinkt am liebsten Tee.
b _____ isst gern Schokolade.
c _____ isst lieber Gemüse.
d _____ trinkt am liebsten Kaffee.
e _____ trinkt gern Früchtetee.
f _____ hasst Schokolade.

3 🕐 Was isst und trinkst du gern? Füll die Lücken mit deinen eigenen Wörtern aus.

Ich esse gern _____, ich esse

lieber _____, aber am liebsten esse ich

_____. Ich trinke gern

_____, ich trinke lieber _____

und am liebsten trinke ich _____.

4 🕐 Übersetze die folgenden Sätze.

a I like eating biscuits.
b I prefer to drink coffee.
c I like eating ice cream best of all.
d I like drinking orange juice but I don't like drinking apple juice.
e I prefer eating chips to salad. (Use **als** to translate '**to**'.)

GRAMMATIK

um... zu...

Use this expression to translate 'in order to'. **Um** comes at the beginning of the clause describing the intended outcome, and **zu** comes at the end, before the verb.

Beispiel: Ich treibe Sport. Ich möchte gesund bleiben.
Ich treibe Sport, **um** gesund **zu** bleiben. – *I do sport in order to stay healthy.*
Um gesund **zu** bleiben, treibe ich Sport. – *In order to stay healthy, I do sport.*

5 🕐 Wie bleibt man fit? Erfinde Sätze, indem du die folgenden Ausdrücke mit *um... zu...* benutzt. Schreib die Sätze mit Übersetzungen auf Englisch in dein Heft.

a schlank bleiben / gesund essen
b gesund bleiben / viel Obst essen
c stark werden / ins Sportzentrum gehen
d fit bleiben / nicht rauchen
e fit werden / viel trainieren

Jetzt seid ihr dran!

6 🗨 🌙 What do you do to keep fit and what do you like eating? Discuss your lifestyle with a partner – is it healthy or unhealthy?

7 📋 Complete the survey on page 48 and find out if you are as healthy as you think you are!

Paragliding – Tandemflug

In Deutschland einmal mitfliegen!

Die Welt des Paragliding – mit Begleitservice! Erfahren Sie, wie die Profis Gleitschirm fliegen. Zusammen mit einem erfahrenen Piloten werden Sie Paragliding in Perfektion erleben. Genießen Sie die faszinierende Aussicht!

Das erste Mal – aber sicher zu zweit

Natürlich bekommen Sie vorher eine kurze Einweisung. Der Tandem-Master beantwortet Ihre Fragen gern.

Wildwasser fahren in Nepal

Rafting in Nepal ist ein unvergessliches und einmaliges Erlebnis auf hunderten von Kilometern reißenden Wildwassers

Die meisten Menschen werden natürlich beim Himalaya als erstes an die hohen Berge denken, an Bergsteiger, die in die eisigen Höhen aufsteigen*, und an Trekkingtouren mit langen Wanderungen*. Dort kann man aber auch Wildwasser fahren. Durch den Monsun fällt viel Regen in Nepal, und durch die enormen Höhenunterschiede stürzt das Wasser geradezu die Flüsse hinunter. Raftingtouren von mehreren Tagen und über 270 km Wildwasser sind möglich!

Bungee-Springen in Deutschland und Österreich

Haben Sie noch keine Geschenkidee? Vielleicht Bungee-Springen?

Bungee-Springen – das ultimative Funsporterlebnis! Extrem ist es nur für den Kopf, denn Bungee-Springen ist psychische Anspannung* und Hingabe* pur. Ein Abenteuer* für die Sinne, das Sie niemals vergessen werden. Hier finden Sie verschiedene Bungee-Anlagen in Deutschland und Österreich mit unterschiedlichen Absprunghöhen.

* aufsteigen – *to climb (up)*
die Wanderung – *hike*
die Anspannung – *tension*
die Hingabe – *abandon, surrender*
das Abenteuer – *adventure*

TIPP

Intensifiers are used in German to add emphasis to the adjective or adverb they accompany, e.g **a little** scary, **not at all** dangerous.

sehr – *very*	kaum – *hardly*
einfach – *simply*	ziemlich – *quite*
total – *totally*	ein bisschen – *a little*
pur – *pure*	so – *so*
überhaupt – *at all*	so viel – *so much*

1 Welche dieser Sportarten möchtest du ausprobieren? Warum? Warum nicht?

Beispiel:

- Ich möchte (Wildwasserfahren) (nicht) gern ausprobieren, weil es mir (zu gefährlich/aufregend) erscheint.
- Ich habe (Wildwasserfahren) schon ausprobiert. Es war (toll/furchtbar).

2 Schreib jetzt deine Antworten und deine Gründe auf.

3 Lies die Texte auf Seite 50 und beantworte die Fragen auf Englisch.

a In which country can you go rafting?
b Why might you be interested in bungee jumping?
c What is 'safe' about paragliding?
d What is exciting about white-water rafting?
e In which country can you go paragliding?

4a Lies die Texte und finde die folgenden Wörter.

a an experience	e view
b mountains	f unforgettable
c accompany	g unique
d to experience (2 words)	h height

4b Lies die Texte noch einmal und finde andere Wörter, die du nicht kennst. Mach eine Liste in deinem Heft und schau die unbekannten Wörter im Wörterbuch nach.

5a Junge Leute sprechen über Extremsportarten. Hör gut zu und füll die Tabelle aus.

	When?	What?	Where?	How was it?
Laura				
Lars				
Marias Bruder				
Andreas				

5b Hör noch einmal zu und finde so viele Adjektive wie möglich. Schreib sie auf und übersetze sie auf Englisch.

5c Lies die Tipp-Box und hör noch einmal zu. Welche Wörter benutzen...?

a Laura
b Lars
c Maria
d Andreas

GRAMMATIK

Time phrases

Use time phrases to add detail to what you say and to introduce sentences in the past tense. Some useful expressions include:

letzte Woche (acc.) – *last week*
nächste Woche (acc.) – *next week*
letztes Jahr (acc.) – *last year*
vor drei Jahren (dat.) – *three years ago*
vor zwei Monaten (dat.) – *two months ago*

6a Wie sagt man auf Deutsch...?

a six weeks ago
b last month
c ten years ago

6b Schreib einen Satz für jeden Ansdruck. Sag welche Sportarten du gemacht hast und wann.

Jetzt seid ihr dran!

7a In groups of four, choose an extreme sport and work together to produce a report about it. Use as much information from this spread as possible. Remember to use the expressions in the *Tipp* box.

7b Do an oral presentation of your report to the class. Remember to give your own opinion. You can record your presentation using the OxBox software.

8 Now write your own advert for an unusual sport. Mention where you can do it and what the attractions of this sport are.

G Konjunktionen **W** Verletzungen **K** Reflexivpronomen – Dativ

Letztes Jahr habe ich mich schwer verletzt. Beim Joggen bin ich im Park hingefallen und habe mir den Ellenbogen gebrochen. Ich durfte drei Wochen lang kein Tennis spielen. Zum Glück war es nicht mein Schlägerarm und ich war froh, dass es nicht länger dauerte. Was sollte ich tun, als ich nicht Tennis spielen konnte? Ich bin jeden Tag joggen gegangen, um mich fit zu halten, aber nicht mehr im Park!

1 Wann hat Roger sich wehgetan?
2 Wo war er?
3 Wie lange konnte er nicht Tennis spielen?
4 Warum war er froh?
5 Wie hat er sich fit gehalten?

A Letzte Woche habe ich mir das Bein beim Tennisspielen verletzt. Es tut so weh und jetzt kann ich drei Wochen nicht mehr Tennis spielen. Das ist aber schlecht für meinen Fitnessstand. Wie kann ich mich fit halten?

B Gestern habe ich mir den Arm gebrochen. Ich habe Rugby gespielt und bin ausgerutscht und hingefallen. Es geht mir nicht gut, weil ich starke Schmerzen habe. Der Arzt sagt, dass ich vier Wochen lang kein Rugby spielen darf. Was soll ich tun?

C Vor zwei Wochen habe ich Paragliding gemacht und bin sehr unglücklich gefallen. Ich habe mir den Knöchel verstaucht. Es hat sehr wehgetan. Das war das erste Mal, dass ich Paragliding gemacht habe – es war fantastisch, aber es ist viel zu gefährlich! Ich weiß nicht, ob ich das nochmal machen will.

D Letzten Samstag habe ich Bungee-Springen gemacht. Das war toll, aber leider habe ich mir den Kopf verletzt. Es tat weh und ich musste ins Krankenhaus. Glücklicherweise war es nicht sehr ernst und ich war bald wieder gesund. Ich kann es kaum erwarten bis zum nächsten Monat, wenn ich wieder Bungee-springen darf!

1a Was gehört zusammen? Verbinde die Texte A–D mit den Bildern 1–4 oben.

1b Lies noch einmal die vier Texte und füll die Tabelle aus.

	When?	Which sport?	Injury?	When can they do sport again?
A				
B				
C				
D				

2 📖 **Finde die deutschen Wörter in den vier Texten und schreib sie auf.**

a	injured	**e**	dangerous	**h**	pain
b	broken	**f**	fell down	**i**	sprained
c	ankle	**g**	serious	**j**	slipped
d	it hurt (2 ways)				

GRAMMATIK

Talking about injuries

Many useful expressions for talking about health and injuries in German require dative reflexive pronouns. The dative reflexive pronouns in German are: *ich* - **mir**; *du* - **dir**; *er/sie/es* - **sich**; *wir* - **uns**; *ihr* - **euch**; *sie/Sie* - **sich**.

Ich habe **mir** das Bein verletzt. – *I have injured my leg.*

Du hast **dir** den Arm gebrochen. – *You have broken your arm.*

Er hat **sich** den Knöchel verstaucht. – *He has sprained his ankle.*

In the perfect tense, the reflexive pronoun comes immediately after the auxiliary verb.

---

3 🎧 **Hör gut zu und beantworte die Fragen.**

a What is hurting Frank?
b When did he hurt himself?
c Which sport was Christiane doing?
d What advice does Christiane get?
e What is hurting Carl?
f When did Carl injure himself?

GRAMMATIK

Subordinating conjunctions: word order

Conjunctions are words that connect two sentences or clauses. They alter the word order of the following clause:

Ich kann nicht Rugby spielen, **weil** mein Rücken **weh tut**. – *I can't play rugby because my back hurts.*

Ich kann nicht laufen, **weil** ich mir den Knöchel **verstaucht habe**. – *I can't walk because I've sprained my ankle.*

The 'active' or conjugated verb goes to the end of the sentence. The reflexive pronoun comes immediately after the person it refers to (here: 'ich').

See *Aktive Grammatik*, page 54–55.

---

4 🕐 **Verbinde diese Sätze mit *weil*.**

a Ich darf nicht Fußball spielen. Ich habe Kopfschmerzen.
b Ich kann nicht Tennis spielen. Mein Arm tut weh.
c Ich darf nicht Rad fahren. Ich habe mir das Bein gebrochen.
d Ich kann nicht schwimmen gehen. Ich habe mir den Kopf verletzt.

---

5 🕐 **Verbinde die Probleme mit den Anordnungen des Arztes.**

1	Ich habe mir den Rücken verletzt.	**a**	Nehmen Sie diese Tabletten.
2	Mein Kopf tut weh.	**b**	Benutzen Sie diese Krücke zum Gehen.
3	Wir haben beim Tennisspielen einen Sonnenbrand bekommen.	**c**	Geh ins Krankenhaus.
4	Ich habe mir das Bein gebrochen.	**d**	Benutzt diese Salbe.
5	Ich habe mir beim Abseilen den Knöchel verstaucht.	**e**	Bleib im Bett und beweg dich nicht!

Jetzt seid ihr dran!

6a 👥🕐 Work in groups. Imagine you have injured yourselves doing sport. Discuss what happened in German, mentioning when and how, and which sport you were doing.

6b 👤🕐 Work in pairs. One of you is the doctor, the other the patient. **A** describes the injury and **B** gives advice. **B**↔**A**

7 🕐 Write an advice page for *Jugendmagazin*, giving advice for what to do if you get injured in different ways.
Beispiel: Wenn man seinen Rücken verletzt, muss man versuchen, sich nicht zu bewegen.

WORD ORDER: SIMPLE SENTENCES

Simple German sentences follow the same pattern as English sentences:

subject – verb – object
Mein Bruder spielt Fußball. – *My brother plays football.*
Ich treibe gern Sport. – *I like doing sport.*

1 **Translate these sentences into German, watching out for the word order.**

  a I hate tennis.
  b We like football.
  c He loves rugby.

WORD ORDER: POSITION OF THE VERB

In German sentences, the verb must always be the second 'idea' or element, but this does not always mean it is the second word. Take a look at the following example:

1	2	3	4
Mein Bruder	spielt	jeden Tag	Fußball.
Jeden Tag	spielt	mein Bruder	Fußball.

In the first sentence, the subject is **mein Bruder**. So the first idea consists of two words, as does the third idea **jeden Tag**.

The two sentences have the same meaning, but the difference of word order causes a change of emphasis. In the second sentence, the fact that the brother plays football **every single day** is highlighted.

2 **Rewrite these sentences, putting the phrase in brackets at the beginning of the sentence and altering the word order appropriately.**

  a Sie geht jeden Tag schwimmen. (jeden Tag)
  b Nächste Woche spielt er gegen Bayern-München. (er spielt)
  c Ich spiele sonntags Federball. (sonntags)
  d Jede Woche treiben wir Sport. (wir treiben)
  e Ihr esst niemals gesund! (niemals)
  f Tagsüber trinken die Schüler nicht genug. (die Schüler)

THE TIME–MANNER–PLACE RULE

Expressions of time, manner and place must always come in this sequence in a German sentence, irrespective of the order of any other elements present:

		Time		Manner	Place
Matthias Steiner	gewann	2008	eine Goldmedaille	für seine Frau	in Peking.

Time				Manner	Place
2008	gewann	Matthias Steiner	eine Gold-medaille	für seine Frau	in Peking.

If only two of the elements are mentioned, e.g. time and place, or manner and time, then the correct order must still be maintained:

Time				Manner	Place
2008	gewann	die deutsche Mannschaft	41 Medaillen	–	in Peking.

3 **Rewrite these jumbled-up sentences in the right order.**

  a in Athen – die Olympischen Spiele – waren – 2004
  b nach London – sie – 2012 – kommen
  c mit dem Zug – nach London – fahre ich – in vier Jahren

SUBORDINATING CONJUNCTIONS

Some words that you use to join two clauses together send the main verb to the end of the sentence or clause:

Ich gehe gern Bungee-Springen, **weil** ich das aufregend **finde**. – *I like going bungee jumping because I find it exciting.*

Here are some other common conjunctions which require the verb to go to the end of the second clause:

damit – *so that*   dass – *that*   ob – *if, whether*
weil – *because*   wenn – *if, whenever*

NB All of these conjunctions should be preceded by a comma.

4 Put these sentences together using the conjunctions in brackets.

   a Ich esse viel Obst. Ich bleibe gesund. (damit)

   b Ich finde Michael Ballack toll. Er ist ein guter Fußballspieler. (weil)

   c Ich trinke keinen Alkohol. Ich habe ein Spiel. (wenn)

   d Ich weiß. Er kann gut spielen. (dass)

   e Ich weiß nicht. Sie kann schwimmen. (ob)

5 Now translate the sentences from exercise 4 into English.

6 Put these sentences into the perfect tense using the auxiliary and the past participle provided.

   a Ich gehe ins Krankenhaus. (sein, gegangen)

   b Sie schwimmt für England. (sein, geschwommen)

   c Wir machen Bungee-Springen. (haben, gemacht)

   d Meine Mannschaft gewinnt den Pokal. (haben, gewonnen)

   e Ich finde Paragliding toll. (haben, gefunden)

   f Er wird Fußballprofi. (sein, geworden)

7 Translate your sentences from activity 6 into English.

THE PERFECT TENSE

The perfect tense in German is used to say what happened in the past. It is used more frequently than other past tenses in spoken German.

The perfect tense is made up of two main parts: the 'auxiliary' verb (i.e. the correct part of *haben* or *sein*) and the past participle, much like in English:

Ich **habe** Tennis **ge**spiel**t**. – *I have played tennis.*
Ich **bin** Kajak **ge**fahr**en**. – *I have been kayaking.*

The past participle is placed at the end of a simple sentence or clause.

Regular verbs
The past participles of regular verbs are formed from the infinitive. Remove the **-en** from the end of the infinitive and add **-t** instead, then add **ge-** to the beginning:

machen → **ge**mach**t**

The majority of verbs are regular and form the perfect tense with *haben*.

Irregular verbs
Verbs which are irregular in the present tense tend to have irregular past participles which you need to learn individually. Many of these end in **-en** instead of **-t**:

fahren → **ge**fahr**en**
fallen → **ge**fall**en**

You can find a list of common irregular verbs in the grammar section at the back of this book.

Verbs of motion (e.g. *kommen, gehen, fahren*) use the auxiliary *sein* in the perfect tense, not *haben*:
Wir **sind** nach Deutschland **ge**fahr**en**. – *We went to Germany*.

Ich mag Tennis spielen. Ich möchte Tennis spielen. Spielst du heute Nachmittag mit?

Ich habe Tennis gespielt. Ich kann kein Tennis mehr spielen.

In this unit, you've learnt how to...

Beim Sprechen

1 Use key phrases needed for giving opinions.

❑ In your GCSE exams and Controlled Assessments, you will get higher marks if you express your opinions in a variety of different ways. In this unit, you have already met expressions for giving opinions: how many can you remember?

2 Use word order to change emphasis.

❑ Look back through this unit and find examples of where a non-standard word order is used for emphasis. You may want to ask your teacher for copies of some of the transcripts for the listening exercises. In each case, say what was emphasised.

Beim Schreiben

1 Use description and linking words to avoid short sentences.

❑ Which conjunctions can you remember? Think of five different conjunctions you've learnt in this unit and write down their English translations.
❑ Can you think of any more English conjunctions that you don't know in German? Look them up and add them to your list.

2 Use adverbs and expressions of time and frequency to add colour to writing.

❑ How many of these expressions can you remember? Make two lists.
❑ Test yourself – what do these mean?
  ● ziemlich
  ● natürlich
  ● ein bisschen

3 Use correct grammar in expressions of time.

Make sure you use the correct case in expressions of time. They are almost always in the accusative.
❑ Test yourself – how do you say...
  ● on Sunday?
  ● last week?
  ● next year?

4 Use capital letters correctly.

❑ Can you remember the rule for when to use capital letters in German? Check your theory with your teacher.

5 Use umlauts and work out where they go.

Umlauts have to be learned along with spellings. They are very important as they can change the meaning of a word.
❑ What do these two words mean?
  ● schon ● schön
❑ Can you think of other pairs of words where adding an umlaut changes the meaning? Try to list five more.

Beim Lernen

What do you find the most effective way of learning vocabulary? As you work through this book, try using some of the following strategies:

1 Organise your vocabulary list into words which have the same root to help you to remember them. Think about the German noun *das Spiel* (game). It has the same root as the words *spielen* (to play), *der Spieler* (player) and *das Endspiel* (the final).
❑ Try applying this approach to other words from this unit, e.g. *fahren* or *fallen*.

2 Personalise your vocabulary list by putting together words that you associate with each other, such as *Sonntag, ausschlafen, Fußball, Mittagessen, Fernsehen*, or by adding images.
❑ Try this on some of the new vocabulary from this unit, starting with the word *Sport*.

3 Make up stories using the new words you've learnt. The more mental links you create between words, the easier it will be to remember them.
❑ Make up a story using at least five new words you've learnt in this unit. Then try to tell your partner from memory.

Zum Schreiben

Einen Sporturlaub planen

1 You are planning a sporting holiday to go on in the summer holidays. In a group, brainstorm all the decisions you will need to take before planning the holiday and make a mind map of them.

Sportart — **Sporturlaub** — Ort — Ausrüstung

2 In pairs, discuss the different options for each of the things on your mind map in German and take decisions for each one.

3 Write down your holiday plan (150–300 words), explaining where you are going and what you are going to do there. Say why you took the decisions you did and describe how you imagine a typical day on this holiday would be. Try to give as much detail as possible.

Example:
Wir fahren nach…, weil…
Wir möchten dort… machen.
Unser Tagesplan: Um 11 Uhr stehen wir auf.
Um 12 Uhr…

Zum Sprechen

Wer ist Sportler des Jahres?

1 In groups of 3–4, choose the sportsperson who you would like to nominate for sports personality of the year. You will have to present him/her to the panel of judges so that they can vote on the winner.

2 Start by brainstorming your ideas for what you would like to include in your presentation and how to structure it.

3 Split up and research each of the points that you decided to include in your presentation on the internet. Use German search engines to find articles in German that will provide useful vocabulary.

4 Prepare your presentation using visual aids, handouts, etc. Let the rest of the class know who you will be talking about so that they can prepare questions and think about possible answers to questions that might come up.

5 Deliver your presentation to the class and record it using the OxBox software. As a class, decide who you think should be chosen as sports personality of the year.

Viel Erfolg!

Wie man über Sport redet (Seite 44–45)

das Endspiel -e *n – final*
der Held -en *nm – hero*
die Heldin -nen *nf – heroine*
die Liga, die Ligen *nf – the league*
die Mannschaft -en *nf – team*
der Pokal -e *nm – cup, trophy*
das Spiel -e *nn – game*
der Torwart -e *nm – goalkeeper*
die Vorgabe -n *nf – handicap*

gucken *vb – to watch (colloquial)*
loben *vb – to praise*

aufregend *adj – exciting*
bekannt *adj – well-known*
beliebt *adj – beloved*
enttäuscht *adj – disappointed*
erfolgreich *adj – successful*
selbstständig *adj – independent*

ab und zu – *now and again*
unter Par – *under par*

Wie man seinen Sporthelden beschreibt (Seite 46–47)

das Ergebnis -se *nn – result*
der Krieg -e *nm – war*
die Vergangenheit -en *nf – the past*
das Vorbild -er *nn – idol*
die Weltmeisterschaft -en *nf – World Cup*
der Weltrekord -e *nm – world record*
die Zusammenarbeit *nf – cooperation*
die Zuschauer *mpl – spectators*
der Zweite Weltkrieg *nm – the Second World War*

imponieren *vb – to impress*
überlegen *vb – to consider*
vergleichen *vb – to compare*

Wie man gesund lebt (Seite 48–49)

die Bühne -n *nf – stage*
die Essgewohnheiten *npl – eating habits*
der Früchtetee -s *nm – fruit tea*
die Gesundheit *nf – health*
das Gemüse - *nn – vegetables*
der Keks -e *nm – biscuits*
das Obst *nn – fruit*
der Schlaf *nm – sleep*
die Süßigkeiten *fpl – sweets*

auf/stehen *vb – to get up*
auf/wecken *vb – to wake up*
(sich) aus/ruhen *vb – to rest*

(sich) entspannen *vb – to relax*
rauchen *vb – to smoke*

stark *adj – strong*
gesund *adj – healthy*
ungesund *adj – unhealthy*

Wie man Abenteuer findet! (Seite 50–51)

das Abseilen *nn – abseiling*
die Anspannung -en *nf – tension, strain*
die Anstrengung -en *nf – strain, effort*
die Aussicht -en *nf – view*
die Anweisung -en *nf – instruction*
das Erlebnis -se *nn – experience*
das Gleitschirmfliegen *nn – paragliding*
die Hingabe *nf – abandon, surrender*
das Paragliding *nn – paragliding*

begleiten *vb – to accompany*
erhalten *vb – to receive*
erleben *vb – to experience*
Kajak fahren *vb – to go canoeing*

ängstlich *adj – scary, scared, frightening, frightened*
atemberaubend *adj – breathtaking*
außergewöhnlich *adj – unusual*
einmalig *adj – singular, unique*
furchtbar *adj – dreadful*
gefährlich *adj – dangerous*
psychisch *adj – psychological*
unvergesslich *adj – unforgettable*

zur Verfügung stehen *vb – to be available*

Wie man eine Verletzung beschreibt (Seite 52–53)

die Anordnung -en *nf – order*
der Knöchel *nm – ankle*
das Medikament -e *nn – medicine*
der Rat *nm – advice*
die Salbe -n *nf – cream, ointment*
die Schmerzen *mpl – pain*

aus/rutschen *vb – to slip*
bekommen *vb – to receive*
erwarten *vb – to expect*
sich fit halten *vb – to keep fit, to keep in shape*
stoßen *vb – to bang, to bump*
hin/fallen *vb – to fall down*
weh tun *vb – to hurt*
überfahren *vb – to run over*

ernst *adj – serious*
verdreht *adj – twisted*
verletzt *adj – injured*

2B Essen und Trinken

Weißt du schon, wie man...

- ❏ Essen aus aller Welt beschreibt?
- ❏ gesundes Essen beschreibt?
- ❏ Essprobleme beschreibt?
- ❏ am besten einkauft?
- ❏ im Restaurant bestellt und sich beschwert?

Szenario

- Schreib eine Broschüre über gesundes Essen!
- Wie redet man über Probleme mit Alkohol und Essen?

Wie isst man gesund?

Kompetenzen

Beim Lesen

In German, how do you...
- extract the information you require?
- guess the meaning of a word drawing on your knowledge of English and the context?

Beim Hören

When listening, how can you...
- predict which words you will hear?
- make an educated guess about the meaning of a word?

Aktive Grammatik

As part of your German language 'toolkit', can you...
- use pronouns in the accusative?
- use demonstrative adjectives?
- use infinitive constructions?

2B Wie man Essen aus aller Welt beschreibt

(G) Nomen aus Adjektiven machen (W) Essen beschreiben (K) sich wichtige Einzelheiten beim Zuhören merken

Jugendmagazin interviewt drei junge Leute aus drei verschiedenen Ländern über ihre Essgewohnheiten.

1 Wie heißt jedes Gericht?
2 Wo kommt das her?
3 Was ist drin?
4 Wie schmeckt's?
5 Wer isst das: Paul, Uschi oder Kanha?

Ich heiße Paul, ich bin sechzehn Jahre alt und ich wohne in London, England. Ich esse und trinke fast alles, aber am liebsten esse ich Lammfleisch und Kartoffeln – sehr britisch, nicht wahr? Ich trinke am liebsten schwarzen Tee mit Milch – auch sehr britisch! Ich esse aber nicht gern Schweinefleisch. Das schmeckt nicht. Meine Mutter kocht sehr gern und ich mag alles, was sie zubereitet. Meine Familie isst gern traditionelle Gerichte wie Shepherd's Pie und sonntags essen wir Brathähnchen. Das finde ich sehr lecker.

Ich heiße Uschi, ich bin fünfzehn Jahre alt und ich wohne in Berlin, Deutschland. Zum Frühstück esse ich Brot mit Käse und Wurst und trinke Orangensaft. Ich mache mir auch ein Käsebrot für die Schule. Ich esse das Käsebrot in der Pause um zehn Uhr dreißig. Ich komme um halb zwei nach Hause und meine Mutter kocht das Mittagessen. Meine Brüder sind auch da und wir essen Nudeln mit Würstchen oder Schweinefleisch und Salzkartoffeln. Abends essen wir ziemlich spät, wenn mein Vater nach Hause kommt. Das kann gegen sieben Uhr sein. Sonntagnachmittags, wenn meine Großmutter zu Besuch kommt, gibt's Kaffee und Kuchen – eine alte deutsche Tradition! Wir essen leckere Kuchen und selbst gebackene Kekse* und wir trinken Kaffee oder Tee.
Das finde ich echt gut. Mein Lieblingskuchen ist Bienenstich*.

Ich heiße Kanha, ich bin sechzehn Jahre alt und ich wohne in Amritsar in Nordindien. Hier wird oft in einem Tandur gekocht. Das heißt, dass man das Essen in einem speziellen Ofen oder Topf aus Ton* kocht. Man benutzt viel Knoblauch, Zwiebeln und Gewürze wie Ingwer. Ich bin Vegetarier und esse daher kein Fleisch. Ich mag das einfach nicht. Meine Familie isst aber sehr gern Hähnchen und Lammfleisch mit verschiedenen Soßen. Ich esse gern Gemüse, Hülsenfrüchte* und Brot mit Frischkäse. Normalerweise essen wir die Hauptmahlzeit zu Mittag – ich nehme mein Mittagessen in die Schule mit – und abends essen wir nur etwas Leichtes wie Brot und Käse.

*der Keks – *biscuit*
der Bienenstich – *a cake with vanilla sauce and almonds*
der Ton – *clay*
die Hülsenfrüchte – *pulses*

1a 📖 Lies die Texte und finde die deutschen Ausdrücke.

a spices
b something light
c home-made
d roast chicken
e eating habits
f vegetables
g sauces

GRAMMATIK

Nichts (nothing) and *etwas* (something) can be used with neuter 'adjectival nouns'. These are adjectives which behave like nouns:

etwas Leichtes – *something light*
nichts Besonderes – *nothing special*

Note that because the adjectives are behaving like nouns, they start with a capital letter. However, because they are still also adjectives, they take the appropriate adjective endings as well. See page 103 for further details.

1b 📖 Lies die Texte auf Seite 60 noch einmal durch und beantworte die Fragen auf Englisch.

Paul

a Where does Paul live?
b What is his favourite food?
c What is his favourite drink?
d What does he eat on Sundays?

Uschi

e How old is Uschi?
f What does she eat for breakfast?
g Where does she eat at lunchtime during the week?
h What happens on Sunday afternoon?

Kanha

i Where does Kanha live?
j What kind of cooking style does he talk about?
k When does he eat his main meal?
l What does he not like to eat?

2a 👥 Arbeite mit einem Partner/einer Partnerin. Spielt die Rolle von Paula, Uschi oder Kanha. Fragt und beantwortet die folgenden Fragen:

- Was isst du gern?
- Was trinkst du gern?
- Was isst du nicht gern?
- Wo isst du zu Mittag/Abend?
- Was isst du zu Mittag/Abend?

WORTSCHATZ

Was hältst du von (Nudeln)? – *What do you think of (pasta)?*
Wie findest du (chinesisches Essen)? – *How do you like (Chinese food)?*
Magst du (indisches Essen)? – *Do you like (Indian food)?*
Ich ziehe (italienisches Essen) vor. – *I prefer (Italian food).*
Das schmeckt (nicht) gut. – *That tastes good (bad).*
scharf, fade, süß, sauer, bitter, fettig – *hot, bland, sweet, sour, bitter, greasy*

2b 🖊 Beantworte jetzt die Fragen für dich selbst. Schreib mindestens sechs Sätze. Benutz die Ausdrücke aus der Wortschatz-Box.

3 🎧 Hör gut zu. Was essen und trinken sie (nicht) gern? Schreib die Tabelle in dein Heft und füll sie aus.

	Likes eating...	Dislikes eating...	Likes drinking...
Uschi			
Heinrich			
Uwe			
Miriam			

4 👥 Diskutiert zu zweit.

- Was isst und trinkt man in deiner Gegend?
- Was ist eine Spezialität der Gegend? Was sind die Zutaten (*ingredients*)?
- Was hältst du davon?

5 🖊 Vervollständige die folgenden Sätze mit den richtigen Adjektivendungen (siehe Seite 70).

a Ich esse gern gebraten____ Fleisch. (*neut*)
b Das frisch____ Obst schmeckt mir gut. (*neut*)
c Ich mag kalt____ Milch. (*fem*)
d Die grün____ Bananen sind nicht gesund. (*fem pl*)
e Kalt____ Wasser ist sehr erfrischend. (*neut*)

Jetzt seid ihr dran!

6 👥 Discuss your personal eating habits with your partner. Interview him or her using the questions from activity 2. Use as many adjectives as you can.

7 🖊 Write a report about your eating habits following the example of the interviews on page 60. Use as many adjectives as possible and watch out for the endings!

2B Wie man gesundes Essen beschreibt

G „um... zu..." **W** über Allergien sprechen **K** die Bedeutung voraussagen

A Brot macht dick!

B Biolebensmittel* sind gesund!

C Weißer Zucker ist nicht gesund!

D Vitamine geben uns Energie!

E Rotwein ist gut für den Kreislauf!

F Fasten* ist gut für den Körper!

Richtig oder falsch? Was passt zusammen?

1 Das stimmt nicht. Er ist genauso gut/schlecht wie Zucker in Honig oder Schokolade. Was zählt, ist Zucker in Maßen* zu essen. Wenn man zu viel davon isst, ist das nicht gut für den Körper.

2 Das stimmt nicht. Der einzige Vorteil ist, dass sie keine Pestizide und keinen Kunstdünger* enthalten*.

3 Das ist nicht wahr – es kann sehr gefährlich sein, wenn man nicht genug isst.

4 Das stimmt nicht. Es hat wenig Kalorien und Fett und es kann helfen, schlank zu werden.

5 Das stimmt. Ärzte sagen, dass ein Glas pro Tag gut für den Kreislauf sein kann.

6 Das stimmt nicht. Nur Kohlenhydrate, Eiweiß und Fett liefern Energie.

> * die Biolebensmittel – *organic foods*
> das Fasten – *fasting*
> in Maßen – *in moderation*
> der Kunstdünger – *artificial fertiliser*
> enthalten – *to contain*

TIPP

Making predictions

How many of the words in activity 1a are similar to their English translations?

You probably guessed the meanings of many of them when you were reading the texts. Many German words to do with technology and science are very like their English counterparts. Contextual clues, and parts of the word that you do recognise, can also help you to predict their meanings accurately.

1a Lies die Texte und finde die deutschen Wörter.

a doctors	e carbohydrates	i protein
b circulation	f fat	j energy
c honey	g calories	
d dangerous	h pesticides	

1b Welches Essen ist gesund? Welches Essen enthält viel Zucker? Welches Essen hat viel Eiweiß? Mach eine Liste. Wie viele Begriffe kannst du in 5 Minuten aufschreiben?

Gesund	Viel Zucker	Viel Eiweiß
Äpfel	Schokolade	Eier

***Jugendmagazin* interviewt zwei junge Leute zum Thema Ernährung.**

Ich heiße Jürgen und ich bin siebzehn Jahre alt. Meine Ernährung ist ziemlich gesund, denke ich. Ich esse gern Obst und Gemüse, um gesund zu bleiben. Ich muss nur aufpassen, weil ich gegen Erdbeeren allergisch bin. Ich kann sie nicht essen, ohne Pickel und Juckreiz zu bekommen. Ich habe nicht nur Probleme, wenn ich sie esse, sondern auch, wenn ich Erdbeeren rieche. Ich werde Erdbeeren immer meiden, um gesund zu bleiben.

Ich heiße Birgit und ich bin sechzehn Jahre alt. Ich ernähre mich normal, aber ich habe eine Nussallergie. Ich reagiere überempfindlich auf alle Produkte, die Nüsse enthalten. Das kann sehr problematisch sein. Ich kann keine Nüsse essen, ohne einen anaphylaktischen Schock zu bekommen. Meine Luftwege verengen sich, mein Blutdruck sinkt rasch und ich brauche sofort eine Adrenalinspritze, damit das Blut wieder frei in meinem Körper bewegen kann. Ich werde Nüsse

2a Lest die Texte. Ratet, was die folgenden Wörter bedeuten, ohne im Wörterbuch nachzuschauen.

1 Juckreiz   4 Spritze
2 Luftweg   5 meiden
3 riechen   6 überempfindlich

2b Diskutiert und wählt eine Definition für jedes Wort aus dem Kasten.

Beispiel: I think ‚Juckreiz' must mean ‚itching' because many allergies cause itchy rashes.

> hypersensitive   to avoid   itching
> airway   injection   to smell

3 Lies die Texte noch einmal und beantworte die folgenden Fragen.

a How is Jürgen's diet?
b What does he like to eat?
c What can't he eat?

d What happens if he does eat them?
e How is Birgit's diet?
f What problem does she have?
g What happens when she eats nuts?
h What does she have to do then?

TIPP

Useful expressions with ...*zu*

ohne... zu (+ *infinitive*) – *without*
um... zu (+ *infinitive*) – *in order to*

ohne sich krank **zu** fühlen – *without feeling ill*
um das **zu** meiden – *in order to avoid that*
um ab**zu**nehmen – *in order to lose weight*

NB Note the position of *zu* immediately before the infinitive. In separable verbs, *zu* comes between the two parts of the verb.

4 Hör gut zu und beantworte die Fragen auf Englisch.

a Where does Jasmine's family come from?
b Describe her diet.
c What problem does she have with her diet?
d Why does she have this problem?
e What happens when she eats it?
f What does she have to do?

Jetzt seid ihr dran!

5a Work in pairs. Take the roles of Jürgen and Birgit and ask and answer these questions.

- Wie ist deine Ernährung? Gesund? Ungesund?
- Hast du Probleme mit dem Essen?
- Kannst du das weiter erklären?
- Was bedeutet das für dein Leben?
- Wie hilft man dir dabei?

5b Now ask and answer the questions about yourselves.

6 With a partner, write an article about Jasmine for *Jugendmagazin*, following Jürgen and Birgit's articles as a model. Include details of:

- the causes of her condition
- the symptoms
- possible treatments.

(G) Sätze mit „...zu" und „wenn" (W) Probleme mit Essen (K) Rat geben

Jugendmagazin – Problemseiten

Liebe Tante Klara...

1

Meine Freundin Anna ist vierzehn Jahre alt und ich habe Angst, dass sie Magersucht* hat. Sie isst fast gar nichts und ist superdünn. Sie glaubt, dass sie sehr dick ist, aber sie isst nur Salat und Obst und trinkt nur Wasser. Sie ist auch nicht glücklich. Ihre Eltern sorgen* sich um sie, aber sie wird immer dünner. Wie kann ich ihr helfen?

2

Ich heiße Martin, ich bin fünfzehn Jahre alt und ich habe ein Problem. Ich bin sehr dick. Ich esse immer und viel zu viel. Ich weiß nicht, wann ich aufhören* soll. Ich esse alles und ich wiege schon über 100 kg. Mein Problem ist, dass ich nie satt* werde und ich habe immer Hunger. Ich esse auch, um mich besser zu fühlen und ich bin nur glücklich, wenn ich esse. Am liebsten esse ich Schokolade und Chips und ich hasse Salat und Gemüse. Ich finde, das hat keinen Geschmack. Im Moment kann ich nicht abnehmen. Was soll ich machen?

3

Ich heiße Johann, ich bin siebzehn Jahre alt und ich habe ein Problem. Ich bin Vegetarier. Ich esse kein Fleisch, aber ich habe vergessen, es der Mutter meiner neuen Freundin zu sagen. Ich esse jeden Freitag bei ihr und sie kocht immer Fleisch. Ich habe Angst, ihr die Wahrheit* zu sagen und ich versuche immer das Fleisch zu verstecken* und es nicht zu essen. Was soll ich machen?

4

Ich heiße Maria, ich bin sechzehn Jahre alt und ich bin zuckerkrank – das heißt, ich bin Diabetikerin. Mein Körper produziert nicht genug Insulin und ich darf nicht zu viel Zucker essen. Zweimal am Tag muss ich mir eine Insulinspritze geben. Das kann in der Schule schwierig sein. Es ist nötig, ein Gleichgewicht* zwischen Insulin und Zucker zu finden. Ich darf nur wenig Obst und Schokolade essen und ich darf weder Cola noch Limonade trinken. Die anderen Schüler sind mir gegenüber sehr gemein. Sie verstehen es einfach nicht und sagen, dass ich drogensüchtig* bin, weil ich eine Spritze benutze. Was soll ich machen?

Klaras Antworten

A Du musst mit ihr reden. Sie wird mehr Verständnis haben, als du denkst. Es ist auch viel besser, ehrlich zu sein.

B Du musst mit den anderen Schülern reden. Vielleicht könntest du mit Hilfe deines Lehrers eine Präsentation in der Klasse machen? Dann könntest du deinen Klassenkameraden die Realität deiner Krankheit klarmachen und ihnen zeigen, wie gemein ihre Aussagen sind. Nur dann werden sie dich verstehen.

C Du musst mit ihren Eltern reden. Sie braucht dringend ärztliche Hilfe. Es gibt Kliniken, wo man behandelt werden kann. Magersucht ist eine Krankheit und deine Freundin wird viel Hilfe brauchen, um davon freizukommen.

D Du brauchst Hilfe. Rede zuerst mit deinen Eltern. Sie können dir helfen. Dann brauchst du Hilfe vom Arzt und von Ernährungsexperten. Vielleicht könntest du auch einen Diätklub wie „Weightwatchers" besuchen. Sie haben genau die richtige Hilfe für dich. Sie werden dir auch helfen, mit deinen Gefühlsproblemen klarzukommen.

Lies die Briefe und die Antworten. Was gehört zusammen? Wer bekommt welchen Rat?

*die Magersucht – *anorexia*
sichsorgen – *to worry*
aufhören – *to stop*
satt werden – *to get full*

die Wahrheit – *truth*
verstecken – *to hide*
das Gleichgewicht – *balance*
drogensüchtig – *addicted to drugs*

1a Lies die Texte. Wer...

a ...isst kein Fleisch?
b ...darf keine Schokolade essen?
c ...isst nicht genug?
d ...isst zu viel?
e ...ist Vegetarier?
f ...ist zu dünn?
g ...isst nur Salat?
h ...darf keine Cola trinken?

1b Lies die Texte noch einmal durch und beantworte die Fragen auf Englisch.

a What problem does Johann have?
b What does Maria have to do every day?
c Why does she have to do this?
d What does Anna think of her body?
e What does she eat?
f What problem does Martin have?

2 Arbeitet mit einem Partner/einer Partnerin. Spielt die Rollen von Anna und Martin und beantwortet die folgenden Fragen.

a Wie alt bist du?
b Was für ein Problem hast du?
c Warum machst du das?
d Was isst/trinkst du?
e Ist das gut oder schlecht für deine Gesundheit?
f Wann bist du glücklich?

GRAMMATIK

zu + infinitive

Most verbs (apart from modal verbs) need **zu** when used with another verb.

Ich versuche, das Fleisch **zu** verstecken. – *I try to hide the meat.*

Das hilft mir, ab**zu**nehmen. – *That helps me to lose weight.*

Note that **zu** is followed by a verb in the infinitive.

Word order with *wenn* and *wann*.

Reminder: **wenn** and **wann** send the verb to the end of the clause.

...**wenn** ich Schokolade **esse**. – *...when I eat chocolate.*

3a Hör gut zu. Finde die vier Ausdrücke mit *zu* + Infinitiv. Schreib sie auf.

3b Hör noch einmal zu und finde fünf *wenn*-Sätze. Schreib sie auf.

3c Hör zum dritten Mal zu und beantworte die folgenden Fragen auf Englisch.

a What problem does Martin have with clothes?
b What does Martin think of dieting?
c How does Martin feel when he is eating?
d Why does he think he eats so much?

4 Ergänze die Sätze mit *zu* und mit den Ausdrücken aus dem Kasten unten.

a I try to eat more healthily. – *Ich versuche,...*
b I hope to find a balance. – *Ich hoffe,...*
c I am too young to buy beer. – *Ich bin zu jung,...*
d I find it difficult to lose weight. – *Ich finde es schwierig,...*
e They help me to eat healthily. – *Sie helfen mir,...*

> gesund essen ein Gleichgewicht abnehmen
> finden kaufen essen

5a Schreib einzelne Sätze mit *wenn*. Pass auf die Wortstellung auf!

Beispiel: **a** Ich bin glücklich, wenn ich betrunken bin.

a Ich bin glücklich. Ich bin betrunken.
b Ich esse. Ich brauche Trost*.
c Ich fühle mich besser. Ich esse Schokolade.
d Ich bestrafe* mich. Ich esse ungesund.

> * der Trost – *comfort*
> bestrafen – *to punish*

5b Schreib jetzt die Sätze aus Übung 5a mit *wenn* am Satzanfang. Wie ändert sich die Wortstellung?

Beispiel:
a Ich bin glücklich, **wenn** ich betrunken bin. →
Wenn ich betrunken bin, bin ich glücklich.

Jetzt seid ihr dran!

6 Work with a partner. **A** is the interviewer and **B** plays the role of Maria. Carry out an interview with Maria, inventing questions about her problem. Then play out the interview in front of the class.

7 Imagine you have a problem with eating or drinking. Write a letter to a problem page. Use as many expressions as possible from these two pages. Swap letters with a partner and write the agony aunt's reply.

2B Wie man am besten einkauft

Markt und Läden gegen Supermarkt

- Wie heißen diese Läden?
- Was kann man dort kaufen? Mach Einkaufslisten!
- Was sind die Vor- und Nachteile?
- Wo gehst du einkaufen?

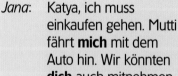

Vorteile	Nachteile
Parken (viel Platz)	Parken (kein Platz)
frische Produkte	chemische Zusatzstoffe*
preiswert	teuer
persönliche Bedienung*	unpersönliche Bedienung
Öffnungszeiten (24 Stunden)	Öffnungszeiten (Ruhetag)
direkt vom Bauernhof*	stundenlang im LKW
große Auswahl*	begrenzte Auswahl

*die Zusatzstoffe – *additives*
die Bediennung – *service*
der Bauernhof – *farm*
die Auswahl – *choice*

1 Was sind die Vor- und Nachteile von Märkten und Läden gegenüber Supermärkten? Mach eine Liste. Gibt es noch andere Vor- und Nachteile? Diskutiere die Vor- und Nachteile in der Klasse und trage sie in die Tabelle ein.

Märkte und kleine läden		Supermärkte	
Vorteile	**Nachteile**	**Vorteile**	**Nachteile**
	Parken (kein Platz)	Parken (viel Platz)	

Jana: Katya, ich muss einkaufen gehen. Mutti fährt **mich** mit dem Auto hin. Wir könnten **dich** auch mitnehmen, wenn du Lust hast?

Katya: Ja, gern. Ich brauche ein paar Sachen für die Party am Samstag.

Jana: Was ist besser? Sollen wir in die Stadt gehen oder fährst du lieber zum Supermarkt?

Katya: Lass mich mal überlegen! Wir könnten in die Stadt fahren, aber es ist schwierig, dort zu parken. Es gibt keinen Platz.

Jana: Beim Supermarkt könnten wir ja besser parken, aber da ist immer sehr viel los.

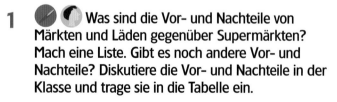

Katya: Das stimmt, und man weiß nicht, ob die Produkte chemische Zusatzstoffe enthalten. Man bekommt frischeres Brot und natürlichere Sachen in den kleinen Läden – ich finde **sie** besser.

Jana: Ja, ich mag **sie** auch, weil die Bedienung dort immer freundlicher und persönlicher ist. Aber ich muss sagen, dass das Gemüse und Obst dort oft nicht besonders frisch ist.

Katya: Ich brauche heute nicht sehr viel Obst und Gemüse, aber ich muss ziemlich viel Orangensaft kaufen. Ich kann **ihn** ohne Probleme im Supermarkt bekommen. Dort ist die Auswahl auch größer.

Jana: Ja, das stimmt... Also. was machen wir dann?

Katya: Du, ich denke, wir brauchen uns nicht mehr zu entscheiden... Es ist schon 19 Uhr – die kleinen Läden haben schon zu! Frag deine Mutti, ob sie **uns** schnell in den Supermarkt bringen kann.

Mutti: Nicht nötig! Ich bin schon bereit und fahre **euch** gleich hin.

2a Lies den Dialog. Was bedeuten die fett gedruckten Wörter? Diskutiert zu zweit.

GRAMMATIK

Object pronouns in the accusative

Use pronouns to avoid repeating the name of the thing that you are talking about.

Ich mag kleine Läden. Ich finde kleine Läden besser. → Ich mag kleine Läden. Ich finde **sie** besser. – *I like small shops. I find **them** better.*

Ich brauche Orangensaft. Ich kann den Orangensaft im Supermarkt kaufen. → Ich brauche Orangensaft. Ich kann **ihn** im Supermarkt kaufen. – *I need orange juice. I can buy **it** in the supermarket.*

There is an object pronoun for each person:

ich → mich (*me*)	wir → uns (*us*)
du → dich (*you*)	ihr → euch (*you, plural*)
er → ihn (*him, it*)	sie → sie (*them*)
sie → sie (*her, it*)	Sie → Sie (*you, polite*)
es → es (*it*)	

NB The object pronoun that you use depends on the gender of the noun you are referring to, so there are three different ways of saying 'it' in German: **ihn** (masc.), **sie** (fem.) and **es** (neut.).

2b Übersetze die folgenden Sätze.

a Mutti fährt **mich** mit dem Auto hin.
b Wir könnten **dich** auch mitnehmen.
c Ich finde **sie** besser.
d Ich kann **ihn** im Supermarkt bekommen.
e Mutti bringt **uns** schnell zum Supermarkt.
f Ich fahre **euch** hin.

3 Vervollständige die Sätze mit den richtigen Pronomen.

a Dieser französische Käse vom Delikatessengeschäft schmeckt gut. Hast du ___ probiert?
b Ich liebe diese frischen Brötchen von der Bäckerei. Ich möchte ___ jeden Tag essen!
c Magst du die Pizza vom Italiener? Ich finde ___ zu salzig.
d Katya sagt, dass die Öffnungszeiten vom Supermarkt zu kurz sind, aber ich finde ___ in Ordnung.

4 Du hörst jetzt zwei Gespräche zum Thema Einkaufen. Hör zu und beantworte die folgenden Fragen auf Englisch.

Gespräch 1
a What does Gabi's mother need?
b What time is it?
c What is the problem?
d What is the solution?

Gespräch 2
a What does Sonia need?
b Where do the girls go shopping?
c Why? Give three reasons.
d What is the disadvantage of this?

Jetzt seid ihr dran!

5 Write and conduct a survey of shopping habits in your class. Where do people shop and what do they buy there? What are the advantages and disadvantages? Use as many expressions from this spread and as many comparatives as possible.

6 Write up your findings from the survey and present them to the class.

Ⓖ „dieser, diese, dieses" Ⓦ Essen bestellen Ⓚ Einzelheiten beim Zuhören erfassen

Mutter:	Herzlichen Glückwünsch zum Geburtstag, Maria. Na, was wollen wir als Vorspeise essen?
Vater:	Ja, heute ist ein schöner Tag, Maria.
Kellner:	Hallo! Was kann ich für Sie tun?
Vater:	Ich möchte die Suppe. Was für Suppe haben Sie heute?
Kellner:	Heute gibt's Tomatensuppe.
Vater:	Fabelhaft – meine Lieblingssuppe! Ich nehme sie.
Stefan:	Ich nehme auch die Suppe, danke.
Maria:	Nein, Suppe will ich nicht! Ich möchte lieber diesen Salat hier, bitte – den Salat „Bravissima".
Mutter:	Und ich möchte Fisch, glaube ich. Haben Sie Lachs?
Kellner:	Ja, sicher. Und als Hauptgericht? Was hätten Sie gern?
Vater:	Für mich Spaghetti mit Tomatensoße, bitte.
Stefan:	Ich nehme das Steak mit Kartoffeln und grünen Bohnen.
Kellner:	Also, einmal Spaghetti und einmal Steak. Und für die Damen?
Mutter:	Ich möchte das Lammfleisch mit Reis und Gemüse. Das hört sich gut an!
Maria:	Ich nehme das Omelett mit Pommes und Erbsen, aber bitte sagen Sie dem Koch, dass es nicht mit

Milch zubereitet werden darf, da ich Milchzucker nicht vertragen kann.

Kellner: Kein Problem – ich sage ihm Bescheid.

TIPP

Targeted listening

- In listening comprehensions, always read the questions first so that you get an idea of what to listen out for.
- Think about the words that are likely to come up, and what the context is likely to be.
- Even if you don't understand a word that you hear, if you know that it must be the information you are listening out for, you can always write down what you hear and then think about what it could mean.

1 🎧 📄 Wer bestellt was? Hör gut zu, lies den Dialog und füll die Tabelle aus.

	Mother	Father	Stefan	Maria
Starter				
Main course				

2 🔊 Hör noch einmal zu und finde die deutschen Wörter.

a	lamb	**d**	main course	**g**	peas
b	fish	**e**	starter	**h**	potatoes
c	soup	**f**	cook	**i**	rice

3a 🔊 🖊 Hör noch einmal zu. Wie bestellt man Essen? Finde zwei verschiedene Ausdrücke. Schreib sie auf.

3b 🖊 Wie antwortet der Kellner? Finde vier Ausdrücke. Schreib sie auf.

> **TIPP**
>
> Another valuable skill when listening is making good guesses. You don't need to understand every single word to make an educated guess about what is happening. Try to piece together the whole story from the parts you do understand − in particular any set phrases of opinion − or from the tone of voice.

4 🔊 Hör gut zu und beantworte die folgenden Fragen.

a What did the mother order as a starter?
b What did the waiter bring her?
c What is wrong with the soup?
d What does the waiter do?

5 🔊 Hör noch einmal zu. Wie sagt man auf Deutsch...?

a I am sorry.
b That's not right. (2 ways)
c You are correct.
d We have a problem.
e I'll take them away.

> **GRAMMATIK**
>
> **'This' or 'these'**
>
> To say 'this' or 'these', use *dieser*:
>
> | masc | fem | neut | pl |
> |---|---|---|---|
> | der | die | das | die |
> | ↓ | ↓ | ↓ | ↓ |
> | dieser | diese | dieses | diese |
> | dies**er** Salat | dies**e** Suppe | dies**es** Lammfleisch | |
>
> *Dieser* takes the same endings in different cases as *der*, *die* and *das*.

6 🔊 Hör gut zu und beantworte die Fragen auf Deutsch.

a Who doesn't have a knife?
b What's wrong with the fork?
c Who feels sick?
d Why? What happened?

7a 🔊 Hör noch einmal zu! Wie hat er/sie sich beschwert?

7b 🖊 Was bedeutet...?

a Ich habe kein Messer.
b Diese Gabel ist aber schmutzig.
c Ich möchte mit dem Geschäftsführer sprechen.
d Wir sind nicht zufrieden!
e Verzeihen Sie uns?
f Wir wollen uns beschweren!

8 👥 🌙 Spielt in Gruppen von fünf Personen die Rollen von Mutter, Vater, Stefan, Maria und dem Kellner. Wie geht das Gespräch weiter?

Beispiel:
Mutter: Ach, was für eine Katastrophe! Ich besuche dieses Restaurant nie wieder!
Maria: Mutti, das ist doch alles nicht so schlimm...

9a 🖊 Ergänze die Sätze mit *dieser*, *diese* und so weiter.

a _____ Suppe ist kalt.
b _____ Steak schmeckt gut.
c Ich mag Fleisch mit _____ Soße.
d Ich möchte _____ Spaghetti hier: die Spaghetti „Venezia".
e Ich nehme _____ grüne Gemüse − ist es Grünkohl?
f Wie heißt _____ Fisch?

9b 👥 Überprüft eure Sätze aus Übung 9a mit einem Partner/einer Partnerin.

Jetzt seid ihr dran!

10a 👥 🖊 In groups of five or more, write a dialogue set in a restaurant like the one above. Try to use as many different forms of *dieser* as possible, and include some comparatives.

10b 👥 🌙 Perform your scene in front of the class. Vote on which restaurant has the worst service and which the best. You can record your scene using the OxBox software.

11 🖊 Write a letter of complaint to the restaurant, describing what was wrong and asking for some form of compensation. You might want to use some of the words in the box below.

> der Gutschein − *voucher*
> der Schadenersatz − *compensation*
> die Bedienung − *service*

2B Aktive Grammatik

ADJECTIVE ENDINGS

Using adjectives enables you to add colour and detail to what you are saying and writing, which will not only make what you say more interesting, but it will also enable you to get a good grade in the exam.

When considering what ending to put on an adjective, you must think not only about number, gender and case, but you must also consider what precedes the adjective. Is it a definite article, an indefinite article or is there no article at all? The tables below should help you to decide which ending to use.

Table A

Adjective endings after the definite article, i.e. *der*, *die* and *das*, *dieser*, *alle*, etc.

	masc	fem	neut	plural
nom	e	e	e	en
acc	en	e	e	en
gen	en	en	en	en
dat	en	en	en	en

Table B

Adjective endings after the indefinite article, i.e. *ein* or *eine*, *kein* and the possessive adjectives, *mein*, *dein*, etc.

	masc	fem	neut	plural
nom	er	e	es	en
acc	en	e	es	en
gen	en	en	en	en
dat	en	en	en	en

Table C

Adjectives used without an article or other defining word, e.g. after a number.

	masc	fem	neut	plural
nom	er	e	es	e
acc	en	e	es	e
gen	en	er	en	er
dat	em	er	em	en

1 Use the tables of adjective endings to complete the following sentences in German, explaining the number, gender, case and which table you used.

a Mein Opa trinkt sehr gern gut__ alt__ Rotwein.
b Ich liebe diesen italienisch__ Käse.
c Meine „heiß__" Suppe ist sehr kalt.
d Man bekommt frischer__ Produkte in den klein__ Läden.
e Ich möchte gern gebraten__ Hähnchen.
f Wir kochen in einem speziell__ Ofen aus rot__ Ton.
g Ich mag gern die persönlich__ Bedienung.
h Sie bekommen einen kostenlos__ Nachtisch.
i Ich hasse schwarz___ Kaffee.
j Ich esse lieber grün___ Äpfel.
k Chinesisch___ Tee schmeckt sehr aromatisch.
l Kalt___ Kaffee schmeckt nicht sehr gut.
m Der braun___ Reis schmeckt mir besser.
n Der rot___ Käse riecht gut.
o Die italienisch___ Nudeln schmecken mir am besten.

2 Look at your answers for activity 9a on page 69. For each sentence, explain your use of *dieser*, *diese*, *dieses*, etc. with reference to number, gender and case.

Example:
a **Diese** Suppe ist kalt.

diese – *feminine, singular, nominative*

VERBS WITH *ZU*

To give a reason or state the purpose of an action, you often need to put two verbs together using *zu*. Earlier in this unit, you have met **um... zu** and **ohne... zu**.

Ich esse viel Obst und Gemüse, um gesund zu bleiben. – *I eat lots of fruit and vegetables in order to stay healthy.*

Ich kann es nicht essen, ohne krank zu werden. – *I can't eat it without becoming sick.*

And you have also come across some examples of *zu* on its own.

Ich hoffe, gesund zu bleiben. – *I hope to stay healthy.*

The most common verbs used with **zu** plus an infinitive are:

anfangen, etwas zu tun	*to start (to do something)*
aufhören, etwas zu tun	*to stop (doing something)*
helfen, etwas zu tun	*to help (doing something)*
hoffen, etwas zu tun	*to hope (to do something)*
Lust haben, etwas zu tun	*to want (to do something)*
vergessen, etwas zu tun	*to forget (to do something)*
versprechen, etwas zu tun	*to promise (to do something)*
vorhaben, etwas zu tun	*to intend (to do something)*

You must remember that the **zu** stays as close as possible to the infinitive, which goes to the end of the sentence, and that the verb with **zu** forms an infinitive phrase.

3 Join each pair of phrases to make one longer sentence using **zu**.

  a Ich verspreche – ich trinke keinen Alkohol mehr
  b Ich versuche – ich esse weniger
  c Ich habe vergessen – ich sage es dem Chef
  d Meine Freunde helfen mir – ich meide dieses Essen
  e Sie hat vor – sie isst gesünder

4 Translate the following sentences into German.

  a *I hope to lose weight.* (abnehmen – *to lose weight*)
  b *She always forgets to eat healthily.*
  c *He has stopped eating so much.*
  d *We eat fruit and vegetables in order to stay healthy.*
  e *They can't eat fish without feeling sick.*

5 Complete these sentences using constructions with **zu**.

  a *I eat lots of fruit and vegetables in order to stay healthy.*

   Example:
   Ich esse viel Obst und Gemüse, um gesund zu bleiben.

  b *It can help to lose weight.*
   Es kann helfen,...

  c *Without having an adrenaline injection, my blood pressure does not rise.* (steigen) (Careful with the word order!)
   Ohne eine Adrenalinspritze zu bekommen,...

  d *It is difficult to avoid milk products.*
   Es ist schwierig,...

  e *We eat a lot of carbohydrates in order to get energy.*
   Wir essen viele Kohlenhydrate,...

  f *I can't eat strawberries without becoming ill.*
   Ich kann keine Erdbeeren essen,...

OBJECT PRONOUNS IN THE ACCUSATIVE

Pronouns are small words which stand in for the name of a person or thing, like the English words 'me', 'it' and 'them'. In German, the pronouns change depending on the case which they are in. You already know the words for the pronouns in the nominative case: these are the same as the parts of the verb, i.e. **ich**, **du**, **er**, **sie**, **es**, **wir**, **ihr**, **sie**, **Sie**. These are used whenever the person referred to is performing the action of the verb.

Sie isst jeden Tag Käse. – *She eats cheese every day.*

However, when the person or thing referred to is the object of the sentence (like 'Käse' in the example above), then different pronouns are used.

ich → mich (*me*)	wir → uns (*us*)
du → dich (*you*)	ihr → euch (*you, plural*)
er → ihn (*him, it*)	sie → sie (*them*)
sie → sie (*her, it*)	Sie → Sie (*you, polite*)
es → es (*it*)	

Sie isst jeden Tag Käse. → Sie isst **ihn** jeden Tag. – *She eats cheese every day. She eats **it** every day.*

Note how the sentence order changes when the pronoun is used: it always comes directly after the active verb.

Object pronouns are also used in the accusative after particular prepositions, such as 'auf', 'für' and 'über' (see page 37 for a complete list).

Ich mag den Camembert. Ich habe mich **für ihn** entschieden. – *I like the camembert. I've decided to take **it**.*

6 Rewrite these sentences replacing the noun in brackets with the correct object pronoun.

  Example:
  Ich liebe _____. (die Meeresfrüchte) → Ich liebe sie.

  a Ich trinke _____ sehr gern. (den Orangensaft)
  b Meine Oma backt _____ sehr oft. (den Kuchen)
  c Meine Schwester hasst _____. (die Suppe)
  d Wir mögen _____ mit vielen Gewürzen drin. (das Curry)
  e Ihr habt _____ nicht aufgegessen. (das Gericht)

7 Unjumble these sentences with object pronouns.

  a sie jeden Tag isst er
  b backe ich zu Weihnachten sie
  c mein Bruder es schon gegessen hat
  d fahren euch wir hin
  e getrunken ihr nie habt es ?

2B Kompetenzen

In this unit, you've learnt how to...

Beim Lesen

1 Get an overview when reading.

❑ Read the passage on page 177, also looking at any questions or exercises. Decide and describe what it is about in five words or fewer.

2 Extract the information you require.

Reading the questions in a comprehension activity before you read the text should help you to read it in a targeted way.

❑ Test yourself: for each of the following questions, jot down the sort of information you would look for in a comprehension text.

- Was isst Johann am liebsten zum Frühstück?

  type of food, probably cereal or bread

- Wie fühlt sich Martin...?
- Wie viel...?
- Wie spät...?
- Warum...?

3 Use cognates to help you.

In this unit there have been many instances of German words that are very similar to their English counterparts.

❑ Find at least another ten examples of German words which are related closely to English ones and write them down in your vocabulary book.

Make notes of those relationships you find and add to them as you discover new relationships.

Start a separate list of these in your vocabulary notebook.

Beim Hören

1 Listen for gist.

Always make sure that you listen to a text the first time to get an overall impression of what it is about. Get your partner to read the second reading passage on page 178 to you and try to summarise it in as few words as possible.

2 Listen for detail.

On a second listening, make sure that you are listening for specific information. Use the key words from the questions or try to pick out vocabulary. Ask your teacher for copies of transcripts and practise picking out single words or phrases.

3 Listen for key opinions and phrases.

How many ways of expressing opinions can you find in this unit? Write them down and learn them. On each spread, find at least two key expressions, write them down and learn them.

There are other clues that somebody is giving their opinion. For example, they may use adjectives like *gut*, *schlecht*, *super*, *toll*, *furchtbar*, and their tone of voice may also give a big clue as to how they feel.

Beim Lernen

1 Use index cards to make your own vocabulary flashcards with German words on the front and English translations on back. These will help you to remember unusual words.

Juckreiz	itching
Milchzucker	lactose

2 Use stick-on notes around a mirror or on the back of a door to remind you of words you often forget.

3 Make posters of words, phrases and grammar rules and hang them in places where you'll see them frequently. Illustrate them with pictures to help you to visualise later.

2B Szenario

Zum Schreiben

You are going to make a brochure in German for younger pupils about healthy eating.

Schreib eine Broschüre über gesundes Essen.

1   Work in groups to decide what healthy eating involves, and make a list to be included in the brochure. For example:
    · Was bedeutet es, gesund zu essen?
    · Viel Obst essen, wenig Zucker essen...

2   Make up questions for the Frequently Asked Questions section of the brochure and write short replies. For example:
    · Warum soll man Obst und Gemüse essen?
    · Man braucht die Vitamine im Obst und Gemüse, um gesund zu bleiben.

3   Interview each other about your eating habits, write up the interviews and include them in the brochure.

Zum Sprechen

1   In a group, brainstorm ideas to help you choose the eating/drinking problem you are going to talk about.

Mach eine Präsentation über ein Problem mit Essen oder Trinken.

2   In pairs, read through the articles in this unit and then do your own research. Search for general information about allergies and problems on the internet, e.g. on www.wikipedia.de.

3   Prepare your presentation well. Think carefully about what you want to say. Focus on three main areas:
    · description of the problem
    · cause of the problem
    · how to deal with it.

    You might want to prepare your presentation using PowerPoint® and make handouts. Let your classmates know the subject of your talk in advance so that they can prepare questions to ask in German.

4   Now it's time for the presentation itself. Rehearse exactly what you want to say before you begin. Give your presentation and answer any questions at the end. Your teacher may grade you using exam criteria.

Viel Erfolg!

2B Vokabeln

Wie man Essen aus aller Welt beschreibt (Seite 60–61)

die Essgewohnheit -en *fpl*	eating habit
das Gericht -e *nn*	dish
der Geschmack -e *nm*	taste
das Gewürz -e *nn*	spice
das Hähnchen - *nn*	chicken
die Hauptmahlzeit -en *nf*	main meal
die Hülsenfrüchte *fpl*	pulses
der Ingwer – *nm*	ginger
die Kartoffel -n *nf*	potato
der Knoblauch *nm*	garlic
das Lammfleisch *nn*	lamb
der Ofen ⁻ *nm*	oven
die Soße -n *nf*	sauce
der Topf ⁻e *nm*	pot
frisch *adj*	fresh
rein *adj*	pure
roh *adj*	raw
etwas Leichtes	something light
gebraten	roast
gekocht	cooked

Wie man gesundes Essen beschreibt (Seite 62–63)

die Adrenalinspritze -n *nf*	adrenaline injection
der anaphylaktische Schock *nm*	anaphylactic shock
die Biolebensmittel *npl*	organic food
der Blutdruck *nm*	blood pressure
das Eiweiß *nn*	protein
das Enzym -e *nn*	enzyme
die Ernährung *nf*	diet, food
das Gleichgewicht *nn*	balance
das Kohlenhydrat -e *nn*	carbohydrate
der Kreislauf ⁻e *nm*	circulation
der Juckreiz *nm*	itching
der Luftweg -e *nm*	airway
der Milchzucker *nm*	lactose
der Pickel – *nm*	spot
auf/passen *vb*	to pay attention
Bescheid wissen *vb*	to know
ein/atmen *vb*	to breath in
riechen *vb*	to smell
meiden *vb*	to avoid
vertragen *vb*	to bear
überempfindlich *adj*	hypersensitive
allergisch gegen	allergic to

Wie man Essprobleme beschreibt (Seite 64–65)

die Bestrafung -en *nf*	punishment
die Essstörung -en *nf*	eating disorder
die Kneipe -n *nf*	pub

die Magersucht *nf*	anorexia
die Spritze -n *nf*	injection
der Trost *nm*	comfort
ab/nehmen *vb*	to lose weight
auf/hören *vb*	to stop
bestrafen *vb*	to punish
sich um etwas Sorgen machen *vb*	to worry about something
abhängig *adj* von	addicted to
glücklich *adj*	happy
nötig *adj*	necessary
passend *adj*	suitable
regelmäßig *adj*	regularly
satt *adj*	full, satisfied
ständig *adj*	continually
zuckerkrank *adj*	diabetic
betrunken	drunk
erlaubt	allowed

Wie man am besten einkauft (Seite 66–67)

die Auswahl -en *nf*	choice
die Bäckerei -en *nf*	bakery
die Metzgerei -en *nf*	butcher's shop
der Obst- und Gemüsehändler – *nm*	greengrocer's
die Öffnungszeiten *npl*	opening times
die persönliche Bedienung *nf*	personal service
der Ruhetag -e *nm*	rest day
auf/haben *vb*	to be open
auf/machen *vb*	to open
zu/machen *vb*	to close
preiswert *adj*	good value
teuer *adj*	expensive
direkt vom Bauernhof	direct from the farm
geschlossen	closed

Wie man im Restaurant bestellt und sich beschwert
(Seite 68–69)

die Gabel -n *nf*	fork
grüne Bohnen *fpl*	green beans
das Hauptgericht -e *nn*	main course
der Lachs -e *nm*	salmon
das Messer – *nn*	knife
die Soße -n *nf*	sauce
die Suppe -n *nf*	soup
die Vorspeise -n *nf*	starter
vergessen *vb*	to forget
kostenlos *adj*	free
Verzeihung!	apologies

3A Freizeit

Weißt du schon, wie man...

- ❏ sich mit Freunden verabredet?
- ❏ einkaufen geht?
- ❏ seine Freizeit plant?
- ❏ über das Internet spricht?
- ❏ Feste feiert?

Szenario

- Beschreib ein Fest, das du neulich gefeiert hast.
- Beschreib, wie du das Internet benutzt.

Beschreib ein Fest, das du neulich gefeiert hast.

Kompetenzen

Beim Sprechen

In German, how do you...

- ask questions and make suggestions?
- use tone to vary your speech?
- give examples to illustrate your point?

Beim Hören

What can you do to...

- use tone to help your understanding?
- make sure you understand linking words?
- predict what the correct answers will be?

Aktive Grammatik

As part of your German language 'toolkit', can you...

- use the present tense with future meaning?
- use dative pronouns?
- use question words correctly?
- use correct sentence order in the perfect and future tenses?

G Über die Zukunft reden im Präsens **W** Verabredungen **K** den Tonfall variieren; Vorschläge machen

Thomas:	Hallo, Katja. Hier Thomas. Wie geht's?
Katja:	Hi, Thomas. Was gibt's Neues?
Thomas:	Hast du Lust, morgen Abend ins Kino zu gehen?
Katja:	Es tut mir leid, Thomas. Meine Großeltern kommen morgen zu Besuch und ich kann nicht. Wie wäre es mit Samstag?
Thomas:	Ach nein, am Samstag muss ich leider arbeiten. Aber am Sonntag habe ich Zeit.
Katja:	Ja, am Sonntag habe ich auch nichts vor. Also, gehen wir am Sonntag. Was läuft? Ich habe keine Ahnung!
Thomas:	Es gibt einen Actionfilm, „Hitman 3", und einen Horrorfilm, „Der Schatten der Bestie".
Katja:	Ich sehe lieber Actionfilme – sehen wir „Hitman 3"? Wann treffen wir uns?
Thomas:	Der Film beginnt um 19.30. Also treffen wir uns um 19.15 vor dem Kino.
Katja:	Wie wäre es mit ein bisschen früher? Sagen wir mal, um 18.30 Uhr? Dann können wir vorher noch ins Eiscafé gehen.
Thomas:	Tolle Idee!
Katja:	Und nächsten Samstag gehe ich auf Tanjas Party. Möchtest du mitkommen?
Thomas:	Nein, leider muss ich dann wieder arbeiten.
Katja:	Wie schade. Also, bis Sonntag. Tschüs!

1a 🔊 Hör zu und lies mit.

1b 📖 Finde die deutschen Ausdrücke im Text.

a Do you feel like...?
b What about...?
c I have nothing planned.
d What's on...?
e I have no idea.
f When shall we meet?
g Let's say...
h Unfortunately.
i Would you like to com
j What a pity!

1c 🕐 Beantworte die Fragen auf Deutsch.

a Wohin will Thomas gehen?
b Warum kann Katja nicht mitgehen?
c Welches Problem hat Thomas am Samstag?
d Was für einen Film schauen sie sich an?
e Warum schlägt Katja ein Treffen um 18.30 vor?
f Wohin geht Katja nächsten Samstag?

2 📖 Finde die passenden Bilder für die Sätze.

a Ich habe keine Zeit.
b Ich muss meine Hausaufgaben machen.
c Ich bin schon verabredet.
d Ich habe kein Geld.
e Meine Eltern erlauben das nicht.
f Ich muss arbeiten.

3a 🎧 Hör gut zu und notiere Einzelheiten.

	Suggestion	Yes/no? Excuse?	When?	Where?
1				
2				

TIPP

Listening for tone

Listening to the tone of a speaker's voice can help you work out the meaning of what he/she is saying. Listen to the dialogues in activity 3 again – can you tell when someone is asking a question? How? Can you tell when someone is enthusiastic about a suggestion?

Listen out also for *nicht wahr* and *oder* – they are used in German to ask for confirmation.

Du magst Fußball, **nicht wahr**? – *You like football, don't you?*

Try to vary your own intonation and use *nicht wahr* and *oder* when making suggestions in German.

3b 🎧 Hör dir diese beiden Gespräche an und finde die Satzhälften, die zusammenpassen.

Verena und Ingo

1 Verena hat vor, a am Marktplatz.
2 Ingo muss zuerst b ins Schwimmbad zu gehen.
3 Sie verabreden c seinen Vetter mitbringen.
  einen Treffpunkt d für die Schule arbeiten.
4 Ingo will

Karsten und Susi

1 Karsten schlägt vor, a weil ihre Eltern das
2 Susi kann nicht,   verbieten.
3 Susi hat auch b ein Fußballspiel
4 Susi hat die Idee,   anzusehen.
5 Karsten kann nicht c Schlittschuh laufen.
6 Karsten schlägt d weil er gern spielt.
  Tennis vor, e weil es nichts kostet.
7 Susi findet Tennis f kein Geld.
  eine gute Idee, g auf die Eisbahn zu gehen.

GRAMMATIK

In German, the present tense is often used to say what is going to happen in the future.

Meine Großeltern kommen morgen zu Besuch. – *My grandparents are coming to visit tomorrow.*

Nächsten Samstag gehe ich auf Tanjas Party. – *Next Saturday I'm going to Tanja's party.*

Try to use this in activity 4.

4 👥 Partnerarbeit. Kommst du mit? **A** möchte **B** einladen, aber **B** kann nicht. **B↔A**. Benutzt die Vokabeln aus Übung 1b.

Beispiel:

A: Möchtest du am Samstag in die Disko gehen?

B: Nein, ich habe leider keine Zeit...

Jetzt seid ihr dran!

5 ⏱ Read the email and write a reply. Use the ideas given in either **A** or **B** below.

Hallo!

Was machst du am Wochenende? Es gibt ein tolles Konzert im Stadion. Möchtest du mitkommen? Oder hast du vielleicht Lust, am Sonntag ins Kino zu gehen? Es läuft ein toller Actionfilm.

Schreib bald!

Dein Daniel

A
- You can't go to the concert – say why not.
- You would, however, like to go to the cinema.
- Organise a meeting point and time.

B
- You can't go to the concert – say why not.
- Make two other suggestions – explain why these ideas are better.
- Organise a meeting point and time.

6 👥 Role-play. Work in pairs to create dialogues between two friends discussing party invitations.

A: You are inviting a friend to a party, but he/she is a bit reluctant. Prepare in advance a list of reasons why he/she should come with you and act out the dialogue.

B: Your friend is inviting you to a party, but you really don't want to go. Prepare a list of reasons why you should not go and try to persuade your friend to do something else.

Record your dialogues on OxBox.

(G) Objektpronomen Dativ (W) Kleidung und Geschenke kaufen (K) die Antworten vorhersagen

1a 🎧 Hör gut zu und lies mit.

Katja:	Tanja gibt am Wochenende eine Party und ich brauche etwas Neues.
Anke:	Ich weiß. Sie lädt die ganze Klasse ein und ich gehe auch hin.
Katja:	Prima. Was ziehst du an?
Anke:	Meine neuen Jeans, und ich möchte ein neues T-Shirt kaufen.
Katja:	Siehst du das T-Shirt dort drüben? Es ist echt toll.
Anke:	Stimmt! Ich probiere es an. Siehst du etwas, was dir gefällt?
Katja:	Der Rock ist schön, aber die Farbe gefällt mir nicht. Entschuldigen Sie, haben Sie diesen Rock in Schwarz?
Verkäuferin:	In welcher Größe?
Katja:	Größe 36.
Verkäuferin:	Hier, bitte. Die Umkleidekabine ist in der Ecke. ...
Anke:	Wie findest du den Rock, Katja?
Katja:	Super – er steht mir sehr gut. Ich nehme ihn. Nimmst du das T-Shirt?
Anke:	Nein, es passt mir leider nicht. Es ist zu eng.
Katja:	Schade. ...

***

Verkäuferin:	Gefällt Ihnen der Rock?
Katja:	Ja, was kostet er?
Verkäuferin:	25 Euro. Zahlen Sie bitte an der Kasse. ...

***

Anke:	Katja, ich muss auch noch ein Geburtstagsgeschenk für Tanja kaufen, aber ich habe keine Ahnung, was. Hast du eine Idee?
Katja:	Tanja trägt gern Schmuck. Du könntest Ohrringe für sie kaufen.
Anke:	Gute Idee!

1b 📖 Finde die deutschen Ausdrücke im Text.

a I'll try it on.
b I don't like the colour.
c The changing room is in the corner.
d It suits me.
e I'll take it.
f It doesn't fit.
g It's too tight.

1c 🖊 Beantworte die Fragen auf Deutsch.

a Warum braucht Katja neue Kleidung?
b Was trägt Anke auf der Party?
c Was möchte Anke kaufen?
d Warum nimmt Katja nicht den ersten Rock?
e Welche Farbe möchte sie?
f Warum kauft Anke das T-Shirt nicht?
g Was kauft Anke für Tanja?
h Warum kauft sie dieses Geschenk?

1d 👥 Partnerarbeit. Macht Dialoge beim Einkaufen. **A** ist der Kunde/die Kundin. **B** ist der Verkäufer/die Verkäuferin. Spielt die Dialoge unten. B⟷A

a Geschenk für einen Freund – bis zu 20 Euro
b Kleidung für eine Party
c Kleidung für einen Campingurlaub
d Geschenk für eine Freundin – bis zu 15 Euro

GRAMMATIK

Dative pronouns

The dative is used to convey the idea of 'to someone.'

Ich habe **ihm** das Buch gegeben. – *I gave the book **to him** or I gave him the book.*

You will often find the dative after verbs such as *geben*, *sagen*, *erzählen* and *zeigen*, among others. Some verbs which are always followed by the dative are *passen*, *helfen* and *gefallen*.

Here are the dative pronouns:

nominative	dative	nominative	dative
ich	mir	wir	uns
du	dir	ihr	euch
er	ihm	sie	ihnen
sie	ihr	Sie	Ihnen
es	ihm		

2a Ergänze die Sätze mit dem richtigen Dativpronomen.

a Kann ich _____ (Sie) helfen?

b Passt _____ (du) die Hose?

c Gefällt _____ (er) das T-Shirt?

d Steht _____ (ich) das Hemd?

e Er hat _____ (wir) die Fotos gezeigt.

f Ich habe _____ (sie) das Geld gegeben.

2b Übersetze die Sätze aus Übung 2a auf Englisch.

> ### TIPP
>
> **Predicting the answers**
>
> Before listening to a recording, look at the questions to see if you can already guess what some of the answers might be. You can do this by trying to work out which halves make a grammatical sentence when put together.
>
> Write down the possible endings for the different sentences in activity 3 and then listen to the recording – see how many you were able to identify.

3 Katja und Anke gehen weiter einkaufen. Hör zu und entscheide, welche Satzhälften zusammenpassen.

1 Katja muss noch	**a** ein Buch über die Prinzen zu kaufen.
2 Katja weiß nicht,	
3 Tanja hat schon	**b** ein Geschenk für Tanja kaufen.
4 Katja entscheidet sich,	**c** bald Geburtstag.
5 Katjas Vater hat	**d** Formel Eins.
6 Katjas Vater interessiert sich für	**e** die neueste CD von ihrer Lieblingsgruppe.
7 Der Preis des Buches über Formel Eins	**f** welche Bücher Tanja hat.
8 Katja findet den Preis der DVD	**g** viel besser.
	h ist zu hoch.

4 Welche Geschenke würdest du für deine Familie kaufen? Schreib eine Liste. Benutze Dativpronomen.

Beispiel: Ich kaufe eine Halskette für meine Mutter. Das wird ihr gefallen.

5a Katja und Anke entdecken ein Problem! Hör gut zu. Was ist es?

5b Welche Probleme haben diese Kunden? Füll die Tabelle aus.

	What?	Problem?	Solution?
1			
2			
3			

Jetzt seid ihr dran!

6 Create a shopping dialogue with a partner. Mention the following points:

- what you want to buy for yourself and why
- a present that you want to buy for someone else
- why you don't want to buy particular items
- the price
- a problem.

7 Write an email to a friend suggesting a shopping trip. Include the following points:

- what you want to buy and why
- which shops you want to visit and why
- arrangements for where and when to meet
- questions about what your friend would like to do.

G das Futur **W** ausgehen, Karten kaufen **K** sich erkundigen

1a 🎧 Hör gut zu und lies mit.

Jan ruft in der Konzerthalle an

Angestellte: Guten Abend. Hier Stadthalle.

Jan: Guten Abend. Ich möchte Karten für das Konzert von den *Ärzten* am 22. Oktober.

Angestellte: Es tut mir leid, das Konzert am 22. ist schon ausverkauft, aber ich habe noch Karten für den 23.

Jan: Gut, das geht.

Angestellte: Wie viele Karten wollen Sie?

Jan: Ich komme mit zwei Freunden, also drei Karten insgesamt.

Angestellte: Wollen Sie Karten zu 70 Euro?

Jan: Nein, das ist zu teuer. Haben Sie billigere Karten?

Angestellte: Ja, wir haben auch Karten zu 50 Euro.

Jan: Prima, die nehme ich.

Jutta ruft im Kino an

Jutta: Guten Abend. Ich möchte zwei Karten für *Harry Potter* morgen Abend reservieren. Wann fängt der Film an?

Angestellte: Die erste Vorstellung ist um 19 Uhr.

Jutta: Was kosten die Karten?

Angestellte: 12 Euro.

Jutta: Gibt es eine Ermäßigung für Schüler?

Angestellte: Nicht am Wochenende.

Jutta: Das ist schade, aber ich nehme die Karten trotzdem.

1b 📖 Ergänze die Sätze mit Wörtern aus dem Kasten unten.

a Es gibt keine _____ mehr für das Konzert am 22. Oktober.

b Die Gruppe heißt „die _____ ".

c Jan kauft die _____ Karten.

d Der Film _____ um 19 Uhr.

e Der Eintritt ist für Schüler genauso _____.

f Während der Woche ist der Eintritt _____ für Schüler.

Ärzte	billigeren	teuer	teuerer	Karten
	billiger	beginnt	endet	billig

2 🎧 Hör gut zu und füll die Tabelle aus.

	What?	Problem?	Solution?
1			
2			
3			

3a 📖 🎧 Lies die Anzeigen und beantworte die Fragen.

A

Samstag 14. Oktober 15 Uhr
Fußballbundesliga
Hamburg St. Pauli v. SVR Mainz
Karten 30 Euro; Jugendliche 20 Euro

A a Was für ein Spiel gibt es?
   b Welche Mannschaften spielen?
   c Um wie viel Uhr beginnt das Spiel?
   d Was kostet der Eintritt?

B

Stadttheater
Unsere neue Vorstellung
„Faust" von J. W. von Goethe
Michael Timm in der Hauptrolle
Täglich außer sonntags um 19.30 Uhr

B a Wer hat das Theaterstück geschrieben?
   b Wen kann man in der Hauptrolle sehen?
   c An welchem Tag kann man das Stück nicht sehen?

c

Freibad am Ring

Täglich von 8.00 bis 21.00 Uhr geöffnet

Eintritt: Erwachsene – 4 Euro; Kinder unter 16 – 2.50 Euro

C a Wann macht das Freibad am Mittwoch auf?

b Wann macht es zu?

c Uwe ist neun. Wie viel Eintritt zahlt er?

D

Ausstellung im Stadtmuseum

Puppen und Spielzeuge aus den letzten 50 Jahren

Eintritt: Kostenlos für alle Kinder; kostenlos für Erwachsene, wenn sie 2 Kinder mitbringen

D a Was kann man in der Ausstellung sehen?

b Was kostet der Eintritt für kinder?

c Mit wem sollten Erwachsene in die Ausstellung gehen, wenn sie nicht zahlen wollen?

3b Wie sagt man auf Deutsch...?

a open

b entry fee

c production

d daily

e except

GRAMMATIK

Use the future tense to say what you plan or intend to do.

Ich **werde** das Stadion **anrufen**, um eine Karte zu reservieren. – *I'll call the stadium to reserve a ticket.*

Ich möchte das Stadtmuseum besuchen. Ich **werde** nächste Woche **vorbeigehen**. – *I want to visit the town museum. I'll call by next week.*

To form the future tense, use the present tense of the verb **werden** plus the infinitive, which goes to the end of the sentence:

ich werde	wir werden	
du wirst	ihr werdet	+ infinitive
er/sie/es wird	sie/Sie werden	

3c Wohin möchtest du gehen und warum? Mit wem? Was wirst du machen? Schreib ein paar Sätze.

Beispiel: Ich möchte in die Ausstellung gehen, weil...
Ich werde ein paar Karten reservieren.

4a Partnerarbeit. Was sind eure Pläne für das Wochenende? Fragt einander gegenseitig.

Beispiel: **A**: Was wirst du am Samstagmorgen machen?

B: Ich werde früh aufstehen und ins Schwimmbad gehen. Ich muss trainieren!

A: Und am Samstagnachmittag?...

4b Schreib Sätze, um deine Pläne und die Pläne von deinem Partner/deiner Partnerin zu beschreiben.

Beispiel: Ich werde am Samstag lange schlafen.
Tom wird am Samstag früh aufstehen, um schwimmen zu gehen.

Jetzt seid ihr dran!

5 You receive this email from a friend, but you'd like to find out more before you decide whether to go with him.

a Decide what further information you need.

b Which question words will you need to ask your questions?

c Write your reply.

Hi!

Was machst du am Samstag? Ich gehe zu einem Konzert in der Stadthalle – kommst du mit?

Dein Daniel

Hi, Daniel!

Danke für die Einladung. Ich habe ein paar Fragen…

---

6 Work in pairs. You're planning an evening out with a friend and need to decide where to go. **A** has information about a concert and a disco. **B** has information about a play at the theatre and the leisure centre. Ask each other questions about the different options and make a decision. Use the future tense to say what action you will take.

Beispiel:

A: Ich habe hier eine Broschüre über ein Konzert. Möchtest du hingehen?

B: Wer spielt?

A: …

Ⓖ der Imperfekt Ⓦ über das Internet sprechen Ⓚ Bindewörter; Beispiele geben

1a 📖 Wozu benutzen Jugendliche das Internet? Lies die Texte.

Bernd

– Wie viel Zeit verbringst du jeden Tag im Internet?

– Wir haben Internet zu Hause und ich habe meinen eigenen Laptop. Ich verbringe ziemlich viel Zeit im Internet, mindestens zwei Stunden am Tag.

– Was hast du diese Woche schon im Internet gemacht?

– Mein Computer war kaputt – eine Katastrophe! Ich musste also den Computer meiner Schwester benutzen. Etwas unbequem, aber es ging! Ich machte Recherchen für meine Hausaufgaben, las täglich E-Mail und schrieb einige Einträge für meine Facebook-Seite. Gestern habe ich ein paar Lieder heruntergeladen.

– Hast du schon einmal im Internet eingekauft?

– Ja, ich habe Bücher und DVDs im Internet gekauft. Sie sind viel billiger.

– Wie findest du das Internet?

– Das Internet ist toll für Hausaufgaben. Es ist einfacher als in die Bibliothek zu gehen. Trotzdem gibt es Probleme. Manche Schüler laden Hausaufgaben herunter, und das ist ungerecht.

Carola

– Wie viel Zeit verbringst du jeden Tag im Internet?

– Höchstens eine Stunde. Wir haben einen Computer für die ganze Familie und wir wollen ihn alle benutzen.

– Was hast du diese Woche schon im Internet gemacht?

– Nicht so viel, aber unter anderem habe ich ein paar Chatseiten und andere Webseiten gelesen. Während ich im Internet surfte, machte ich gleichzeitig Recherchen für meine Hausaufgaben.

– Hast du schon im Internet eingekauft?

– Nein – ich darf nicht. Aber mein Vater hat letztes Jahr unseren Urlaub im Internet gebucht.

– Wie findest du das Internet?

– Das Internet ist eine gute Sache, aber manche Kinder verbringen zu viel Zeit vor dem Computer, und das finde ich nicht so gut. Es gibt auch Webseiten, die für Kinder gefährlich sind. Aber trotzdem finde ich das Internet sehr positiv.

Stefan

– Wie viel Zeit verbringst du jeden Tag im Internet?

– Am Wochenende verbringe ich ungefähr vier Stunden am Tag vor dem Computer, während der Woche viel weniger.

– Was hast du diese Woche schon im Internet gemacht?

– Mein Bruder war diese Woche im Urlaub also konnte ich den Computer öfter benutzen. Ich spielte Computerspiele und arbeitete ab und zu an meiner Webseite.

– Hast du schon einmal im Internet eingekauft?

– Ja, ich habe Computersachen gekauft.

– Wie findest du das Internet?

– Es gibt sicher Probleme mit dem Internet. Manche Computerspiele zeigen zum Beispiel zu viel Gewalt*. Aber ich finde es prima – es macht das Leben viel einfacher.

*die Gewalt – *violence*

1b 📖 Wer hat das im Internet gemacht – Bernd, Carola oder Stefan?

1c Wer findet, dass es diese Probleme mit dem Internet gibt?

TIPP

Linking words

Some linking words and phrases show you when speakers are about to change their mind or give a different point of view. Can you find four of these in the texts in activity 1a? What do they mean? Now listen out for these words in activity 2a.

2a Hör zu. Was ist positiv und was ist negativ im Internet? Füll die Tabelle aus.

	Positive	Negative	Key words, e.g. *aber*
1			
2			
3			
4			

2b Findest du das Internet positiv oder negativ? Mit wem bist du einer Meinung – mit Dirk, Sonia, Max oder Sara? Warum? Diskutiert zu zweit.

Beispiel:

Ich finde das Internet positiv, weil...
Ich bin mit Dirk einer Meinung, dass...

GRAMMATIK

The imperfect tense

The imperfect tense is used, particularly in written German, to say what happened or how things were in the past.

Ich machte Recherchen für meine Hausaufgaben. – *I did research for my homework.*

Ich schrieb auf meiner Facebook-Seite. – *I wrote on my Facebook page.*

For regular verbs, form the imperfect by removing the **-en** from the infinitive and adding the following endings:

ich	-te	wir	-ten
du	-test	ihr	-tet
er/sie/es	-te	Sie/sie	-ten

Irregular verbs have a change of vowel in the imperfect and take slightly different endings. See pages 86–87.

3a Schreib Sätze mit Verben im Imperfekt.
  a ich – schreiben – viele E-Mails.
  b du – arbeiten – an deiner Webseite.
  c er – spielen – ein neues Computerspiel.
  d ihr – machen – eure Hausaufgaben.
  e wir – buchen – die Karten – im Internet.

3b Wozu hast du diese Woche das Internet gebraucht? Schreib Sätze mit diesen Verben.

TIPP

Giving examples

Giving examples is a good way to extend your answers. You can use the following phrases to introduce your examples.

- **zum Beispiel:** Ich kaufe viele Sachen im Internet, zum Beispiel Bücher, Kleider und Computerspiele.

- **beispielsweise:** Man kann gefährliche Leute im Internet kennen lernen, beispielsweise in Chatrooms.

- **unter anderem:** Das Internet ist unter anderem nützlich für die Hausaufgaben.

How do these phrases affect sentence order? Practise using them in your answers to activity 4a.

Jetzt seid ihr dran!

4a Work in groups. You're taking part in a debate that's going to be recorded for a documentary about how young people use the internet. One person plays the presenter, and the others answer his/her questions. Here are some questions to get you started.

- Hast du zu Hause Internet?
- Wozu benutzt du das Internet?
- Was hast du letzte Woche im Internet gemacht?
- Hast du schon im Internet eingekauft? Was?
- Wie findest du das Internet?

4b At the end of the debate, the group has to decide whether they are collectively in favour of the internet or against it. Present your conclusion to the rest of the class and explain why.

5 Write up your conclusions in an article for the leaflet that is going to accompany the documentary. In general, do you think that the internet is a good thing or is it dangerous?

G Wortstellung mit Zeitausdrücken **W** Feste feiern **K** die Bedeutung verstehen beim Hören

1a 📖 Lies die Texte.

Was ist dein Lieblingsfest? *Spaß! Das Stadtmagazin* befragt die Jugend

Susi

Mein Lieblingsfest ist Weihnachten. Letztes Jahr hat meine ganze Familie uns besucht, und wir haben zusammen gefeiert*. Vor Weihnachten bin ich auf den Weihnachtsmarkt gegangen und habe meine Geschenke gekauft. Am Heiligabend haben meine Mutter und ich den Weihnachtsbaum geschmückt*, und dann haben wir alle unsere Geschenke aufgemacht. Ich habe viele schöne Geschenke bekommen – ein neues Handy, Bücher und Kleidung. Mein Vater und meine Oma haben am Ersten Weihnachtsfeiertag das Weihnachtsessen vorbereitet. Wir haben Gans gegessen – das ist traditionell in manchen Teilen Deutschlands. Vor dem Essen sind wir in die Kirche gegangen und haben Weihnachtslieder wie „Stille Nacht" gesungen.

Thorsten

Ich war letztes Jahr auf dem Oktoberfest in München. Das ist das größte Bierfest der Welt, aber ich durfte kein Bier trinken! Aber es gibt auch einen großen Rummelplatz*. Ich bin Achterbahn* gefahren, und ich habe auch die Spieler von der Fußballmannschaft Bayern-München gesehen. Das war toll!

Carolin

Ich wohne in Südwestdeutschland und hier feiern wir Fastnacht – mein Lieblingsfest. Das findet jedes Jahr im Februar statt. Wir verkleiden uns*, und es gibt Umzüge* durch die Stadt. Wir haben auch keine Schule, und das ist natürlich toll. Letztes Jahr habe ich mich als Hexe verkleidet, und mein Vater hat eine große Party in der Stadthalle organisiert. Wir haben viel gegessen und getrunken und getanzt. Es hat wirklich Spaß gemacht.

Markus

Ich wohne in Nürnberg, und jeden Juni findet hier das größte Musikfest Deutschlands statt – der „Rock im Park". Tausende von Musikfans kommen hierher, und viele zelten. Ich bin dieses Jahr zum ersten Mal hingegangen und habe viele tolle Bands gesehen, darunter „die Toten Hosen" und „The Prodigy". Es war fabelhaft.

* feiern – *to celebrate*
  schmücken – *to decorate*
  der Rummelplatz – *fairground*
  die Achterbahn – *rollercoaster*
  sich verkleiden – *to dress up*
  der Umzug – *procession*

1b 🔊 Welches Fest ist das?

a Man kann viele Biersorten probieren.
b Man schmückt einen Baum und singt Lieder.
c Es findet im Februar statt.
d Man bekommt Geschenke.
e Man kann Musikgruppen sehen.
f Es gibt einen großen Rummelplatz.
g Man feiert normalerweise mit der Familie zusammen.
h Es gibt Umzüge.
i Man verkleidet sich.
j Es findet im Sommer statt.

1c 🔵 Arbeitet mit einem Partner/einer Partnerin. **A** beschreibt ein Fest. **B** muss sagen, welches Fest das ist. **B↔A** Welches Fest findet ihr am besten?

TIPP

Tip for listening

When completing listening tasks, the English questions will often not be phrased in exactly the same way as the German recording – you need to listen carefully for the meaning of what you hear and match it to the questions.

Think about this carefully when listening to Tobias in activity 2. After you have completed the task, listen again – can you note down exactly what he says and explain why you have decided each question is true or false?

2 🎤 Hör zu. Tobias beschreibt Feste in Deutschland. Sind die Sätze unten richtig oder falsch? Korrigiere die falschen Sätze.

a Tobias usually spends Christmas at home.
b He got a computer last year.
c Tobias's family doesn't do anything special for Easter.
d Tobias thinks it's good that he has Easter holidays.
e Tobias likes going to Fasching parties.
f In Cologne, the festival isn't called Fasching.
g Tobias liked the Oktoberfest.
h He drank beer there.
i He's been to the 'Rock am Ring' festival several times.
j He slept in a tent in Nuremberg.

3 👥🔵 Welche Feste magst du? Wie feierst du? Diskutiert die Fragen unten mit einem Partner/einer Partnerin.

a Was ist dein Lieblingsfest und warum?
b Wie hast du letztes Jahr Weihnachten gefeiert?
c Was hast du bekommen?
d Was hast du gegessen und getrunken?
e Was hast du für deine Familie gekauft?
f Wie hast du letztes Jahr Ostern gefeiert?

g Warst du schon auf einem Musikfest? Wen hast du gesehen? Was hast du gemacht?
h Welche Feste gibt es in deiner Gegend (z. B. ein Stadtfest)?

GRAMMATIK

Remember to pay particular attention to the word order you use in sentences in the perfect and future tenses. The verb always comes second, even when the sentence begins with an expression of time.

Letztes Jahr **bin** ich zu Rock im Park **gegangen**. – *Last year I went to Rock im Park.*

Nächsten Sommer **werde** ich auf viele Musikfestivals **gehen**. – *I'll go to lots of music festivals next summer.*

4 🔵 Mach Sätze im Futur, um deine Pläne für Weihnachten zu beschreiben.

Beispiel: zu Weihnachten, ich, viele Geschenke, bekommen. → Zu Weihnachten werde ich viele Geschenke bekommen.

a im Dezember, wir, Weihnachtsbaum, schmücken, den
b ich, Geschenke für meine Familie, kaufen
c am ersten Weihnachtsfeiertag, mein Vater, Weihnachtsessen, kochen
d wir, zu viel, essen und trinken
e zu Weihnachten, die ganze Familie, zusammen feiern

Jetzt seid ihr dran!

5 🔵 Write an article for *Spaß! Das Stadtmagazin* about your favourite festival. Include the following:

- a description of your favourite festival
- the reason why you like the festival
- what you did when you last celebrated or attended this festival.

6 👥🔵 Interview others in your class to find out:

- what their favourite festivals are and why
- what they did to celebrate them last time
- which festivals they will celebrate or attend next year
- which festival in Germany they would like to attend/celebrate and why.

Write 10 questions to ask your classmates before you start.

PRESENT TENSE OF IRREGULAR (STRONG) VERBS

Irregular (strong) verbs have the same endings as regular (weak) verbs, but they often have a change of vowel in the **du** and **er/sie/es** forms.

a → ä   fahren: ich fahre, du fährst, er fährt
e → i   geben: ich gebe, du gibst, er gibt
e → ie sehen: ich sehe, du siehst, er sieht

Exceptions to this are the modal verbs **mögen**, **können**, **dürfen** and **sollen**, plus the common verbs **haben** and **sein** which you need to learn by heart.

In addition to **haben** and **sein**, **nehmen** and **wissen** are two further examples of unusual irregular verbs:

nehmen: ich nehme, du nimmst, er nimmt
wissen: ich weiß, du weißt, er weiß

1 Organise the verbs below into a list of regular and irregular verbs.

Regular	Irregular

brauchen	lesen	gehen	schlafen	nehmen
fahren	kochen	machen	besuchen	sprechen
vergessen	essen	trinken	benutzen	feiern
spielen	sehen	kaufen	arbeiten	schwimmen
singen	zeigen	treffen	zahlen	organisieren

2 Complete the sentences with the correct form of the verb.

a   Wo (treffen) du Daniel morgen?
b   Wir (treffen) uns am Bahnhof.
c   Uli (machen) oft Recherchen für seine Hausaufgaben oder (kaufen) DVDs im Internet.
d   Zu Weihnachten (essen) mein Vater am liebsten Gans, aber ich (essen) lieber Hähnchen.
e   Ich (benutzen) das Internet selten, aber mein Bruder (spielen) oft Computerspiele.
f   Was (tragen) du zur Party? Ich (brauchen) ein paar neue Sachen.
g   Manche Webseiten (zeigen) zu viel Gewalt.
h   Zu Weihnachten (feiern) meine Eltern gern mit der ganzen Familie, aber leider (arbeiten) meine Mutter oft zu Weihnachten.

THE IMPERFECT: REGULAR VERBS

As we saw in Unit 1B, German has two main tenses for talking about the past: the perfect and the imperfect (or 'simple past'). Apart from the most common verbs, which have familiar imperfect forms, the imperfect is generally only used in written German.
The imperfect is not a compound tense, like the perfect: it is formed of a single word:
Perfect: Ich **habe** viel Spaß **gehabt**. − *I've had a lot of fun.*
Imperfect: Ich **hatte** viel Spaß. − *I had a lot of fun.*

For regular verbs, the imperfect is formed by taking the infinitive, removing the **-en** ending and adding the imperfect endings:
stellen → stell- → ich stell**te**

ich	-te	wir	-ten
du	-test	ihr	-tet
er/sie/es	-te	sie/Sie	-ten

3 Change these sentences from the present into the imperfect tense.

a   Er spielt am Samstag Fußball.
b   Ihr kauft viel nutzloses Zeug.
c   Sie zeigen den Film am Donnerstag.
d   Du kochst für mich jeden Abend.
e   Ich besuche oft meine Großeltern.
f   Sie macht viele gute Geschäfte bei eBay.

THE IMPERFECT: IRREGULAR VERBS

However, the same irregular verbs that have a vowel change in the present tense behave differently in the imperfect also:

Infinitive	Imperfect	Infinitive	Imperfect
geben	ich gab	sein	ich war
treffen	ich traf	nehmen	ich nahm
singen	ich sang	sehen	ich sah
gehen	ich ging	fahren	ich fuhr

See pages 211-212 for a complete list.
Irregular verbs also take different *endings* to regular ones in the imperfect:
ich   gab-   wir gab**en**
du   gab**st**   ihr gab**t**
er/sie/es gab-   Sie/sie gab**en**

4 Identify which tense is used in the following sentences.

   a   Ich las einen Artikel über ihn im Internet.
   b   Er hat letztes Jahr zu Weihnachten eine Playstation bekommen.
   c   Sie lesen sehr gern Twitter und andere Blogseiten.
   d   Ihr gebt zu viel Geld in Online-Shops aus!
   e   Du wolltest doch ein neues Handy!

5 Translate the following sentences into English.

   a   Samstags gingen wir oft einkaufen.
   b   Ich traf mich mit meinen Freunden gestern Abend.
   c   Er sang an Weihnachten im Chor.
   d   Ihr machtet eure Hausaufgaben viel zu spät!
   e   Sie sagten nicht die ganze Wahrheit im Blog.

6 Replace the words in brackets with the correct dative pronouns.

   a   Ich habe es _____ gezeigt. (mein Freund)
   b   Der Rock gefällt _____ sehr. (meine Schwester)
   c   Party-Snacks schmecken _____ überhaupt nicht. (seinem Freund)
   d   Dieses Hemd passt _____ gar nicht. (ich)
   e   Die Halskette steht _____. (du)

7 Translate the sentences into German.

   a   He's showing me his new shirt.
   b   The dress really doesn't suit her.
   c   I'd like to tell you (plural) a story.
   d   I showed them the film.
   e   We don't like it (use *gefallen*).

DATIVE PRONOUNS

As we saw in Unit 2B, the names of people and objects can be replaced with pronouns to avoid repetition. The form that the pronoun takes depends on the case it is in. Verbs which convey the idea of giving or telling something to somebody (such as **geben**, **schenken**, **erzählen** and **zeigen**) are often followed by the dative, and thus require a dative pronoun.
Ich schenke meiner Mutter ein Buch. → Ich schenke **ihr** ein Buch. − *I'm giving my mother a book.* → *I'm giving **her** a book* (or: *I'm giving a book **to her**.*)

The object pronouns are:

nom.	acc.	dat.
ich	mich	mir
du	dich	dir
er	ihn	ihm
sie	sie	ihr
es	es	ihm

nom.	acc.	dat.
wir	uns	uns
ihr	euch	euch
sie	sie	ihnen
Sie	Sie	Ihnen

It is possible to use both an accusative and a dative pronoun in the same sentence:
Ich schenke **es ihr**. − *I'm giving **it** to **her**.*
The different form of the two pronouns makes it clear what is being given to whom.

FUTURE TENSE

In German, two tenses are used to say what will happen in the future: the present (which expresses a concrete fact) and the future tense (which expresses a future intention).
Ich **gehe** am Samstag einkaufen. − *I'm going shopping on Saturday.*
Ich **werde** nächstes Jahr auf viele Konzerte und Festivals **gehen**. − *I'll go to lots of concerts and festivals next year.*

The future tense is formed using the appropriate part of the verb **werden** plus the infinitive. The infinitive is sent to the end of the sentence.

8 Translate the following sentences into German using the future tense.

   a   I'll call the stadium next week.
   b   He's going to go to the Oktoberfest next year.
   c   We'll dress up for Fasching.
   d   They'll buy lots of Christmas presents.
   e   You'll spend a lot of money.

In this unit, you've learnt how to...

Beim Hören

1 Use tone both to understand what you hear and to add variety to what you say.

2 Use tone to work out if something is a question or a statement.

❏ Listen to the five sentences. Which are questions?

3 Listen out for linking words.

❏ Can you remember the German for:
  - however
  - nonetheless
  - but
  - in spite of

❏ Work in pairs. **A** asks questions, and **B** gives answers using one of the linking words.

Example:

A: Gehst du gern ins Kino?
B: Ja, das mache ich gern, aber ich hasse Krimis.

Beim Sprechen

1 Ask questions in a variety of different ways.

❏ List two different ways of turning a statement into a question in German.
❏ List five different question words in German.
❏ You want to go to a concert on Friday night. Write five sentences using the question words you listed to find out information about what's on.

2 Add examples to extend your answers and make what you say more interesting.

❏ Answer the following questions, adding examples to give detail.

Example:

A: Magst du „Die Fantastischen Vier"?
B: Ja, ich höre ihre Lieder gern, zum Beispiel im Bus auf dem Schulweg.

  - Gehst du gern auf Partys?
  - Benutzt du oft das Internet?
  - Magst du einkaufen gehen?
  - Was machst du normalerweise am Wochenende?
  - Welche Art Feste magst du?

3 Use *nicht wahr* and *oder*.

❏ Ask your partner five questions using *nicht wahr* or *oder*.

Zum Schreiben

1 You receive this email from your German exchange partner. Create a spider web with some ideas about the kinds of things you might want to include in your reply in German. For example:
   - what you did
   - what you drank
   - what you ate
   - where you went.

2 Now write your response, giving as many details as you can.

Beschreib ein britisches fest.

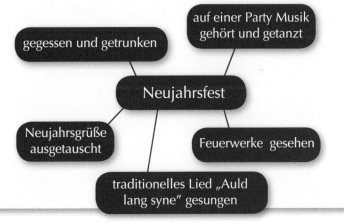

Hallo!
Wie geht's? Wir hatten letzte Woche Schulferien, weil Karneval war. Es war toll! Ich habe mich als eine Hexe verkleidet und bin auf viele Partys gegangen. Welche Feste gibt es in Großbritannien? Wie hast du neulich gefeiert?

Liebe Grüße,

Michi

Neujahrsfest
- gegessen und getrunken
- auf einer Party Musik gehört und getanzt
- Neujahrsgrüße ausgetauscht
- Feuerwerke gesehen
- traditionelles Lied „Auld lang syne" gesungen

Zum Sprechen

Wozu benutzt man Computer?

1 Work in pairs to create a survey asking your classmates about how they use computers.
   Write at least 10 questions.
   Example:
   - Hast du einen Computer zu Hause?
   - Was für Webseiten benutzt du am meisten?

2 Interview other students in the class to get their answers.

3 Produce a short oral report about computer use in your class. You can record this using the OxBox software.

Viel Erfolg!

Wie man sich mit Freunden verabredet (Seite 76–77)

der Actionfilm -e *nm*	action film
die Eisbahn -en *nf*	ice rink
der Treffpunkt -e *nm*	meeting point
erlauben *vb*	to allow
verbieten *vb*	to forbid
vor/haben *vb*	to plan, intend
vor/schlagen *vb*	to suggest
leider *adv*	unfortunately
schade *adj*	what a pity
Ich bin schon verabredet.	I already have something on.
Ich habe keine Ahnung.	I have no idea.
Wann treffen wir uns?	When shall we meet?
Was gibt's Neues?	What's new?
Was läuft?	What's on?

Wie man einkaufen geht (Seite 78–79)

das Geschenk -e *nn*	present
das Loch ˉer *nn*	hole
die Quittung -en *nf*	receipt
der Schmuck *nm*	jewellery
die Umkleidekabine -n *nf*	changing room
an/probieren *vb*	to try on
brauchen *vb*	to need
ein/laden *vb*	to invite
sich entscheiden *vb*	to decide
sich interessieren *vb* für	to be interested in
um/tauschen *vb*	to exchange
zahlen *vb*	to pay
teuer *adj*	expensive
dort drüben *adv*	over there
in der Ecke	in the corner
Er/sie/es ist zu eng.	It is too tight.
Er/sie/es passt mir (nicht).	It (doesn't) fit(s) me.
Er/sie/es steht mir gut.	It suits me.
In welcher Größe?	What size?

Wie man seine Freizeit plant (Seite 80–81)

die Ausstellung -en *nf*	exhibiton
die Einladung -en *nf*	invitation
der Eintritt -e *nm*	entrance fee
die Ermäßigung -en *nf*	reduction
der/die Erwachsene -n *nm/f*	adult
die Mannschaft -en *nf*	team
das Theaterstück -e *nn*	play
die Vorstellung -en *nf*	showing
auf/machen *vb*	to open
zu/machen *vb*	to close

insgesamt *adv*	in total
ausverkauft	sold out

Wie man über das Internet spricht (Seite 82–83)

die Gewalt *nf*	violence
das Internet *nn*	internet
die Sache -n *nf*	thing
die Webseite -n *nf*	web page
benutzen *vb*	to use
buchen *vb*	to book
herunter/laden *vb*	to download
kennen lernen *vb*	to get to know; to meet a person for the first time
verbringen *vb*	to spend (time)
einfach *adj*	simple, easy
ungerecht *adj*	unfair
gefährlich *adj*	dangerous
problematisch *adj*	problematic
problemlos *adj*	without any problems
vorsichtig *adj*	careful
höchstens *adv*	at most
trotzdem *adv*	nevertheless
ungefähr *adv*	approximately

Wie man Feste feiert (Seite 84–85)

die Achterbahn -en *nf*	rollercoaster
das Fest -e *nn*	party, festival
die Gans ˉe *nf*	goose
der Rummelplatz ˉe *nm*	funfair
der Umzug ˉe *nm*	parade
der Weihnachtsbaum ˉe *nm*	Christmas tree
der Weihnachtsmarkt ˉe *nm*	Christmas market
feiern *vb*	to celebrate
schmücken *vb*	to decorate
sich verkleiden *vb*	to dress up
statt/finden *vb*	to take place
zelten *vb*	to camp
fabelhaft *adj*	fabulous
mehrmals *adv*	several times

3B Die Medien

Weißt du schon, wie man...

- [ ] seine Meinung über Lesestoff sagt?
- [ ] die Musik vergleicht, die man früher mochte und heute mag?
- [ ] über Fernsehen spricht?
- [ ] eine Filmkritik schreibt?
- [ ] die Persönlichkeit des Jahres wählt?

Szenario

- **Wie gibt man ein Interview?**
- **Wie schreibt man eine Filmkritik oder Buchkritik?**

Mach ein Interview mit einer berühmten Person.

Kompetenzen

Beim Lesen

In German, how do you...
- use your knowledge of English to infer meaning?
- use your knowledge of German to infer meaning?
- infer meaning from the context?

Beim Schreiben

How do you...
- handle a dictionary with confidence?
- avoid repetition?
- ensure you use a variety of different sentence structures?

Aktive Grammatik

As part of your German language 'toolkit', can you...
- build relative clauses?
- construct the pluperfect tense?
- use impersonal verbs?
- use the right adjective endings when no article is present?

G Konjunktionen und Nebensätze **W** Bücher und Zeitungen **K** seine Meinung sagen

Welcher Zeitungs-Typ bist du?

1 **a)** Ich lese gern etwas über Stars.

   b) Ich denke, dass Politik interessant ist.

2 **a)** Mir gefällt Mode oder Sport.

   b) Ich möchte immer wissen, was in meiner Stadt passiert.

3 **a)** Ich mag viele bunte Fotos.

   b) Mir gefallen lange Texte.

4 **a)** Ich glaube, dass Bilder interessanter als Texte sind.

   b) Meiner Meinung nach muss man sich über alles informieren.

Schlüssel

Wenn du mehr a) gewählt hast, bist du wahrscheinlich ein geselliger* Mensch. Du solltest diese Zeitungen oder Zeitschriften lesen: *Cosmopolitan, Bild.*

Wenn du mehr b) gewählt hast, bist du sehr intellektuell. Wir empfehlen Artikel in diesen Zeitungen oder Zeitschriften: *Frankfurter Allgemeine, Der Spiegel, Die Zeit.*

Jugendmagazin hat Sophie (15) zum Thema Lesen interviewt. Hier sind ihre Antworten.

1 Weil die Autorin Bücher wie J.K. Rowling schreibt, und Jugendliche und Erwachsene lesen ihre Romane.

2 Total spannend! Das letzte Kapitel ist besonders toll. Meggies Mutter war in einem Buch verschwunden*, aber sie kommt zu ihrer Familie zurück.

3 Es geht um Mo und seine Tochter Meggie. Wenn Mo ein Buch liest, können Charaktere aus dem Buch lebendig* werden, aber lebendige Menschen verschwinden* im Buch.

4 Ich denke, dass Cornelia Funkes bekannteste Romane die drei Bände der *Tinten*-Trilogie sind. Auf Englisch heißen sie „The Inkworld Trilogy".

5 Cornelia Funke. Das ist meine Lieblingsautorin.

6 Ich glaube, der Roman *Tintenherz* ist mein Lieblingsbuch. Er ist im Jahr 2003 erschienen.

*gesellig – *sociable, gregarious*
lebendig – *alive*
verschwinden (verschwunden) – *to disappear (disappeared)*

1a 📄 Welcher Zeitungs-Typ bist du? Mach das Quiz auf Seite 92. Was ist für dich richtig – **a** oder **b**?

1b 👤 🌙 Glaubst du, dass diese Beschreibung stimmt? Warum (nicht)? Diskutiert zu zweit.

2 ⏱ Wie sagt man auf Deutsch...?

a I think that...   **c** In my opinion...
b I believe that...   **d** I like...

3 👥 🌙 Mach eine Umfrage in der Klasse. Frag deine Klassenkameraden:

- Welche Zeitungen oder Zeitschriften liest du?
- Warum?

Benutze möglichst viele verschiedene Ausdrücke, um deine Meinung zu sagen.

4 📄 *Jugendmagazin* hat Sophie zum Thema Lesen interviewt. Welche Antworten (1–6) auf Seite 92 passen zu den folgenden Fragen?

a Welcher Autor gefällt dir am besten?
b Warum sind diese Bücher deiner Meinung nach gut?
c Welches Buch ist am bekanntesten?
d Und welches Buch magst du am liebsten?
e Wovon handelt das Buch?
f Wie findest du die Handlung?

5 📄 Welche Buch-Wörter kannst du in den Fragen und Antworten von Übung 4 finden? Wie heißen sie auf Englisch?

6 🎧 Hör dir das Interview mit David an und lies die Sätze. Sind sie richtig (**R**), falsch (**F**) oder nicht im Text (**NT**)?

a Davids Familie hat ein Abonnement.
b David liest abends die Zeitung.
c Er hasst Artikel über Kunst.
d In der *Frankfurter Allgemeine* gibt es keine politischen Artikel.
e David liest Romane und Sachbücher.
f Letztes Jahr hat David einen Roman von Cornelia Funke gelesen.
g Im Roman *Der Vorleser* war die Handlung nicht langweilig.
h Davids Freundin Mia hat Bücher von Charles Dickens gelesen.

GRAMMATIK

There are two types of conjunction in German: coordinating and subordinating. Subordinating conjunctions send the verb to the end of the sentence or clause. See page 210 for further information.

7 🎧 Im Hörtext sind folgende Konjunktionen. Wie heißen sie auf Englisch? Hör das Interview noch einmal an. Sind das beiordnende (*coordinating*) oder unterordnende (*subordinating*) Konjunktionen, die das Verb ans Ende senden? Füll die Tabelle aus.

Conjunction	English translation	Coordinating or subordinating?
dass	that	subordinating
denn		
aber		
weil		
und		
als		
bevor		
während		
wenn		
obwohl		
nachdem		

8 🕐 Schreib einen Satz für jede unterordnende Konjunktion.

Beispiel: Ich glaube, **dass** *Heat* die beste Zeitschrift für Frauen ist.

Jetzt seid ihr dran!

9 👥 🌙 Imagine you are a journalist working for *Jugendmagazin* who has to write an article in German entitled *Welche Bücher lesen Jugendliche heute?* Interview three classmates and make notes. Use the questions from activity 4.

10 🕐 Use your notes from activity 9 and write your article. Remember to include interviewees' reasons for liking their chosen books. Use the expressions from activity 2. Watch out for word order!

3B Wie man die Musik vergleicht, die man früher mochte und heute mag

G Plusquamperfekt **W** Musikstile, Bands und Sänger **K** Vergangenheit und Gegenwart vergleichen

Jugendmagazin fragt:

Was gefällt euch? Was denken Jugendliche heute über Musik?

Heutzutage höre ich viel Rap, *Sido* zum Beispiel. Und *Bushido* finde ich genauso gut wie *Sido*.

Letztes Jahr habe ich aber auch Reggae gut gefunden. Mit zehn Jahren hatte ich oft die *Toten Hosen* gehört – damals mochte ich die gleiche Musik wie meine Eltern!

Ole

Mir gefällt *MIA*, und „Tanz der Moleküle" ist wirklich ein toller Song. Früher war ich *Seeed*-Fan, aber davor hatte ich mir oft Metal-CDs gekauft. Heute mag ich Metal nicht mehr so gern – das ist mir zu aggressiv und laut.

Anna

Ich höre wenig deutsche Musik, weil ich sie schlechter als englische Musik finde. Aber meiner Meinung nach sind *Wir sind Helden* fantastisch! Ich werde das neue Album zum Geburtstag bekommen. Früher gefiel mir Hiphop und davor hatte ich mir manchmal Techno-CDs gekauft. Heute lade ich aber oft Songs aus dem Internet herunter, und die höre ich dann auf meinem MP3-Player.

Mehmet

Vor zwei Jahren habe ich die *Fantastischen Vier* gemocht, und viele andere Gruppen auch, aber vor vier Jahren hatte ich manchmal *Rammstein* gehört – besonders den Bassisten, Ollie Riedel, fand ich toll. Jetzt stehe ich mehr auf *Silbermond*, weil ich die Musik kreativer finde. Ich denke, *Silbermond* ist besser als *Rammstein*.

Saskia

Wie gefällt euch *2raumwohnung*? Momentan ist das meine Lieblingsband – total talentiert! Davor hat mir *Culcha Candela* gut gefallen. Mit elf Jahren war ich mal mit meiner Schwester in ein *Ärzte*-Konzert gegangen, weil ich den Gitarristen, Farin Urlaub, so süß gefunden hatte. Heute höre ich *die Ärzte* aber nicht mehr so oft.

Hufi

1 Finde die Vergangenheitsformen dieser Meinungsausdrücke im Text.

Present	Imperfect	Perfect
ich mag	ich mochte	ich habe gemocht
ich finde		
mir gefällt		

2 Welche Musik mögen sie? Füll die Tabelle aus.

Name	Now	Before	Long ago
Ole	Rap	Reggae	Die Toten Hosen
Anna			
Saskia			
Mehmet			
Hufi			

GRAMMATIK

The pluperfect tense

The pluperfect tense is formed like the perfect tense, but instead of using the **present** tense of *haben* or *sein* followed by the past participle, you must use the **imperfect** tense of *haben* or *sein* followed by the past participle.

The pluperfect tense is used when you are talking about an event that took place **before** another event that happened in the past. See page 103.

3 Ergänze die Tabelle jetzt für Mehmet, Saskia und Hufi. Markiere die Verben im Imperfekt in Grün, die Verben im Perfekt in Orange und die Verben im Plusquamperfekt in Rot.

	What happened in the past (imperfect or perfect tense)?	What happened before the event in the past (pluperfect tense)?
Ole	Ich habe Reggae gut gefunden.	Ich hatte *die Toten Hosen* gehört.
Anna	Ich war *Seeed*-Fan.	Ich hatte oft Metal-CDs gekauft.
Mehmet		
Hufi		
Saskia		

4 Vier junge Leute sprechen über Musik. Hör gut zu und notiere:

a was den jungen Leuten **heute** gefällt
b was sie **früher** mochten
c was sie **davor** gut gefunden hatten.

Beispiel: Techno ⓑ   Rock'n'Roll ⓒ   Rap ⓐ

1 Punk ☐   Rockmusik ☐   Hiphop ☐
2 *Rammstein* ☐   *Die Ärzte* ☐   *Silbermond* ☐
3 Metal ☐   Indie ☐   Reggae ☐

5 Lies die Texte auf Seite 94 noch einmal. Wie sagt man auf Deutsch…?

a better than   b worse than   c as good as

GRAMMATIK

Revision: the comparative

Add -*er* to an adjective in German, e.g. *cooler* or *kreativer*, to say that something is cool**er** or **more** creative.
You compare two things by saying
X ist (nicht) cooler als Y (or *X ist (nicht) so cool wie Y.*)
Be careful: Some one-syllable adjectives add an umlaut (*alt − älter, groß − größer*) and others are irregular (*gut − besser*). Check in the dictionary if you are unsure.

6 Partnerarbeit. Was denkt ihr? Vergleicht und schreibt Sätze. Benutzt unterschiedliche Meinungsausdrücke.

Beispiel: Hiphop und Rap: Ich finde, Hiphop ist toller als Rap.

a Techno und Metal
b MP3-Player und CD-Player
c deutsche Gruppen und englische Bands
d Indie und Rap
e Rock und Popmusik
f schöne Sänger und gute Sänger

Jetzt seid ihr dran!

7 You are a journalist for *Jugendmagazin*. Carry out a survey in German in your class and note down the results. Ask the following questions.

- Welche Musik magst du heute? Warum?
- Welche Musik mochtest du vor zwei Jahren? Warum?
- Welche Musik hattest du vor vier Jahren gemocht? Warum?

8 Use your notes from activity 7 to write your own article for *Jugendmagazin*. Use a computer and design a magazine layout for your article.

Wie man über Fernsehen spricht

G Superlative, unpersönliche Verben **W** Fernsehsendungen

K seine Meinung über Fernsehsendungen sagen

Das Erste®	ZDF	RTL	Pro7
SERIE 20.15: Tatort	19.25: Wetten, dass…	**SERIE** 19.40: Gute Zeiten, schlechte Zeiten	**SERIE** 18.10: Die Simpsons
SERIE 18.00: Verbotene Liebe	**SERIE** 18.00: SOKO Kitzbühel *Der Götterbote*	18.00: Explosiv *Das Magazin*	**LIVE** 18.00: Newstime
SERIE 18.25: Marienhof	19.00: heute…	18.30: Exclusiv *Starmagazin*	**SERIE** 18.10: Die Simpsons *Krustys letzte Versuchung*
19.20: Das Quiz *Mit Jörg Pilawa*	19.20: Wetter	18.45: RTL aktuell *Nachrichten und Sport*	**SERIE** 18.40: Die Simpsons *Eine Frau für Moe*
19.45: Wissen vor acht	19.25: Wetten, dass… *Quizshow*	19.05: Alles, was zählt	19.10: Galileo
19.50: Das Wetter im Ersten	20.15: Kommissar Stolberg *Die zweite Chance*	19.40: Gute Zeiten, schlechte Zeiten	**FILM** 20.15: Der Schuh des Manitu
20.15: Tatort *Der Name der Orchidee*		20.15: Wer wird Millionär? *Quizshow*	

TV total – Was guckt ihr am liebsten in der Glotze?

Jugendmagazin hat mit euch gesprochen.

Früher habe ich Kindersendungen im Kinderkanal geguckt, oder Quizsendungen, zum Beispiel *Wetten, dass...?* mit Thomas Gottschalk. Damals fand ich diese Sendung von allen Quizsendungen am spannendsten. Cartoons, wie *Die Simpsons*, fand ich auch toll. Heute sehe ich aber lieber Krimis oder Horrorfilme. Ich bin auch ein Actionfilm-Fan – Actionfilme mag ich am liebsten.

Hussain

Krimis sehe ich auch gern, sie sind spannender als Actionfilme, finde ich. Aber Serien sehe ich mehr, und Reality-Shows finde ich am tollsten. Früher gab es natürlich *Big Brother*, aber *Deutschland sucht den Superstar* ist eine meiner Lieblingssendungen. Ich finde *Germany's Next Top Model* am besten. Die Sendung läuft jetzt einmal pro Woche auf Pro7, und es gab schon mehrere Staffeln. Da ist eine Gruppe von Frauen und sie wollen einen Wettbewerb gewinnen. Die Frau, die gewinnt, darf bei einer Model-Agentur arbeiten. Danach will ich immer eine Diät machen, weil die Frauen alle schöner sind als ich. Aber es tut mir Leid – Obst und Gemüse schmecken mir leider nicht so gut.

Katja

Reality-Shows sehe ich ziemlich viel, und Cartoons, aber ich finde Soaps am besten. Früher fand ich *Lindenstraße* ganz spannend. Heute gucke ich jede Folge von *Gute Zeiten, schlechte Zeiten*. Wenn ich mich bei einer Serie entspanne, geht es mir immer gut. Musiksendungen auf Viva sehe ich auch manchmal, aber Komödien sehe ich lieber. Ich finde die meisten Filme toller als Reality-Shows.

Emma

Ich gucke am liebsten Filme, die auf Arte laufen. Die anderen Kanäle sehe ich wenig. Manchmal gucke ich auch die Nachrichten, aber nicht sehr oft. Sportsendungen sehe ich öfter, aber Dokumentarfilme gefallen mir noch besser. Auf ARD laufen gerade Dokumentarfilme über Tiere in der Antarktis. Mir ist immer kalt, wenn ich das sehe.

Jakob

GRAMMATIK

Expressing feelings with impersonal verbs

Impersonal verbs are verbs which take *es* as their subject, rather than the personal pronouns *ich, du, er, sie* etc.

Es tut mir Leid. – *I am sorry.* Es geht mir gut. – *I am well.*

Es schmeckt mir. – *I like the taste.* Es gefällt mir. – *I like it.*

Mir ist kalt/heiß/schlecht. – *I feel cold/hot/sick.*

1 Mach eine Liste mit Fernsehwörtern. Wie heißen die Wörter auf Englisch? Schau dann im Wörterbuch nach.

TV vocabulary	English translation	Dictionary definition
gucken	to watch?	to watch, look
Glotze	TV?	TV (informal)
Kindersendungen	children's programmes?	children's programmes

2 Lies die vier Texte auf Seite 96. Wer sagt das?

Beispiel: Ich mag Cartoons. – Emma

a Ich mochte Cartoons, als ich jünger war.
b Ich finde Reality-Shows besser als Serien.
c Ich finde Serien besser als Reality-Shows.
d Mir gefallen Dokumentarfilme am besten.
e Ich sehe lieber Krimis als Actionfilme.
f Ich sehe lieber Actionfilme als Krimis.

GRAMMATIK

Revision: the superlative

In German, add *am ...(e)sten* to an adjective, e.g. *am tollsten* or *am interessantesten*, to say that something is '**the** great**est**' or '**the most** interesting'.

Be careful: some adjectives or adverbs are irregular. See page 00 for a list.

3 Lies die Texte auf Seite 96 noch einmal und füll die Tabelle aus.

Positive	Comparative	Superlative
toll	toller	am tollsten
spannend		
	lieber*	
	besser*	
	mehr*	

* irregular forms

4 Partnerarbeit. Schaut euch das Diagramm oben rechts an. Diskutiert folgende Fragen.

• Welche Sendungen sehen Jungen und Mädchen am meisten und am wenigsten?
• Was sehen Jungen und Mädchen gleich viel?

Was Mädchen und Jungen am liebsten sehen

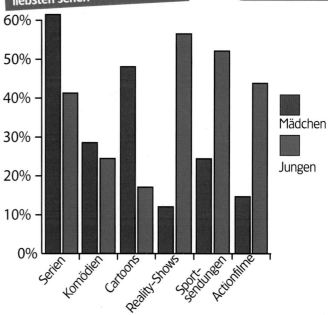

Mädchen
Jungen

5 *JuRa*, die Radiosendung für junge Leute, hat Lisa, Tim, Lea und Finn nach ihrer Meinung über Fernsehsendungen gefragt. Hör das Gespräch an und entscheide: Was finden sie besser?

Beispiel: Lisa – Kindersendungen oder Reality-Shows? = Reality-Shows

Lisa
a Reality-Shows oder Quizsendungen?
b Quizsendungen oder Krimis?
Tim
c Actionfilme oder Cartoons?
d Serien oder Sportsendungen?
Lea
e Quizsendungen oder Filme?
f Komödien oder Actionfilme?
Finn
g Musiksendungen oder Dokumentarfilme?
h Nachrichten oder Serien?

Jetzt seid ihr dran!

6 Interview your partner in German. How much television does he/she watch? Which programmes does he/she like and dislike? Why?

7a Write about your partner's likes and dislikes in German, but do not write your partner's name. Instead call him/her 'die mysteriöse Person'.

7b Pin up your texts on the classroom wall and read each other's texts. How many of the 'mysteriöse Personen' do you recognise?

G Adjektivendungen **W** Filme und Schauspieler **K** Wörterbuchbenutzung

Jetzt wieder im Kino:
Das Wunder von Bern

von unserer
Filmkritikerin
Mia N.

Achtung Kinofans! Keine Lust auf schlechtes Fernsehen? Spannender Sport interessiert euch? *Das Wunder von Bern* läuft diese Woche wieder in vielen Kinos. Der Film wurde schon im
5 Jahr 2003 gemacht, aber das Publikum will *Das Wunder von Bern* immer wieder sehen, weil es gute Unterhaltung* ist.

Warum ist *Das Wunder von Bern* so populär? Der Hauptdarsteller ist der 11-jährige Matthias
10 und die Zuschauer sehen die Handlung aus der Perspektive dieses Jungen. Der Film spielt im Jahr 1954. Richard hat viel Schwieriges erlebt*.

Er kommt nach langer Zeit zu seiner Familie zurück – zu seiner Frau Christa, seiner Tochter,
15 seinem älteren Sohn und seinem jüngeren Sohn Matthias – aber Richard hat Probleme, mit der Familie zusammenzuleben. Die Familie hat kein Geld, also bekommt sie selten* gutes Essen. Zuerst gibt es große Konflikte in der
20 Familie, aber später verstehen sich* Richard, Christa und die Kinder besser. Matthias liebt Fußball und hilft Helmut Rahn, der bei einem Fußballverein spielt. Dann passiert etwas Gutes: Richard fährt mit Matthias zum
25 Finale der Fußballweltmeisterschaft in Bern, wo Deutschland gegen Ungarn spielt. Weil Matthias im Stadion ist, kann er Helmut Rahn helfen, ein Tor zu schießen, und Deutschland wird Fußballweltmeister.

30 Louis Klamroth ist in der Rolle von Matthias exzellent und Peter Lohmeyer, der Richard spielt, ist auch ein fantastischer Schauspieler. *Das Wunder von Bern* zeigt ein realistisches Porträt von Deutschland in den fünfziger
35 Jahren. Der Film hat verschiedene Preise gewonnen, zum Beispiel den prestigeträchtigen Deutschen Filmpreis von 2004. Der Regisseur des Films, Sönke Wortmann, hat schon viele gute Filme gedreht, z.B. *Kleine Haie*
40 und *Der bewegte Mann*. Mit mehr als sechs Millionen Zuschauern in Deutschland ist *Das Wunder von Bern* einer der erfolgreichsten* deutschen Filme. Ihr mögt interessante Familiengeschichten oder guten Fußball?
45 Dann solltet ihr ins Kino gehen. Ich würde *Das Wunder von Bern* allen Leuten empfehlen*.

---

*die Unterhaltung – *entertainment*

erleben – *to experience*

selten – *rarely*

sich (gut/schlecht) verstehen – *to get on* (well/badly)

erfolgreich – *successful*

empfehlen – *to recommend*

If you don't know the meaning of a word:

1 Check if it looks or sounds similar to an English word, e.g. *populär* – popular.

2 In the case of a longer word, look at its parts, e.g. *Kinofans: Kino + Fans* – cinema fans.

3 Look at the word's context, e.g. *Schauspieler.*

Louis Klamroth ist in der Rolle von Matthias exzellent und Peter Lohmeyer, der Richard spielt, ist auch ein fantastischer Schauspieler. – *Louis Klamroth is excellent in the role of Matthias, and Peter Lohmeyer, who plays Richard, is also a fantastic actor.*

If these strategies fail, consult a dictionary.

1 Wie viele Wörter wie „populär" kannst du im Text finden?

2 Wie viele Wörter wie „Kinofans" kannst du finden?

3 Benutze die dritte Strategie, um diese Wörter und Phrasen im Text zu finden.

   a it is on (in the cinema)
   b the audience (2 words)
   c the lead/main character
   d the plot
   e the film is set in...
   f to show
   g the director of the film
   h to shoot/make a film

4 Partnerarbeit. Versteht ihr den Text? Der Text ist in drei Teilen – was steht in jedem Teil? Diskutiert zu zweit und schreibt Stichwörter auf Englisch.

GRAMMATIK

Adjective endings

If there is no German equivalent of 'the' or 'a' before the adjective and noun, remember to use the correct adjective endings, e.g. *spannender, Sport, gute Unterhaltung, schlechtes Fernsehen.* See page 103.

5 Lies den Text noch einmal. Finde Beispiele von Adjektivendungen ohne einen Artikel. Kannst du sie erklären?
Beispiel: schlechtes Fernsehen (*neut. – sing. – acc.*)

6 Interviewt eure Klassenkameraden. Was ist ihr Lieblingsfilm? Warum? Macht Notizen. Sehen Mädchen und Jungen die gleichen Filme gern oder gibt es Unterschiede? Wenn ja, welche? Warum?

TIPP

How to use the dictionary

1 Ensure you understand which part of speech you are looking for: *film* can be either a noun or a verb.

2 Check the different meanings of a word and choose the correct one: *film* can mean a membrane, a film in a cinema or a film for a camera.

3 Check for essential grammatical features of vocabulary. For nouns this includes the gender and plural, and verbs might be irregular, separable or reflexive.

7 Schreib eine Zusammenfassung von der Handlung eines Films, den du nicht magst. Sag, warum dir der Film nicht gefällt. Vorsicht bei der Benutzung des Wörterbuchs!

8 Hör zu, was Adrian über seine Lieblingsschauspielerin sagt. Sind die Sätze richtig oder falsch? Korrigiere die falschen Sätze.

   a Adrian findet die Frau in der Hauptrolle gut.
   b Sie war an drei Schauspielschulen.
   c In *Lola rennt* hat Franka Potente braune Haare.
   d Sie spricht drei Sprachen.
   e Lolas Vater ist Bankdirektor.
   f Der Film ist nicht sehr spannend.
   g *The Bourne Identity* ist mit Johnny Depp.
   h Franka Potente sieht gut aus.

Jetzt seid ihr dran!

9 With a partner, discuss in German your opinion of films that you have seen recently. Note down the aspects that you like and dislike about each film and make a list of adjectives to describe each one.

10 Write a review in German of your favourite film for *Jugendmagazin*. Use the structure of the review of *Das Wunder von Bern* and your notes from activity 8. Remember to include:

- details of the plot
- information about the actors
- your opinion of the film
- why you like the film.

G Relativsätze, Komparative und Superlative **W** berühmte Personen **K** Personen und Dinge beschreiben

Jugendmagazin sucht die Persönlichkeit des Jahres:

Florian Henckel von Donnersmarck oder Bully Herbig – wer hat die erfolgreicheren Filme gedreht?

Wer hat vielseitigere Interessen – Nina Hagen oder Heidi Klum?

Heidi Klum

- gewann 1992 einen Model-Wettbewerb
- ist das bekannteste deutsche Model
- war auf dem Cover von *Vogue*, *Elle* und *Marie Claire*
- verdiente von Juli 2006 bis Juli 2007 8 Millionen Dollar – mehr als Kate Moss
- ist Schauspielerin
- hatte Rollen in *Sex and the City* und *The Devil Wears Prada*
- designt Mode, Schuhe und Schmuck
- präsentiert *Germany's Next Top Model* im Fernsehen
- schreibt Essays für die Zeitung *Die Zeit*
- ist mit Sänger Seal verheiratet
- hat drei Kinder

Michael Herbig

- wird „Bully" genannt
- ist der berühmteste Komiker in Deutschland
- ist Autor
- hat Erfolg als Schauspieler
- war über achthundertmal im Radio
- hatte Auftritte in Fernsehshows
- ist Regisseur: seine bekanntesten Filme sind *Der Schuh des Manitu* und *Raumschiff Surprise*

Florian Henkel von Donnersmarck

- ist 1973 in Köln geboren
- ist in New York, Brüssel, Frankfurt und Berlin aufgewachsen
- spricht Deutsch, Englisch, Französisch, Russisch und Italienisch
- studierte zwei Jahre russische Literatur in Leningrad
- hat einen MA aus Oxford (Philosophie, Politik und Ökonomie)
- hat mit Richard Attenborough gearbeitet
- ist Regisseur
- schreibt Drehbücher
- hat *Das Leben der Anderen* gedreht
- hat 2007 den Oscar für den besten fremdsprachigen Film gewonnen
- lebt in Los Angeles
- hat drei Kinder
- ist 2.05 Meter groß (6'9")

Nina Hagen

- kommt aus Ostberlin
- ihr Stiefvater ist der Sänger und Songwriter Wolf Biermann
- ist Sängerin und Musikerin
- hat eine sehr starke Stimme
- ihre Stile sind Punk und New Wave
- ihr berühmtester Song ist *TV-Glotzer*
- arbeitete auch als Schauspielerin
- präsentierte TV-Shows
- lebte in Los Angeles und Paris
- hat eine Tochter (Cosma Shiva) und einen Sohn (Otis)
- protestierte gegen den Krieg im Irak
- ist Vegetarierin

1 Lies die Informationen über die berühmten Leute. Vervollständige die Sätze mit Wörtern aus dem Kasten unten.

Beispiel: Nina Hagen ist <u>die Sängerin</u>, **die** eine sehr starke Stimme hat.

a Michael Herbig ist _____, **der** auch Erfolg als Schauspieler hat.

b Nina Hagen ist _____, **die** aus Ostberlin kommt.

c Heidi Klum ist _____, **das** auf dem Cover von *Vogue* war.

d Florian Henckel von Donnersmarck und Michael Herbig sind beide _____, **die** bekannte Filme gemacht haben.

> die Sängerin   der Komiker   das Model
> Regisseure   die Schauspielerin

GRAMMATIK

Relative clauses

A relative clause is a clause that refers back to something in the main clause. It is introduced by the relative pronoun **der**, **die** or **das**. See page 102 for more information.

2 Kannst du die blau, rot, grün und orange markierten Wörter aus Übung 1 erklären? Wo ist das Verb in den Relativsätzen?

GRAMMATIK

Comparatives and superlatives before nouns

If you want to use comparative and superlative adjectives before nouns in German, remember that you need to add the usual adjective ending after the comparative (*-er*) or the superlative (*-(e)st*).

Ich lese das lange Buch. – *I'm reading the long book.*
Ich lese das längere Buch. – *I'm reading the longer book.*
Ich lese das längste Buch. – *I'm reading the longest book.*

3 Lies die Texte auf Seite 100 noch einmal. Wie viele Komparative und wie viele Superlative vor Nomen kannst du finden?

4 Ergänze die folgenden Sätze mit Komparativ- oder Superlativformen. Die Tabelle mit Adjektivendungen auf Seite 70 hilft dir dabei.

Beispiel: Ich glaube, dass Heide Klum das _____ Model ist. (schön / Superlativ) → Ich glaube, dass Heide Klum das schönste Model ist.

a Bully Herbig ist der Regisseur von kommerziell _____ Filmen als von Donnersmarck. (erfolgreich / Komparativ)

b Das Publikum mag ihren _____ Song. (berühmt / Superlativ)

c Von Donnersmarck hatte mit einem _____ Regisseur, Richard Attenborough, gearbeitet. (bekannt / Komparativ)

d Wer von den Prominenten spricht die _____ Sprachen? (viel / Superlativ)

5 Wird der Schauspieler Til Schweiger die Persönlichkeit des Jahres? *JuRa* hat ihn interviewt. Hör den Dialog an und vervollständige die Sätze.

a Til Schweiger findet es (nicht wichtig/wichtig), die Wahl zur Persönlichkeit des Jahres zu gewinnen.

b Sechs Millionen Zuschauer haben *Keinohrhasen* in (vier / sechs) Monaten gesehen.

c In *Keinohrhasen* spielt Til Schweiger einen (Journalisten / Schauspieler).

d Er war (nicht / auch) der Regisseur von dem Film.

e Er hat einen Sohn und (zwei / drei) Töchter.

f Seine Frau kommt aus (Amerika / England).

g Til Schweigers Karriere hat im (Fernsehen / Theater) begonnen.

h Er macht Filme in (deutscher / deutscher und englischer) Sprache.

Jetzt seid ihr dran!

6a Imagine you are a radio journalist interviewing a candidate for the personality of the year award voted for by listeners. Choose a celebrity or an author and list questions in German to ask him/her.

6b You are the star chosen to be interviewed by your partner, the interviewer. Make notes. B↔A

7 Do a PowerPoint presentation about your star in front of the class. Discuss which star you liked most, then vote for the personality of the year.

RELATIVE CLAUSES

A relative clause is a clause that refers back to something in the main clause.

It is separated from the main clause by a comma, and the main verb goes to the end of the clause. It starts with a relative pronoun, which is translated as 'who(m)', 'that' or 'which'. The pronoun takes its gender from the word to which it refers and its case from its role in the subordinate clause. Nominative and accusative relative pronouns are identical to definite articles.

	masc	fem	neut	plural
nom	der	die	das	die
acc	den	die	das	die

Examples:
I saw the band, which is very good, yesterday.
Ich habe **die Band, die** sehr gut ist, gestern gesehen.

(=**Die Band** ist sehr gut.)

That is the actor, whom Nicola met on Monday.

Das ist **der Schauspieler,**
den Nicola am Montag getroffen hat.

(=Nicola hat **den Schauspieler** am Montag getroffen.)

1 Complete the sentences with the correct relative pronoun.

a Ich mag die Sängerin, _____ letztes Jahr einen Preis gewonnen hat.

b Das sind die Filme, _____ mir am besten gefallen.

c Wir waren bei einem Konzert (*neut*), _____ viel zu laut war.

d Der Mann, _____ die Quizsendung präsentiert, ist sehr lustig.

e David hat viele CDs, _____ ich früher oft gehört habe.

f Wie findest du das Cover, _____ Heidi Klum zeigt?

g Der Musiker, _____ wir im Fernsehen gesehen haben, macht ein neues Album.

h Morgen kommt die Regisseurin, _____ Oliver toll findet, in unsere Stadt.

2 Write the relative clauses in German.

Example:
Das Leben der Anderen war der beste Film, (*that I have seen*). – *Das Leben der Anderen* war der beste Film, den ich gesehen habe.

a Ich habe viele DVDs, (*that are very interesting*).

b Der Sound, (*which is typical for this band*), gefällt mir nicht.

c Wir haben die CDs gefunden, (*that we like*).

d Die Musik, (*which she listens to*), ist nicht schlecht.

e Ich mag die Zeitschrift, (*which is for young people*).

f Das Festival, (*that you* (du) *visit every year*), war toll.

THE PLUPERFECT TENSE

The pluperfect tense is used for actions which took place **before** another action which happened in the past.

Example:
Samstag, 2 Uhr → Samstag, 5 Uhr → Sonntag

Er kaufte eine CD. Davor war er ins Kino gegangen.
– *He bought a CD. Before that, he had been to the cinema.*

FORMING THE PLUPERFECT TENSE

The pluperfect tense is formed like the perfect tense, but instead of using the present tense of *haben* and *sein*, you use the imperfect tense.

haben		sein	
ich	hatte	ich	war
du	hattest	du	warst
er/sie/es	hatte	er/sie/es	war
wir	hatten	wir	waren
ihr	hattet	ihr	wart
sie/Sie	hatten	sie/Sie	waren

+ past participle

3 Use the pluperfect tense to complete these sentences.

Example:
Bevor ich die CD gekauft habe, _____ ich die Gruppe auf einem Festival _____ (hören).
Bevor ich die CD gekauft habe, **hatte** ich die Gruppe auf einem Festival **gehört**.

a Die Gruppe _____ letzten Monat viel _____ (üben), aber das Konzert hat uns trotzdem nicht gefallen.

b Ulrich Mühe _____ schon viele Filme _____ (drehen), bevor er *Das Leben der Anderen* gemacht hat.

c Meine Schwester hat gestern die DVD gesehen, die ich vorgestern _____ _____ (kaufen).

d Sie hatte kein Geld, weil sie zu oft ins Kino _____ _____ (gehen).

e Als kleine Kinder _____ wir sehr viel _____ (fernsehen), aber als Jugendliche fanden wir Musik interessanter.

f Nachdem ihr in die Stadt _____ _____ (fahren), hat Samira die Zeitung gelesen.

4 Write the following sentences in the imperfect and pluperfect tenses (see page 86 for how to form the imperfect).

Example: **a** Wir hörten Rap-CDs.
　　　　　　Wir hatten Rap-CDs gehört.

a Wir hören Rap-CDs.
b Sie mag Indie sehr.
c Simon fährt zum *Silbermond*-Konzert.
d Findest du Techno gut?
e Mir gefällt Punk total.
f Steffen und Natalie gehen in die Stadt und kaufen ein neues Hiphop-Album.
g Kommst du zum Gig mit?

5 Write sentences about the music, TV programmes and films...

a you liked when you were a small child (use the pluperfect tense),
b you liked aged twelve (use the perfect or imperfect tense), and
c you like today (use the present tense).

REVISION: ADJECTIVE ENDINGS

You use the following adjective endings if there is no German equivalent of 'the' or 'a' before the adjective and noun.

	masculine	feminine	neuter	plural
nominative	spannend**er** Sport	gut**e** Unter-haltung	lecker**es** Essen	schwierig**e** Konflikte
accusative	gut**en** Fußball	schön**e** Musik	schlecht**es** Fernsehen	interessant**e** Geschichten
dative	lecker**em** Käse	lang**er** Zeit	kreativ**em** Theater	viel**en** Kinos

After words like *wenig* (a little), *etwas* (some) and *viel* (a lot) you can use capitalised adjectives like neuter nouns.

Nom: Etwas Gut**es** passiert. – *Something good happens.*
Acc: Richard hat viel Schwierig**es** erlebt. – *Richard experienced many difficult things.*

6 Translate the following sentences into German.

a I want to see **something interesting**. (*etwas + interessant*)
b That music film had **great sound**. (*toll + der Sound*)
c This is really **good cinema**! (*gut + das Kino*)
d I watched **a lot of boring things** on that channel. (*viel + langweilig*)

In this unit, you've learnt how to...

Beim Lesen

1 Use your knowledge of English to guess the meaning of German words.

❏ Can you work out what these words mean?
- filmen
- publizieren
- historisch
- die Karriere

2 Use your knowledge of single German words to guess the meaning of compound nouns.

❏ Have a go at these. Look up the components of the following words in a dictionary if necessary.
- der Serienstar
- die Filmhandlung
- der Drehbuchautor

3 Use the context to guess the meaning of unknown words.

❏ Can you work out what the words in bold in the sentences below mean?
- Sie hat ihr erstes Buch 1998 geschrieben, aber das Buch wurde erst 2001 **veröffentlicht**.
- Heute kann man drei Bücher von ihr beim **Verlag** „Penguin" kaufen.
- Die Karten für das Konzert waren sehr teuer, weil wir direkt an der **Bühne** sein wollten, um die Band gut sehen zu können.
- Ich gehe morgen zu einem Konzert, wo zwei Bands **auftreten** werden.

Beim Schreiben

1 Use a dictionary correctly.

❏ Look up the following words in a dictionary, paying attention to the small print. Then compare notes with your partner. Which information did you find that will enable you to use the words correctly? Have you identified the same possible pitfalls?
- to switch off
- to sing
- case
- can

2 Use relative clauses.

❏ Write four sentences about famous people containing relative clauses.

3 Use longer sentences by combining a main clause with a subordinate clause.

❏ Make a list of all the subordinating conjunctions you can remember, e.g. *obwohl*,... Use each conjunction to write a sentence.

4 Compare things.

❏ Write down how you say 'X is smaller/greater/more talented/more creative than Y'.

❏ Write down how you say 'X is the smallest/greatest/most talented/most creative'. Then compare your results with your partner's.

5 Use the pluperfect tense.

❏ Discuss with your partner in which situation you would use the pluperfect tense and how to form it. Then write one example sentence.

6 Vary your expression.

❏ Write down four different phrases for expressing your opinion, e.g. *Meiner Meinung nach...*

Zum Sprechen

You are entering a competition for the chance to interview a famous person of your choice for a TV programme called 'Film Heute'. For your entry, you have to write a sample interview in German.

Daniel Brühl

Martina Gedeck

Mach ein Interview mit einer berühmten Person.

1 Research the German actors Daniel Brühl and Martina Gedeck by going to www.fan-lexikon.de/film-tv/daniel-bruehl and www.martinagedeck.com or searching for other suitable German websites on www.google.de. Note down as much information as you can.

2 Write down what you would ask either Daniel Brühl or Martina Gedeck, and how you think they would answer your questions, in German.

3 Now practise the interview with a partner, each taking turns to play the celebrity, and asking additional questions based on the other person's replies.

Schreib eine Buchrezension oder Filmkritik.

Zum Schreiben

You have been asked to write a review of two books or two films for the school magazine of your German partner school.

1 Start by considering your choice of material. Which books or films have you read or seen recently that made a strong impression on you? Jot down the things that you particularly liked and disliked about them.

2 Now start to plan out your review. Note down information for each of the following points:
   - biographical information about the director(s) and actors, or the author(s)
   - plot summaries
   - comparisons between the two books or films
   - your opinion of them both – which is your favourite?

3 Can you think of anything else you'd like to include? Add it to the list.

4 Now write up your review. You should try to use all the grammatical features and skills you have practised in this unit. Try to write at least 300 words.

Viel Erfolg!

Wie man seine Meinung über Lesestoff sagt
(Seite 92–93)

das Abonnement -s *nn*	subscription
der Band ⁻e *nm*	volume (books)
die Handlung -en *nf*	plot
das Kapitel – *nn*	chapter
der Roman -e *nm*	novel
das Sachbuch ⁻er *nn*	non-fiction book
erscheinen *vb*	to be published
gehen *vb* um	to be about; to deal with
handeln *vb* von	to be about; to deal with
hassen *vb*	to hate
sich interessieren *vb* für	to be interested in
passieren *vb*	to happen
bekannt *adj*	well-known
spannend *adj*	exciting
ich denke, dass	I think that
ich glaube, dass	I believe that
ich finde	I find
meiner Meinung nach	in my opinion
mir gefällt (+ *sing*)/mir gefallen (+ *pl*)	I like

Wie man die Musik vergleicht, die man früher mochte und heute mag (Seite 94–95)

der Gitarrist -en *nm*	guitarist
die Gruppe -n *nf*	group
der Musikstil -e *nm*	music genre
der Sänger – *nm*	singer
der Schlagzeuger – *nm*	drummer
herunter/laden *vb*	to download
stehen *vb* auf	to be into
vergleichen *vb* mit	to compare with
kreativ *adj*	creative
talentiert *adj*	talented
damals *adv*	at that time
danach *adv*	afterwards
davor *adv*	beforehand
früher *adv*	earlier/in the past
heutzutage *adv*	nowadays
besser als	better than
schlechter als	worse than
(genau)so gut wie	as good as
mit zehn Jahren	at the age of ten
vor zwei Jahren	two years ago

Wie man über Fernsehen spricht (Seite 96–97)

die Folge -n *nf*	episode
die Glotze -n *nf*	TV (colloquial)
der Kanal ⁻e *nm*	channel
der Krimi -s *nm*	thriller; detective programme
der Moderator -en *nm*	presenter
die Nachrichten *fpl*	news
die Sendung -en *nf*	programme
die Staffel -n *nf*	season (TV)
der Wettbewerb -e *nm*	competition
gucken *vb*	to watch
laufen *vb*	to be on (e.g. on TV)
blöd *adj*	stupid
unterhaltsam *adj*	entertaining
wenig *adj*	little; few
mehr	more
am meisten	the most
am besten	the best
ich mag am liebsten	I like the most

Wie man eine Filmkritik schreibt (Seite 98–99)

der Hauptdarsteller – *nm*	lead
der Preis -e *nm*	prize
das Publikum *nn*	audience
der Regisseur -e *nm*	film director
die Rezension -en *nf*	review
der Schauspieler – *nm*	actor
der Zuschauer – *nm*	cinema/theatre goer
(Filme) drehen *vb*	to make films
zeigen *vb*	to show
in der Rolle von	in the role of
aus der Perspektive von	from the perspective of
Der Film spielt 1954.	The film is set in 1954.
Peter Lohmeyer spielt Richard.	Peter Lohmeyer plays Richard.

Wie man die Persönlichkeit des Jahres wählt
(Seite 100–101)

der Auftritt -e *nm*	appearance
die berühmte Persönlichkeit -en *nf*	celebrity
das Drehbuch ⁻er *nn*	script; screenplay
der Erfolg -e *nm*	success
der Höhepunkt -e *nm*	peak; climax
der Komiker – *nm*	comedian
der Prominente -n *nm*	celebrity
auf/wachsen *vb*	to grow up
erfinden *vb*	to invent
kommen *vb* aus	to come from
sich trennen *vb*	to separate
wählen *vb*	to choose; to elect; to vote for
berühmt *adj*	famous
verheiratet *adj*	married
vielseitig *adj*	versatile

4A Urlaub und Austausch

Weißt du schon, wie man...

- ☐ sich ein Urlaubsziel aussucht?
- ☐ einen Urlaub bucht?
- ☐ seine Meinung über einen Urlaub sagt?
- ☐ einen Austausch plant?
- ☐ einen Urlaub beschreibt?

Szenario

- **Wie plant man einen Aufenthalt in Deutschland?**
- **Schreib eine Broschüre über ein Urlaubsziel.**

Schreib eine Broschüre über ein Urlaubsziel.

Kompetenzen

Beim Sprechen

In German, how do you...
- make suggestions using *könnte* and *sollte*?
- give your opinion in a variety of different ways?
- complain when something is unsatisfactory?

Beim Hören

How do you...
- use transcripts to develop your listening skills?
- listen for different tenses?
- predict what will come next?
- prepare for the listening exam?

Aktive Grammatik

As part of your German language 'toolkit', can you...
- use the conditional?
- use different tenses to describe past, present and future events?
- use infinitive constructions?

G der Konditional   **W** einen Urlaub wählen   **K** Vorschläge machen

A

4 Tage Berlin - nur 259 Euro!

Entdecken Sie mit uns die Kultur der deutschen Hauptstadt:

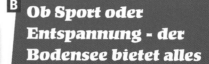

- Besuchen Sie den neuen Reichstag.
- Besichtigen Sie die Reste der Mauer*.
- Genießen Sie die vielen Museen und Galerien auf der Museumsinsel.
- Kaufen Sie auf dem Ku'damm ein.

Zugfahrt und 3 Übernachtungen mit Frühstück sind im Preis inbegriffen. Gerne bestellen wir auch Theater- oder Konzertkarten für Sie. www.schmidtreisen.de

> * die Reste der Mauer – *the remains of the Berlin Wall*

B

Ob Sport oder Entspannung - der Bodensee bietet alles

7 Nächte Halbpension nur 429 Euro!

Die Familie Schlink heißt Sie in ihrem Hotel in Lindau direkt am Bodensee willkommen.

Das Hotel bietet:

- direkten Zugang* zum See
- eine schöne Liegewiese*
- zwei Feinschmeckerrestaurants
- eine Wassersportanlage
- Wanderungen in den Weinbergen* rund um den See.

Für Reservierungen melden Sie sich bei www.hotelschlink.de

> * der Zugang – *access*
> die Liegewiese – *sunbathing lawn*
> der Weinberg – *vineyard*

C

Namibia - das Beste Afrikas

Namibia Tours bietet eine Abenteuer-Safari im wunderschönen Herzen Afrikas:

- 10 Übernachtungen auf verschiedenen Safari Lodges in der namibischen Wüste
- Wandertouren zu Fuß
- Jeep-Safari, um die Wüstenelefanten zu sehen
- Besuch der höchsten Sanddünen der Welt.

Alles nur zu einem Preis von 1899 Euro pro Person. Melden Sie sich an bei www.namibiatours.de

D

Wollen Sie Abenteuer erleben? Dann kommen Sie nach Zermatt!

Vielleicht kennen Sie Zermatt schon als das Skiparadies der Schweiz. Aber haben Sie gewusst, was im Sommer alles los ist...?

- Radfahren
- Sommerski
- Wandertouren
- Klettern
- Gleitschirmfliegen mit Begleiter
- Sommerski.

Erfahren Sie mehr über das Sommerparadies in den Schweizer Alpen unter www.zermatt.ch

1 📖 Lies die vier Anzeigen aus einer Reisebroschüre. Wie sagt man auf Deutsch...?

a relaxation
b climbing
c adventure
d various
e desert
f highest in the world

2 📖 Welches Reiseziel ist am besten für die folgenden Aktivitäten?

Beispiel: **a** Berlin

a visiting cultural sites
b swimming
c relaxing
d admiring the beautiful landscape
e seeing animals
f hiking
g sport
h seeing works of art
i experiencing a different culture

3 🎧 Hör gut zu. Welche Person hat die folgenden Prioritäten – Jens, Maria, Thorsten oder Sonia?

Beispiel: **a** Maria

a I don't need to stay in expensive accommodation.
b I want a bit of luxury.
c I want to have a rest.
d I want to see the sights.
e I only want to go away for a couple of days.
f I want to go skiing.
g I want a complete change.
h I want to go abroad.
i I want to do sport.
j I want to eat well.

TIPP

When giving advice, use **könnte** or **sollte** to say what someone could or should do:

David sollte nach Zermatt fahren, weil er gern Ski fährt. – *David should go to Zermatt because he likes skiing.*

Sara könnte nach Berlin fahren, weil sie gern Museen besucht. – *Sara could go to Berlin because she likes visiting museums.*

---

4 🗣️ Partnerarbeit. Seht euch noch einmal die Anzeigen aus der Reisebroschüre an. Wohin könnten Jens oder Maria fahren? Was sollten Thorsten oder Sonia machen? Diskutiert und schreibt Sätze.

GRAMMATIK

The conditional

The conditional is used to say what you **would** do. It is formed with the conditional of **werden** (**würden**), plus the infinitive of the verb you wish to use.

Ich **würde** nach Afrika **fahren**. – *I would go to Africa.*

Werden is conjugated as follows in the conditional:

ich würde	wir würden
du würdest	ihr würdet **+ infinitive**
er würde	sie/Sie würden

For some of the most common German verbs, the imperfect subjunctive (which has a shorter form) is frequently used with the same meaning: *ich würde sein = ich wäre, ich würde haben = ich hätte.*

Es **wäre** fantastisch, wenn ich viel Geld **hätte**. – *It would be fantastic if I had a lot of money.*

---

5 🎧 Hör gut zu. Wohin würden diese Personen fahren? Was würden sie dort machen? Füll die Tabelle aus.

	Destination	Activity
Sven		
Erika		
Dirk		
Carola		

Jetzt seid ihr dran!

6a ✍️ Write a list of questions in German to ask your partner about their holiday preferences.

Example: Welche Aktivitäten machst du am liebsten?

6b 🗣️ Interview your partner and suggest where they should go. Then swap roles.

Du würdest...	fahren.
Du könntest...	besuchen.
Du solltest...	machen.

7 ✍️ Write your own holiday brochure advert, either for somewhere near where you live or for somewhere you have visited. Include details of:

- length of trip
- cost
- activities
- accommodation.

G Satzbau **W** Reservierungen machen **K** Zeitformen erkennen

1 🎧 Hor gut zu. Anna ruft beim Verkehrsamt in Lindau an. Welche Fragen und Antworten passen zusammen?

Beispiel: **1 b**

1 Welche Sehenswürdigkeiten gibt es?
2 Welche Sportmöglichkeiten gibt es?
3 Wann ist das Freibad geöffnet?
4 Welche Ausflüge kann man machen?
5 Was kann man abends machen?
6 Welche anderen Aktivitäten gibt es?
7 Können Sie mir einige Auskünfte zuschicken?

a Jeden Tag von 10 bis 19 Uhr.
b Sie können den Hafen und das Rathaus besichtigen.
c Sie sollen auf alle Fälle eine Schifffahrt auf dem See machen.
d Wir haben ein Kino, Diskos, Konzerte mit klassischer Musik und viele Kneipen.
e Es gibt ein Freibad, eine Wasserskischule und einen Tennisplatz.
f Ich schicke Ihnen eine Broschüre.
g Schaffhausen ist einen Besuch wert.

Sehr geehrte Familie Schlink,

ich habe Ihre Anzeige in der Zeitung gesehen und würde gern ein Zweibettzimmer und ein Einzelzimmer mit Dusche für die Woche vom 21.–28. Juni in Ihrem Hotel reservieren. Wir hätten gern ein Zimmer mit Seeblick, wenn möglich. Wir fahren mit dem Zug nach Lindau – wie kommen wir am besten vom Bahnhof zum Hotel? Wie weit ist das Hotel von der Stadtmitte entfernt?

Ich interessiere mich sehr für Wassersportarten und würde mich über weitere Informationen über Ihre Hotelanlage freuen. Meine Mutter würde gern eine Schifffahrt auf dem See machen – haben Sie eine Broschüre darüber? Ich komme auch mit einer Freundin, und wir möchten gern wissen, was man abends in Lindau machen kann.

Mit freundlichen Grüßen,

Anna Lehmann

2 🕐 Anna hat eine E-Mail ans Hotel Schlink geschrieben, um ihren Urlaub in Lindau zu buchen. Wie sagt man auf Deutsch...?

a I'd like a room with a sea view.
b How far is...?
c information about
d a boat trip
e Do you have a brochure about it?
f I am interested in...

> **TIPP**
>
> **Recognising tenses**
>
> Recognising different tenses can help you predict the right answers in reading and listening tasks. Remember that the perfect tense is formed using the verb **haben** or **sein**, plus a past participle, which generally begins with **ge-** and ends with **-t** or **-en**, e.g. *gemacht, gefahren*.
>
> The future is formed using the verb **werden**, plus an infinitive.
>
> So, if you hear *er **ist** gewandert*, you know that the action took place in the past, even if you don't know what the verb *wandern* (to hike) means. If you hear *er **wird** wandern gehen*, you know that the action lies in the future.

3a 👥📖 Partnerarbeit. Lest die folgenden Satzanfänge. Wie werden eurer Meinung nach die Sätze enden?

Beispiel: **1** – likely to end with a past participle, probably meaning 'read' or 'saw'.

1 Anna hat in der Zeitung...
2 Anna möchte eine Woche...
3 Anna fährt...
4 Anna findet Wassersportarten...
5 Anna möchte mehr...
6 Annas Mutter...

3b 📖 Findet jetzt die richtige Endung für jeden Satz.

a ...bleiben.
b ...aufregend.
c ...über die Wassersportanlage wissen.
d ...über das Hotel gelesen.
e ...möchte eine Schifffahrt machen.
f ...mit ihrer Mutter und einer Freundin.

4 🔊 Hör dir das Telefongespräch zwischen Herrn Schlink und Anna an. Notiere auf Englisch, welche Aktivitäten in der Vergangenheit, im Präsens und in der Zukunft sind.

Activity	Past	Present	Future
Received email	✓		

5 👩📖 Partnerarbeit. **A** kommt aus Deutschland und möchte Auskunft über eure Stadt. **B** arbeitet auf dem Verkehrsamt. Entwerft einen Dialog. Übung 1 hilft euch dabei.

6 🔊 Hör gut zu. Annas Freund Ludger ruft an, um seinen Urlaub in Namibia zu buchen. Sind die Aussagen richtig oder falsch? Verbessere die falschen Aussagen.

a Ludger hat in der Zeitung über die Safaritour gelesen.
b Er will am 16. Juli fahren.
c Der Flug am Freitag ist schon ausgebucht.
d Ludger muss einen Tag früher fliegen.
e Er muss in Frankfurt umsteigen.
f Ludger bucht ein Doppelzimmer in Windhoek.
g Ludger zahlt mit Kreditkarte.
h Ludger weiß nicht genau, was er für die Tour braucht.
i Ludger wird mehr Auskunft in einem Brief bekommen.
j Ludger hat schon einen Safariurlaub gemacht.

NAMIBIA TOURS

Sehr geehrter Herr Hauer,
vielen Dank für Ihre Reservierung.
Wir bestätigen hiermit Ihre Tour nach Namibia, inklusive Flug LH 411 am Donnerstag, den 25. Juli, von Frankfurt nach Windhoek.
Wir haben auch ein Zimmer im Hotel Fürstenhof in Windhoek für die Nacht vom 26. Juli reserviert. Das Hotel befindet sich in der Stadtmitte und hat ein Schwimmbad, ein Restaurant und eine Gartenterrasse. Alle Zimmer verfügen über Fernseher und Klimaanlage. Am besten nehmen Sie ein Taxi zum Hotel.
Hier auch ein paar Tipps für Ihren Urlaub: Vergessen Sie nicht, Ihren Reisepass zu überprüfen. Er muss noch sechs Monate gültig sein. Bringen Sie bitte einen Schlafsack und Wanderschuhe mit. Abends kann es kalt werden – packen Sie ein paar Pullis ein. Denken Sie an die Impfungen, die Sie brauchen.
Wir wünschen Ihnen viel Spaß in Namibia!
Ihre Namibia-Tours-Team.

---

7 📧 Lies die Bestätigungsmail von Namibia Tours. Füll die Lücken mit Wörtern aus dem Kasten aus. Schau neue Vokabeln im Wörterbuch nach.

a Der Flug ist im Preis der Tour _____.
b Das Hotel liegt sehr _____.
c Jedes Zimmer ist _____.
d Namibia Tours empfiehlt ihm, ein Taxi zum Hotel zu _____.
e Für die Nächte braucht Ludger einen _____.
f Ludger muss _____ Kleidung mitbringen.
g Vor der Abreise muss Ludger vielleicht zum _____.

> Arzt   Flughafen   nehmen   Reisepass
> bequeme   inbegriffen   Schlafsack   warme
> fahren   klimatisiert   teuer   zentral

Jetzt seid ihr dran!

8 👩🧑 Using the adverts on page 108, prepare two dialogues with a partner. **A** calls the tourist information office in either Zermatt or Berlin to ask about booking a holiday there. Use the pictures below for some ideas for questions. **B** works in the tourist information office and gives the answers.
B↔A

1   **2**

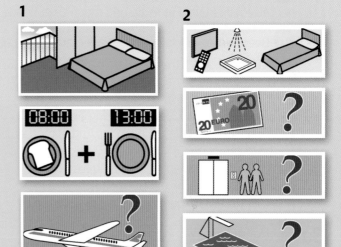

9 ⏱ Now write an email to book your holiday in either Berlin or Zermatt. Make sure you specify your accommodation requirements and include at least three questions.

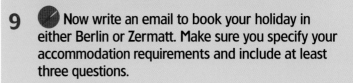

4A Wie man seine Meinung über einen Urlaub sagt

G Meinungsausdrücke in der Vergangenheit **W** einen Urlaub beschreiben
K deine Meinung äußern; dich beschweren

Hallo, Anna!

Ich bin jetzt aus Namibia zurück. Es war wunderschön dort. Das Wetter war herrlich und die Landschaft war bezaubernd. Wir sind ziemlich viel gereist und haben die Hauptstadt Windhoek und auch die Landschaft rundherum gesehen. Die Wüste* hat mir am besten gefallen, weil wir dort die Elefanten gesehen haben – fantastisch!

Die anderen Touristen in der Gruppe waren alle sehr freundlich und der Reiseleiter war sehr informativ. Zelten hat auch Spaß gemacht, obwohl es nachts ein bisschen kalt war. Aber es war schön, im Freien* zu schlafen, und das Personal hat auch leckere Mahlzeiten zubereitet. Wenn du das nächste Mal vorbeikommst, zeige ich dir die Fotos.

Ich hoffe, du hast dich auch am Bodensee gut amüsiert!

Bis bald,

Dein Ludger

> * die Wüste – *desert*
> im Freien – *in the open air*

Hallo, Ludger,

Danke für die E-Mail. Mein Urlaub war okay, aber das Hotel war einfach furchtbar. Wenn du je an den Bodensee fährst, übernachte nicht im Hotel Schlink! Der Fernseher in meinem Zimmer war kaputt und der Aufzug war außer Betrieb* – das war ein Problem für Mutti, da unsere Zimmer im fünften Stock waren. Das Essen im Hotel war ekelhaft*, und es gab nur ab und zu heißes Wasser. Außerdem war im nächsten Zimmer eine Familie mit Baby, und es hat die ganze Nacht geweint. Ich konnte überhaupt nicht schlafen – schrecklich!

Lindau hat mir aber gut gefallen. Die Stadt ist sehr hübsch, und man konnte viel unternehmen. Ich bin zum ersten Mal Wasserski gefahren, und das war sehr lustig. Wir haben auch ein paar herrliche Ausflüge gemacht. Ich würde gern deine Fotos sehen – wenn du Zeit hast, können wir uns am Wochenende treffen.

Bis dann,

Anna

> * außer Betrieb – *out of order*
> ekelhaft –*disgusting*

1 In den zwei Texten gibt es viele positive und negative Adjektive. Finde sie und mach zwei Listen.

2 Beantworte die folgenden Fragen auf Englisch.

a What did Ludger think of Namibia?
b What does he say about the scenery?
c What did he enjoy the most?
d What did he think of the camping experience?
e What was a specific problem for Anna's mother in the hotel?
f What other problems did Anna have?
g What did she think about Lindau?
h What positive experiences did she have there?

3a Hör gut zu. Was sagen diese Personen über ihren Urlaub? Füll die Tabelle aus.

	Where?	Positive aspects	Negative aspects
Peter			
Anja			
Thorsten			
Sara			
Michael			

TIPP

Giving your opinions

Try to use a wide range of vocabulary to give your opinions – don't just use *gut* or *interessant* all the time. Keep a list of useful adjectives and learn them – this will help you add colour to what you say.

Use *weil*, *obwohl*, and *da* to justify your opinions.

Der Urlaub in Namibia war total spannend, **weil** es dort so viel zu sehen und zu tun gab. – *The holiday in Namibia was really exciting because there was so much to see and to do there.*

3b Hör noch einmal zu. Welche anderen Adjektive kannst du dir merken? Füg sie der Liste aus Übung 1 hinzu.

GRAMMATIK

Opinions about past events

Use the following expressions in the perfect tense to give opinions about past holidays.

...**hat mir** gut/nicht gut **gefallen**. – *I liked/didn't like...*

...**hat mir** (sehr viel) **Spaß gemacht**. – *...was (really) good fun.*

Use the imperfect to give descriptions and say how things were.

Die Landschaft **war** bezaubernd. – *The landscape was enchanting.*

Ich **fand** die Leute sehr nett. – *I found the people very nice.*

4 Mach eine Umfrage zum Thema Urlaub in deiner Klasse.

Beispiel:

A: Wohin bist du in den Ferien gefahren?
B: Ich bin nach Schottland gefahren.

A: Was hat dir gefallen?
B: Die Landschaft hat mir gefallen, weil sie beeindruckend war.

A: Was hat dir nicht gefallen?
B: Das Wetter hat mir nicht gefallen, weil es kalt war.

5 Schreib ein paar Sätze über die Ergebnisse der Umfrage. Vergiss nicht, *ihm* oder *ihr* zu benutzen.

Beispiel: Michael ist nach Italien gefahren. Das Hotel hat ihm gefallen, weil...

6a Hör gut zu. Annas Mutter ruft beim Hotel Schlink an, um sich zu beschweren. Welche Vorschläge macht der Hoteldirektor? (2 Dinge)

6b Hör noch einmal zu. Wie sagt man auf Deutsch...?

a I'd like to speak to the hotel manager.
b to complain
c What is it about?
d I'll put you through.
e I'm terribly sorry.
f to give somebody something
g special offer
h reduction

7 Partnerarbeit. **A** ist der Kunde/die Kundin, und **B** ist der Vetreter des Reiseveranstalters *(tour rep)*. Entwerft Dialoge. **B↔A**

- **A** should explain what the problems were.
- **B** should suggest reparation and negotiate a satisfactory arrangement.

Customer	Tour representative
Spent a week at a campsite in the Schwarzwald and wants to complain: • showers out of order • swimming pool filthy • other people on campsite noisy.	Wants to make amends and proposes: • a bottle of wine • a week's free holiday • a reduction on the bill.

Jetzt seid ihr dran!

8 Prepare a one-minute presentation about holidays. Include the following points.

- Where you usually go on holiday.
- Your priorities for a good holiday.
- A recent holiday – where you went, where you stayed, what you did.
- What you did and didn't enjoy on your holiday.
- Where you will go on holiday next year.
- Where you would go if money was no object.

Record your presentation using the OxBox software.

9 Write a letter complaining about problems with your accommodation during your holiday. Follow this model for how to start and end your letter:

Sehr geehrter Herr Braun,

ich habe gerade eine Woche in Ihrem Hotel verbracht und war überhaupt nicht zufrieden...

...

Mit freundlichen Grüßen,

Birgit Bremer

G Verben mit „zu" **W** einen Austausch plannen **K** eine Niederschrift (*transcript*) lesen

Sebastian: Hallo, Naomi, wie geht's?

Naomi: Gut, danke, Sebastian. Ich freue mich auf den Austausch nächste Woche.

Sebastian: Ich mich auch. Ich habe ein paar Fragen für dich. Gibt es etwas, was du nicht isst? Bist du zum Beispiel Vegetarierin?

Naomi: Nein, aber ich esse nicht so gern Fisch.

Sebastian: Ich auch nicht, das ist also kein Problem. Ich möchte auch etwas für das Wochenende planen, aber du machst schon Ausflüge mit deiner Klasse, nicht wahr?

Naomi: Das stimmt. Hast du das Programm noch nicht bekommen?

Sebastian: Nein, ich weiß nur, du kommst am Freitag mit mir in die Schule. Das ist mein Lieblingstag, weil ich zwei Stunden Sport habe.

Naomi: Gut, dass ich das weiß – ich werde also meine Turnschuhe mitbringen. Ich kann dir das Programm für die Woche mailen. Ich weiß, dass wir einen Tag nach Köln fahren und ins Museum gehen und dass wir auch die Burg Eltz besichtigen.

Sebastian: Ach, die Burg Eltz ist wunderschön. Hier in Koblenz gibt es auch eine Eisbahn. Kannst du Schlittschuh laufen?

Naomi: Nein, aber ich möchte es lernen.

Sebastian: Gut – vielleicht machen wir das. Schick mir das Programm und ich werde mit meinen Eltern einen Plan fürs Wochenende besprechen.

Naomi: Toll! Bis bald, Sebastian!

Sebastian: Ja. Bis Donnerstagabend! Tschüs.

---

1 Hör gut zu. Naomi fährt nächste Woche im Rahmen eines Schüleraustauschs nach Deutschland. Ihr Austauschpartner Sebastian ruft an. Bring die Gesprächsthemen in die richtige Reihenfolge.

a Programm für die Woche
b Essen
c Besuch in Köln
d Eisbahn
e Tag in der Schule

2 Hör noch einmal zu. Sind die Aussagen richtig oder falsch?

a Naomi fährt am nächsten Tag nach Deutschland.
b Sebastian isst nicht gern Fisch.
c Sebastian weiß noch nicht genau, welche Pläne die Klasse für die Woche hat.
d Sebastian freut sich, dass Naomi mit in die Schule kommt.
e Naomi muss ihre Sportsachen mitnehmen.
f Naomi hat keine Ahnung, was für Ausflüge die Klasse macht.
g Naomi will nicht Schlittschuh laufen.
h Sebastian will mit seinen Eltern über das Wochenende sprechen.

TIPP

Using transcripts

Reading a transcript is a good way of attuning your ear to German pronunciation. It helps you identify words you may not have heard clearly or understood. When reading, it is easier to identify individual words and use the similarities between German and English to guess the meaning of words that sound totally unfamiliar when spoken.

The following words are good examples. Ask your teacher to read them out: *das Theater, das Bad, der Zoo, der Strand.*

3 Hör dir das Gespräch zwischen Naomi und Sebastian noch einmal an und lies den Text.

a List any words you understand when you read them, but which you missed when listening.
b Correct any answers you got wrong, using the transcript to help you.

Hallo, Naomi,

Danke für das Programm. Ich habe mit meinen Eltern gesprochen und wir haben ein paar Ideen für das Wochenende. Wenn das Wetter schön ist, könnten wir am Samstag nach Boppard fahren. Meine Mutter hat vor, ein Picknick zu machen, und wir können dort auch mit dem Sessellift den Berg hochfahren. Wenn wir Zeit haben, können wir auch eine Schifffahrt auf dem Rhein machen. Am Samstagabend schlage ich vor, mit dir auf die Eisbahn zu gehen. Du kannst dann lernen, Schlittschuh zu laufen, wenn du möchtest. Meine Freunde werden mitkommen und wir überlegen uns, ob wir vorher ins Eiscafé gehen sollen.

Am Sonntag schlagen wir vor, ins Phantasialand zu fahren. Das ist ein großer Vergnügungspark in der Nähe von Köln. Am Sonntag ist dort nicht so viel los. Unter der Woche werden wir in den Jugendklub gehen, wenn ich nicht zu viele Hausaufgaben habe, und unser Lehrer hofft, für den letzten Abend eine Party zu organisieren. Ich bin sicher, das wird alles Spaß machen!

Bis bald! Dein Sebastian

GRAMMATIK

Verbs with *zu*

Many German verbs expressing a hope, plan or intention introduce a second clause containing a verb in the infinitive. This verb is always preceded by the preposition *zu*.

Sebastian **hofft**, nach Boppard **zu** fahren. − *Sebastian hopes to go to Boppard.*

Other examples: vorschlagen (*to suggest*), planen (*to plan*), vorhaben (*to intend*), daran denken (*to think about*).

Note that *zu* is not required with modal verbs.

Sebastian **will** nach Boppard fahren. − *Sebastian wants to go to Boppard.*

4a In welcher Reihenfolge schlägt Sebastian die folgenden Aktivitäten vor?

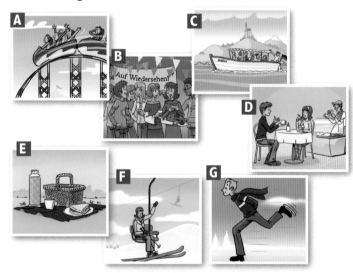

4b Lies die E-Mail von Sebastian. Was passt zusammen?

1 Sebastian schlägt vor,
2 Die Familie wird im Freien
3 In Boppard gibt es
4 Vor dem Besuch auf der Eisbahn
5 Phantasialand ist nicht weit
6 Phantasialand ist am Sonntag
7 Es wird hoffentlich am letzten Abend

a einen Sessellift.
b nicht so voll.
c am Samstag nach Boppard zu fahren.
d von Köln.
e essen.
f ein Fest geben.
g möchte Sebastian ins Eiscafé gehen.

5 Lies die E-Mail noch einmal und schreib Sätze über Sebastians Pläne. Das *zu* nicht vergessen!

a Sebastian schlägt vor,…
b Sebastian plant,…
c Sebastian hat vor,…
d Sebastian denkt daran,…

Jetzt seid ihr dran!

6 Work with a partner to create a dialogue between two students before an exchange. Prepare a list of questions to ask. Include:

- Food likes and dislikes.
- Plans for the weekend.
- Plans for the week.
- At least two further questions.

7 Write an email to your German exchange partner about your forthcoming visit. Include:

- what you would like to do during your stay
- at least two questions about the school day
- some suggestions for the return visit to you.

G verschiedene Zeitformen benutzen **W** einen Urlaub beschreiben

K Personen und Dinge näher beschreiben

Mein Austausch in Koblenz

Am 12. März sind 30 nervöse Schüler aus Leeds in den Bus gestiegen, um eine Woche hier bei unseren deutschen Partnern in Koblenz zu verbringen. Sechzehn Stunden später waren wir in Deutschland. Alle Sorgen waren umsonst* – es hat uns hier am Thomas-Mann-Gymnasium sehr gut gefallen.

Am Donnerstagabend sind wir angekommen, und am Freitag mussten wir gleich in die Schule gehen. Es war ein Schock, dass der Unterricht schon so früh beginnt, aber wir haben das alle überlebt und waren froh, keine Schuluniform tragen zu müssen. Ich bin mit meinem Partner Nils in den Unterricht gegangen und habe Physik, Sport, Latein und Englisch gelernt. Englisch war mein bestes Fach!

Ich habe das Wochenende bei Nils verbracht. Wir sind nach Heidelberg gefahren und haben dort das Schloss besichtigt und eine Schifffahrt auf dem Neckar gemacht. Ich habe auch ein paar Andenken* für meine Familie gekauft. Nils Bruder studiert an der Universität dort und hat uns die Stadt und sein Lieblingsrestaurant gezeigt. Dort haben wir typisch deutsche Spezialitäten gegessen – Rinderbraten und Rotkohl. Lecker!

Auch unter der Woche haben wir Ausflüge gemacht, und wir sind alle mit unseren Partnern zusammen nach Köln gefahren. Dort haben wir das Römermuseum und den Dom besucht. Das Römermuseum hat mir nicht so gut gefallen, weil es ein bisschen langweilig war, aber der Dom war beeindruckend. Der Besuch im Schokoladenmuseum hat mir am besten gefallen, weil ich sehr gern Schokolade esse.

Morgen fahren wir wieder nach Hause. Die Woche ist wirklich schnell vorübergegangen! Heute Abend gibt es ein großes Fest und dann müssen wir uns verabschieden. Aber wir werden unsere Partner bald wiedersehen, wenn sie uns in acht Wochen in Leeds besuchen. Das wird sicher auch eine tolle Woche sein und wir freuen uns alle darauf.

* alle Sorgen waren umsonst – *all worries were unfounded*

1 Naomi macht ein Interview für die Webseite der deutschen Schule, die sie für eine Woche besucht hat. Hör zu und beantworte die Fragen auf Englisch.

a What is Naomi's overall opinion of her week in Germany?

b Why?

c What did she enjoy most?

d What positive things does she mention about the German school?

e What did she find negative about it?

f What difference did she notice between Germany and Britain regarding eating habits?

g How does she compare the two countries with regard to the environment?

2 Naomis Freund Mark schreibt einen Artikel über den Austausch für die Schülerzeitung. Lies den Text.

Wie sagt man auf Deutsch...?

a straight away

b We survived.

c souvenirs

d It has gone really quickly.

e to say goodbye

f We are looking forward to it.

TIPP

Answering multiple-choice questions

Even if you do not understand every single word in a reading text, you should still be able to make educated guesses when answering multiple-choice questions.

First read the question and answer options carefully to establish which type of information is required and what the answers are likely to be. This should help you eliminate answers that are obviously nonsensical.

Then read the text and try to establish the general mood and opinions. This should enable you to narrow down your choices to home in on the most likely answer.

3 Wähl für jede Frage die richtige Antwort.

1 How did the English students feel before they left?
 a scared
 b sensible
 c patient

2 Where did they go on the day after their arrival?
 a to the Roman museum
 b to school
 c to the cathedral

3 What did Mark buy for his family?
 a German specialities
 b sweets
 c souvenirs

4 What is Mark looking forward to?
 a the German students' visit
 b the party
 c his return to England

GRAMMATIK

Question words

Revise the most common question words in German. Understanding questions in listening and reading comprehensions will help you focus on the information you need when answering exam questions.

Can you remember what the following mean? Beware of false friends!

Wann?	*Was?*	*Welche?*	*Wie lange?*
Warum?	*Was für...?*	*Wie?*	

4 Formuliere Fragen an Mark mit den Fragewörtern aus der **Tipp**-Box.

 a ...hast du in Heidelberg gemacht?
 b ...bist du angekommen?
 c ...deutsche Spezialitäten hast du gegessen?
 d ...hat dir am besten gefallen?
 e ...bist du gefahren?
 f ...hat die Reise gedauert?
 g ...war die Schule in Deutschland?
 h ...hat das dir am besten gefallen?
 i ...Museen hast du besichtigt?

5 Partnerarbeit. **A** stellt die Fragen aus Übung 4, **B** spielt die Rolle von Mark. **B↔A**

TIPP

Using different tenses

To get the best marks for writing assessments, you need to be able to show that you can use different tenses. Mark uses four different tenses in his article – which tenses are they? Find at least two examples of each.

Jetzt seid ihr dran!

6a Write your own list of questions to ask a partner about an exchange or a recent holiday, using your answers to activity 5 as a guide. Then conduct the interviews.

6b Record yourselves conducting your interviews on OxBox and then listen to your recordings. Assess each other on pronunciation and the clarity of your speaking as well as listening out for any mistakes. Then swap your recording with another pair and repeat the exercise.

7 Write your own account of a recent exchange visit or holiday using your own questions to give you a structure. You should aim to write around 250 words. Make sure you use at least three tenses.

THE CONDITIONAL

The conditional is used to say what you **would do** if certain conditions were fulfilled. It is formed like the future tense, except that the conditional form of *werden* is used instead of the present.

Ich **würde** nach Namibia **fahren**. – *I would go to Namibia.*

ich würde
du würdest
er/sie/es würde   + infinitive at end of clause
wir würden
ihr würdet
sie/Sie würden

1 Change the sentences below from the present to the conditional.

Example: Ich fahre nach Deutschland. → Ich würde nach Deutschland fahren.

a Ich schwimme jeden Tag im See.
b Wir fahren mit dem Zug.
c Wohin fährst du?
d Was macht ihr?
e Wir fliegen in die Schweiz.
f Er bleibt 10 Tage.
g Sie verbringen zwei Wochen in den Bergen.
h Sie mietet eine Ferienwohnung.
i Ich bin seekrank.
j Ich habe Heimweh.

2 Translate the following sentences into German.

a I would go to the beach every day.
b We would have a lot of fun.
c You would get a suntan (use *sich bräunen*).
d They would learn German much faster.
e He would go to school by tram.

WENN

Wenn is a subordinating conjunction like *weil* and *obwohl*. This means that it sends the verb to the end of the clause.

Wenn can mean 'when' or 'whenever' (when used with verbs in the present tense) or 'if' (in any tense).

Present + present: Wenn ich im Urlaub bin, bin ich immer sehr entspannt. – *When I'm on holiday, I'm always very relaxed.*

Present + future: Wenn ich 16 Jahre alt bin, werde ich nach Namibia fahren. – *When I'm 16, I'll go to Namibia.*

3 Read the texts on page 115 and identify sentences using *wenn*. Make a list of them and note whether *wenn* appears at the beginning or in the middle of the sentence.

4a Complete these sentences with *wenn*.

a Ich werde im Sommer nach Spanien fahren, wenn

_____.

b Ich werde eine Wochen bleiben, wenn

_____.

c Ich werde jeden Tag zum Strand gehen, wenn

_____.

d Ich werde im Hotel Sol bleiben, wenn

_____.

4b Now rewrite each of your sentences from activity 4a with *wenn* at the start of the sentence.

5 Translate the following sentences into German using *wenn*.

a I have fun whenever I go on holiday with my friends.
b Whenever she goes to the beach, she gets sunburn (*einen Sonnenbrand*).
c You get nervous whenever you fly.
d I always search on the internet when I book a holiday.
e My dad is always pleased (*froh*) when he comes back home.

STRONG AND WEAK VERBS

In German, there are two types of verb, **weak** (regular) and **strong** (irregular) (see page 86).

The past participle of weak verbs is formed by taking the infinitive, adding **ge-** to the beginning and replacing the **-en** at the end with **-t**, e.g. *haben* → **ge**hab**t**.

Strong verbs behave differently. Their past participles are also formed by adding **ge-** to the beginning of the infinitive, but they often keep the **-en** ending, e.g. *fallen* → **ge**fall**en**; *fahren* → **ge**fahr**en**.

Sometimes, the vowel sound in the middle of the verb changes – you have to learn these verbs individually, e.g. *bleiben* → *ge**bli**eben*.

VERBS WITH AND WITHOUT *ZU*

When you have two verbs in a sentence, the second is usually preceded by *zu*.

Ich hoffe, nach Deutschland **zu** fahren. – *I hope to go to Germany.*

However, when you have a modal verb in a sentence, there is no *zu* before the second verb.

Ich möchte nach Deutschland fahren. – *I would like to go to Germany.*

7 Translate these sentences into German.
  a Do you feel like going to the cinema?
  b I intend to visit my grandparents at the weekend.
  c I would like to travel around the world.
  d Do you want to go shopping tomorrow?
  e I hope to travel more next year.

6 Fill in the table below with the different verb tenses. Make sure you know which are strong and weak before you start.

present	perfect	future	conditional
	ich habe gemacht		
			wir würden fahren
ich spiele			
		er wird schwimmen	
sie gehen			
	du hast gegessen		
			Sie würden trinken
	wir haben gekauft		
ihr seht			
	ich bin gewesen		
		er wird haben	
			ich würde lesen
wir besuchen			
	sie hat gelernt		
		ich werde einkaufen	
			wir würden uns amüsieren
du bleibst			
		ich werde verbringen	

In this unit, you've learnt how to...

Beim Sprechen

1 **Make suggestions.**

You can use *könnte* or *sollte* to say what people could or should do.

❏ Write five sentences to say what tourists could or should do in your town.

2 **Give your opinion.**

❏ Make a list of adjectives you can use to give your opinion. Try to be as imaginative and colourful as possible − use a dictionary if necessary.

❏ Make a list of other words and phrases you can use to give your opinion, e.g *es hat mir gefallen*.

❏ Now write 10 sentences giving your opinion of a recent holiday − don't forget to justify your opinion using *weil* and *obwohl*.

Beim Hören

1 **Use transcripts to develop your listening skills.**

❏ Listen to the dialogue between Anna's mother and the hotel manager on page 113 again.

❏ Now look at the excerpt from the transcript below and mark any parts you didn't understand when listening.

❏ Make a list of words you couldn't distinguish when listening, but that you can now identify. Look up any words you don't know.

Hoteldirektor: Frau Bremer, es tut mir so schrecklich Leid. Hören Sie, ich mache Ihnen ein Sonderangebot, extra für Sie, als Entschuldigung für Ihre schlechte Erfahrung bei uns. Kommen Sie an Weihnachten für eine Woche zu uns, und Sie und Ihre Tochter bekommen zwei kostenlose Übernachtungen im Hotel. Sie bekommen auch eine Schifffahrt zur Insel Reichenau gratis. Was sagen Sie dazu?

Annas Mutter: Herr Direktor, ich glaube, Sie haben mich missverstanden. Ich fand Ihr Hotel furchtbar. Ich möchte auf keinen Fall wieder bei Ihnen übernachten und erst recht nicht an Weihnachten! Was für eine Schnapsidee! Weihnachten im Horrorhotel!

2 **Listen for different tenses.**

❏ Write down the key features that help you identify:

- the perfect tense
- the future tense
- the conditional.

3 **Predict what will come next.**

❏ Look at the sentences below and decide first of all what kind of word is missing (e.g. noun, verb, adjective). Then try to fill in each gap with a sensible word − there could be a number of possibilities.

a Ich war mit dem Hotel nicht
_____, weil mein Zimmer schmutzig war.

b Wenn ich in Urlaub fahre, will ich mich
_____.

c Vor der Abreise muss ich meine Kleidung
_____.

d Ich hoffe, nach Südamerika zu fahren, weil es
_____ ist.

e Für meinen Urlaub brauche ich einen neuen
_____.

4 **Prepare for the exam.**

❏ Look at the listening papers in the Exam Practice section at the back of the book. Make a list of the types of questions you are likely to encounter in the exam.

❏ Now make a list of things you should look out for when answering each type of question.

Example: Multiple choice. Try to listen out for the right kind of information, e.g. the name of a holiday destination.

4A Szenario

Zum Sprechen

Plane einen Aufenthalt in Deutschland, Österreich oder in der Schweiz.

1. Research a tourist area in a German-speaking country on the internet or at a travel agent's, investigating what there is to see and do there. You might want to choose an area near your partner school, a major city like Berlin, Zurich or Vienna, or a popular holiday destination such as the Rhineland or the Swiss Alps.

2. You are planning a four-day trip to your chosen destination. Prepare a presentation about your planned trip. You should mention:
   - what activities you will do
   - what sights and museums you will visit
   - what the night life will be like
   - where you will stay
   - how you will travel.

3. Go over the vocabulary and expressions from this unit you will need to use, e.g. ich habe vor, ich plane, etc.

4. Present your plans in German using visuals aids, ICT, handouts, etc. Be prepared to answer any questions from other members of the class.

Zum Schreiben

1. Prepare a tourist brochure in German about your chosen destination using your research. Decide what sections to include in the brochure, e.g. Museen, Unterkunft, Nachtleben, and how you will structure it.

Schreib eine Broschüre über ein Urlaubsziel.

2. Write each section, giving recommendations for what visitors should do. Remember to use modals to give advice, e.g.
   - Man sollte unbedingt das Spielzeugmuseum besuchen.
   - Man könnte eine Stadtrundfahrt machen.

Viel Erfolg!

Wie man sich ein Urlaubsziel aussucht (Seite 108–109)

das Abenteuer – *nn*	adventure
die Abwechslung –en *nf*	change of scene
das Ausland *nn*	abroad
die Landschaft -en *nf*	scenery
die Sehenswürdigkeiten *fpl*	sights
die Unterkunft ¨e *nf*	accommodation
das Urlaubsziel -e *nn*	holiday destination
die Wüste -n *nf*	desert
der Zugang ¨e *nm*	access
sich amüsieren *vb*	to enjoy oneself
bewundern *vb*	to admire
bieten *vb*	to offer
sich entspannen *vb*	to relax
erleben *vb*	to experience
faulenzen *vb*	to laze around
klettern *vb*	to climb
sich sonnen *vb*	to sunbathe
verbringen *vb*	to spend (time)
günstig *adj*	good value
verschieden *adj*	various

Wie man einen Urlaub bucht (Seite 110–111)

die Anzeige -n *nf*	advert
der Ausflug ¨e *nm*	excursion
die Auskunft ¨e *nf*	information
der Flug ¨e *nm*	flight
der Hafen ¨ *nm*	harbour
die Impfung -en *nf*	innoculation
die Schifffahrt -en *nf*	boat trip
die Sportmöglichkeiten *fpl*	sports facilities
das Verkehrsamt ¨er *nn*	tourist information office
brauchen *vb*	to need
buchen *vb*	to book
sich befinden *vb*	to be situated
empfehlen *vb*	to recommend
erklären *vb*	to explain
sich interessieren *vb* für	to be interested in
schicken *vb*	to send
überprüfen *vb*	to check
gültig *adj*	valid
möglich *adj*	impossible
regelmäßig *adj*	regular(ly)

Wie man seine Meinung über einen Urlaub sagt (Seite 112–113)

der Aufzug ¨e *nm*	lift
die Kreuzfahrt -en *nf*	cruise
das Nachtleben *nn*	night life
reisen *vb*	to travel

schmecken *vb*	to taste
Spaß machen *vb*	to be fun
vor/bereiten *vb*	to prepare
zeigen *vb*	to show
zelten *vb*	to camp
ausgezeichnet *adj*	excellent
bezaubernd *adj*	enchanting
dreckig *adj*	dirty
einzig *adj*	only
ekelhaft *adj*	disgusting
furchtbar *adj*	awful
herrlich *adj*	splendid
hübsch *adj*	pretty
lecker *adj*	delicious
außerdem *adv*	moreover
im Freien	in the open air
überlaufen	overrun

Wie man einen Austausch plant (Seite 114–115)

der Austausch -e *nm*	exchange
der Berg -e *nm*	hill, mountain
die Eisbahn –en *nf*	ice rink
der Gastgeber – *nm*	host
der Notfall ¨e *nm*	emergency
das Picknick -s *nn*	picnic
der Sessellift -s *nm*	chairlift
der Vergnügungspark -s *nm*	theme park
dauern *vb*	to last
diskutieren *vb*	to discuss
sich entschuldigen *vb*	to apologise
sich freuen *vb* auf	to look forward to
das stimmt	that's right

Wie man einen Urlaub beschreibt (Seite 116–117)

das Andenken – *nn*	souvenir
der Dom -e *nm*	cathedral
das Fest -e *nn*	party
die Rückkehr *nf*	return
die Spezialität -en *nf*	speciality
die Sorge -n *nf*	worry
der Unterschied -e *nm*	difference
an/kommen *vb*	to arrive
sich beschweren *vb*	to complain
überleben *vb*	to survive
sich verabschieden *vb*	to say goodbye
beeindruckend *adj*	impressive
froh *adj*	glad
hilfsbereit *adj*	helpful
umweltfreundlich *adj*	environmentally friendly
zufrieden *adj*	satisfied

4B Die Welt und die Umwelt

Weißt du schon, wie man...

- ❑ über die Umwelt redet?
- ❑ über Bedrohungen für die Umwelt diskutiert?
- ❑ ökologisch Urlaub macht?
- ❑ die Umwelt schützt?
- ❑ verschiedene Länder und Kulturen zu schätzen lernt?

Szenario

- **Wie sieht die perfekte Öko-Klassenfahrt aus?**
- **Die große Debatte: sollte man hier bauen oder nicht?**

Die große Debatte: sollte man hier bauen?

Kompetenzen

Beim Lesen

In German, how do you...
- determine the topic from the context and from scanning key words?
- read with questions about the topic in mind?
- read again for details?

Beim Hören

How do you...
- check that your answers make sense?
- take effective notes while listening?
- listen for gist and then again for details?

Aktive Grammatik

As part of your German language 'toolkit', can you...
- use the correct gender of compound nouns?
- use prepositions that take the genitive case?
- use the imperfect subjunctive?
- use *wenn* and the imperfect subjunctive?

A

Im 19. Jahrhundert war Namibia eine Kolonie von Deutschland, wie auch Kenia und andere Länder in Afrika. Am Ende des Ersten Weltkrieges musste Deutschland alle seine Kolonien an die Siegermächte* abgeben*.

*die Siegermächte – *victors*
abgeben – *to give up*

B

Namibia ist ein Land der Kontraste: Die Hauptstadt* Windhoek hat große Wohnblocks, Einkaufszentren, Straßen mit vielen Autos. Auf dem Land* sind viele Menschen arm* und wohnen in Hütten* ohne Elektrizität und ohne Wasser. Es gibt viel Wüste*, aber auch eine lange Küste am Atlantik. Dort kann man Wassersport treiben.

*die Hauptstadt – *capital city*
auf dem Land – *in the countryside*
arm – *poor*
die Hütte – *hut*
die Wüste – *desert*

TIPP

Tip for reading
Determine the topic and main points through context and key words. Read again for details.

C

*die Verschmutzung – *pollution*
die Umwelt – *environment*
der Schutz – *protection*
die Verfassung – *constitution*
verursachen – *to cause*

Fritz: Im Unterricht habe ich an meinen Onkel gedacht. Er arbeitet in Namibia. Deutsch ist dort eine offizielle Nationalsprache.

Therese: Wie gefällt ihm das Leben dort?

Fritz: Sehr gut. Das Wetter ist toll – 300 Tage Sonne im Jahr!

Therese: So viel Sonne hätte *ich* gern! Hier ist es kalt – es schneit gleich. Brrr!

Fritz: Aber ohne Regen hat Namibia Wasserprobleme. Die Wüste ist groß und es gibt manchmal Wasserverschmutzung*.

Karl: Wasserverschmutzung haben wir auch in Deutschland! Gibt es in Namibia Probleme mit Touristen?

Fritz: Es gibt viel Tourismus, aber Namibia ist gegen Massentourismus.

Karl: Gibt es Öko-Tourismus, so mit Safaris?

Fritz: Ja, Namibia ist pro-Umwelt*. Es ist das erste Land auf der Welt, in dem Naturschutz* in der Verfassung* steht!

Therese: Ich wünschte, wir hätten hier mehr Umweltschutz! Die neue Autobahn durch den Wald ist furchtbar!

Karl: Und CO_2 verursacht* globale Erwärmung!

1 Lies den Text A auf Seite 124 und wähl jeweils das richtige englische Wort.

In this (science, IT, history) lesson the teacher is pointing to (Kenya, Namibia, Zambia) in Africa and explaining that in the (19th, 18th, 20th) century this was a German (fortress, protectorate, colony). At the end of World War I Germany had to (sell, exchange, give up) all of its possessions to the (victors, losers, partners) of the war.

2 Lies den Text B auf Seite 124. Welche Kontraste gibt es in Namibia? Vervollständige die Sätze auf Englisch.

a In Windhoek there are...
b In the countryside there are...
c Two contrasting landscapes in Namibia are...

3 Lies den Dialog C auf Seite 124 und hör gut zu. Wie heißt das auf Deutsch? Finde diese Umweltausdrücke im Text.

a national language   **d** mass tourism
b water problems   **e** protection of nature
c water pollution   **f** environmental protection

4 Lies den Dialog noch einmal und mach eine Liste von den Wetter-Ausdrücken und den geografischen Wörtern im Text. Kennst du auch andere Wörter? Schau im Wörterbuch nach.

5 Partnerarbeit. Vergleicht das Wetter und die Geografie von eurer Gegend mit Namibia.

Beispiel: Bei uns ist es oft kühl, aber in Nambia ist es oft heiß.

GRAMMATIK

Compound words in German

When two or more German words are combined, the gender of the new word is the gender of the **last** word in the compound.

das Wasser + die Probleme (*pl*) → **die** Wasserprobleme
die Natur + **der** Schutz → **der** Naturschutz

6 Kennst du auch andere Umweltwörter? Bilde Wörter mit Hilfe eines Wörterbuchs.

Beispiel: die Luftverschmutzung

7 Gruppen- oder Partnerarbeit. Lest zusammen den Dialog auf Seite 124 vor. Wechselt die Rollen.

8 Was hast du über Namibia gelernt? Ergänze den Text auf Englisch.

Namibia is known as a country that is keen on environmental _____. They promote eco-_____ and Namibia is the first country in the world to have included _____ in their national constitution. A serious environmental problem in Namiba is the lack of _____, mostly due to natural causes.

TIPP

What a difference an umlaut makes!

der Schutz − *protection*

der Schütze − *hunter*

schützen − *to protect*

See the *Pronunciation Guide* on the *OxBox CD-ROM* for further guidance.

Jetzt seid ihr dran!

9 Write an information brochure for young German tourists about the geography, natural features and weather in your area. Suggested headings might include the following.

- Die Landschaft
- Das Wetter
- Die Stadt

10 With a partner prepare a short discussion in German for a podcast to send to a Namibian school about environmental problems in today's world from a UK perspective. Practise and then record your discussion using the OxBox software.

G Präpositionen mit dem Genitiv **W** Umweltprobleme **K** beim Lesen Fragen stellen

Probleme, die unsere Welt bedrohen*

Es gibt viele Umweltprobleme, die heute eine schlechte Einwirkung* auf unser Leben haben. Sie könnten auch unsere Zukunft bedrohen. Wir kaufen zu viel und wir werfen zu viel weg*, was Müllprobleme* verursacht. Industrie, Pestizide, Autos und Müll verschmutzen* die Umwelt. Wir verbrauchen* zu viel Wasser und zu viel Energie. Die Konzequenzen kennen wir noch nicht alle, aber wir könnten in der Zukunft Schwierigkeiten haben, sauberes Wasser zu finden und gesundes Essen zu produzieren.

> *bedrohen – *to threaten*
> die Einwirkung – *effect*
> wegwerfen – *to throw away*
> der Müll – *rubbish, garbage*
> verschmutzen – *to pollute*
> verbrauchen – *to consume*

TIPP

Tip for reading

Read a text with questions in mind based on what you already know about the topic. What key words and themes can you expect?

Die wichtigsten Umweltthemen von Namibia

Namibia schützt die Natur – Landschaft, Tiere, Pflanzen – zum Beispiel, durch Öko-Tourismus. In Namibia sind Boden und Wasser die wichtigsten natürlichen Ressourcen. Aber ohne Schutz wird der Boden arm. Wasserprobleme entstehen* durch zu wenig Regen und auch durch Verschmutzung wegen der Chemikalien von Industrien wie die Uran*-Industrie.

> *entstehen – *to result, to occur*
> das Uran – *uranium*

1a 🔲 Partnerarbeit. Lest den ersten Artikel auf dieser Seite und übersetzt ihn ins Englische.

1b 🔲 Lest den Artikel noch einmal. Was passt zusammen?

Beispiel: **1 c**

1 Es gibt Müllprobleme,...
2 Energieprobleme entstehen,...
3 Sehr oft kommt es aufgrund der Industrie...
4 Wasserverschmutzung kann...
5 Was heute ein Problem ist,...

a durch Pestizide verursacht werden.
b kann die Zukunft bedrohen.
c wenn wir viel wegwerfen.
d wenn wir zu viel verbrauchen.
e zu Umweltverschmutzung.

1c 🕐 Schreib ganze Sätze aus Übung 1b in dein Heft.

2a 👤 🕐 Partnerarbeit. Gibt es andere Bedrohungen, die nicht im Text erwähnt sind? Macht eine Liste auf Englisch und auf Deutsch mit Hilfe eines Wörterbuchs.

2b 👥 🌓 Vergleicht eure Liste mit den Listen eurer Klassenkameraden.

3 📖 Sind die Probleme in Namibia von der Natur oder von Menschen verursacht worden? Ordne die Probleme in die Tabelle ein.

Natural problems	Problems caused by people

4a 🎧 Hör gut zu. Was sind die zwei Hauptthemen des Gesprächs? Kreuz die richtigen Antworten an.

1 a earth polluted ☐
   b river poisoned ☐
   c streets filthy ☐

2 a new roads ☐
   b new farms ☐
   c new housing ☐

4b 🌓 🕐 Hör noch einmal zu. Sind die folgenden Sätze richtig oder falsch? Korrigiere die falschen Sätze und schreib alle Sätze vollständig in dein Heft.

a Die Katastrophe im Fluss ist durch Müll verursacht worden.
b Heute kann man dort schwimmen.
c Die neuen Häuser sind umweltfreundlich.
d Sie werden keine neue Schule bauen.
e Es werden neue Straßen gebaut.

5 👤 🌓 Wird die Umwelt in deiner Gegend bedroht? Diskutiert mit einem Partner/einer Partnerin.

GRAMMATIK

Prepositions that take the genitive

These useful prepositions in German are followed by the genitive case:

wegen – *because of*   dank – *thanks to*
während – *during*   trotz – *despite*

After these prepositions, the definite article ('the') changes:

der → **des**   die → **der**   das → **des**   die (pl) → **der**

Adjectives then take the ending **-en**, and an **-s** or **-es** is added to the end of masculine and neuter nouns.

Während **des** letz**ten** Sommer**s** hat es viel geregnet. – *During last summer it rained a lot.*

Es gibt Umweltverschmutzung in Namibia wegen **der** Chemikalien von der Uran-Industrie. – *There is pollution in Namibia because of chemicals from the uranium industry.*

The preposition *aufgrund* (because of) can be used instead of *wegen* in this sentence. It also takes the genitive.

6 📖 Vervollständige die folgenden Sätze.

a Während d__ Sommer__ waren wir in Namibia.
b Dank d__ schön__ Wetter_ konnten wir schwimmen.
c Axel trug keinen Sonnenhut trotz d__ heiß__ Sonne.
d Er hat jetzt Sonnenbrand wegen d__ lang__ Stunden in der Sonne.

Jetzt seid ihr dran!

7 🌓 🕐 In a small group make notes to describe a man-made or a natural threat to your local environment. Then make an oral presentation in German to the class, which you could record using OxBox software, to send to a school in Namibia or to another German-speaking country.

8 🕐 Write a short article in German about Namibia for your German partner school's newspaper. Use expressions from this and the preceding spread. www.namibia-facts.de will give you further information about Namibia. Or search for 'Namibia' on www.google.de. Include the following:

- the landscapes of Namibia
- the natural resources
- environmental concerns
- other points of interest.

4B Wie man ökologisch Urlaub macht

G Konjunktiv II **W** Öko-Tourismus **K** Machen deine Antworten Sinn?

Öko-Tourismus = Natur und Kultur respektieren und schützen. Keinen Schaden* anrichten*.

A

Öko-Reisen: Komm nach Costa Rica: tolles 5-Sterne Hotel mit Blick auf das Meer; viele lokalen Fischrestaurants; für deine Flugmeilen pflanzen wir Bäume!

B

Gesundes Leben in der wunderbaren Wüste von Namibia! Hier bekommen Sie feines Essen, tolle Weine, Wellness erster Klasse in unserem fantastischen Spa. Sie können sogar auf Jeep-Safari gehen und ein paar Nächte im Zelt übernachten!

C

Öko-Urlaub auf dem Land in Österreich

Bauernhof mit Familienbetrieb* nahe Innsbruck (zu erreichen mit Flug oder Bahn). Bio-Obstanbau* und Reitstall. Gemütliches Wohnen. Halbpension nur mit Bioprodukten. Spielplatz, Reiten, Wandern, Radfahren. Schwimmen im Waldsee. Schönes Schloss in der Nähe. Gelegenheit* zur Mitarbeit auf dem Hof, im Stall und im Wald.

* Bauernhof mit Familienbetrieb – *family-owned and run farm*
der Obstanbau – *fruit growing*
die Gelegenheit – *opportunity*

D

Hilf Thailand, wilde Tiere zu schützen: Übernachtungen bei Gastfamilien, Arbeit im Wildtierzentrum. Bei uns bist du freiwilliger Arbeiter und du wirst:

• beim Alltagsleben helfen – einkaufen, kochen;

• jeden Tag die Tiergehege säubern

Du wirst eine wichtige Arbeit für Thailand machen. Die Kosten, die du für das Programm zahlst, gehen direkt ans Zentrum, um noch mehr Tiere zu retten* und um Thailändern Arbeit im Zentrum zu verschaffen. Wir suchen Freiwillige, die die Kultur respektieren und mit den Einheimischen leben und arbeiten.

* der Schaden – *damage*
anrichten – *to cause, create*
retten – *to save*

1a Partnerarbeit. Lest und diskutiert Reklame C vom Bauernhof auf dieser Seite. Welche Aspekte findet ihr umweltfreundlich? Warum? Macht eine Liste.

1b 🎧 Hör gut zu. Ist das Öko-Tourismus? Drei Schüler sprechen über den Öko-Urlaub in Österreich. Ordne die Ausdrücke unten in die Tabelle ein.

Environmentally-friendly	Not environmentally-friendly

Bio-Obstanbau   Flugmeilen
erneuerbare Stromerzeugung   Natur stören
Solaranlage CO_2 Wasserturbinen   Holzfeuer

TIPP

Tip for listening

Check your answers. Do they make sense? Do they seem logical given the context? Have you mentioned enough points to get all the marks available?

1c 📖 Wie heißen die Ausdrücke aus Übung 1b auf Englisch?

1d Wie heißen deiner Meinung nach die folgenden Ausdrücke auf Deutsch? Rate!

a organic vegetable growing
b car miles
c gas fire

GRAMMATIK

The imperfect subjunctive (*Konjunktiv II*)

For the most common verbs and the modals, use the imperfect subjunctive to refer to wished-for circumstances, or to what might happen if conditions were right. In most cases, it is formed by adding an umlaut to the imperfect form, e.g.
*wir hatten → wir h**ä**tten.*

Infinitive	Imperfect	Imperfect subjunctive	English
haben	ich hatte	ich hätte	*would have*
sein	du warst	du wärst	*would be*
werden	er wurde	er würde	*would*
können	wir konnten	wir könnten	*could*
sollen	ihr solltet (*rare*)	ihr solltet	*should*
mögen	sie mochten	sie möchten	*would like*

2 📖 Füll die Lücken mit Verben im Konjunktiv II aus.

a Als Ökobauer (sollen) _____ er Bioprodukte erzeugen.
b Auf dem Bauernhof (können) _____ du mithelfen.
c Es (sein) _____ gut, weniger mit dem Auto zu fahren.
d Fritz (werden) _____ gern holzhacken.

3 Beantworte die Fragen in ganzen Sätzen.

a Wie könnte man von Deutschland nach Innsbruck in Österreich reisen? Ist das gut für die Umwelt? Warum? Oder warum nicht?
b Welche Aktivitäten gibt es während des Urlaubs auf dem Bauernhof? Sind sie alle gut für die Umwelt? Warum?
c Was kann man auf dem Bauernhof essen? Ist das gut für die Umwelt? Warum?

Beispiel: **a** Man könnte mit dem Flugzeug nach Innsbruck reisen. Das ist wegen der Flugmeilen nicht gut für die Umwelt.

4a 📖 Partnerarbeit. Lest die Reklamen A, B und D für Öko-Reisen. Was könnte bei jeder Reise ökologisch sein?

4b Welche Umweltprobleme könnte jede Reise verursachen? Schreib ganze Sätze.
Beispiel: Viele Fischrestaurants könnten zu viel einheimischen Fisch verbrauchen.

Jetzt seid ihr dran!

5 Groupwork. Brainstorm and discuss the details of an eco-tourism venture for German tourists in Namibia. Use 'eco-tourism' and 'Namibia' as key words to search the internet. Do a group presentation of the venture in German to the class.

6 Design an eco-tourism holiday brochure for German tourists to your area. Use as many expressions from this spread as possible, putting an emphasis on activities for environmental protection or improvement. Be inventive!

G „wenn" + Konjunktiv II **W** Umweltaktivitäten **K** zuhören und Notizen machen

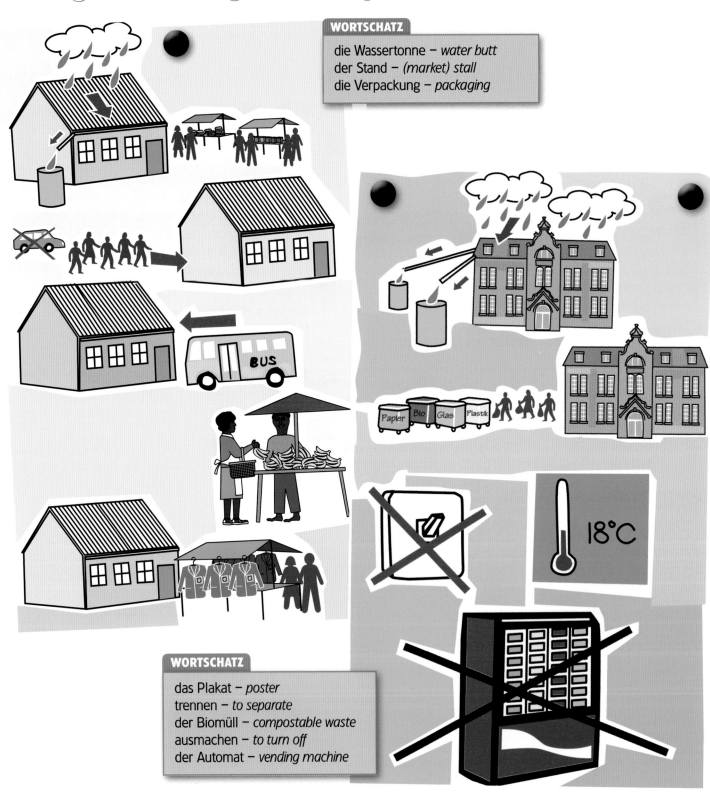

WORTSCHATZ

die Wassertonne – *water butt*
der Stand – *(market) stall*
die Verpackung – *packaging*

Papier | Bio | Glas | Plastik

18°C

WORTSCHATZ

das Plakat – *poster*
trennen – *to separate*
der Biomüll – *compostable waste*
ausmachen – *to turn off*
der Automat – *vending machine*

1a Partnerarbeit. Was tut die Schule in Namibia für die Umwelt? Schaut euch das erste Plakat an und diskutiert.

1b 🔊 Eine Schülerin aus Namibia spricht über ihre Schule und die Umwelt. Hör gut zu und ergänze die Sätze.

a Wir sammeln das _____ von dem _____ und benutzen es für die _____.

b Wir _____ zur Schule oder _____ mit dem _____.

c Wir essen nur _____ Produkte.

d Beim Einkaufen gibt es wenig _____.

e Wir _____ unsere alten Uniformen weiter.

2a 👥🌍 Partnerarbeit. Was tut die Schule in Deutschland für die Umwelt? Schaut euch das zweite Plakat an und diskutiert.

2b 🔊 Drei deutsche Schüler sprechen über ihre Schule und die Umwelt. Hör gut zu und ergänze die Sätze.

a Wir trennen unseren _____.

b Wir machen das _____ aus, wenn das Klassenzimmer leer ist.

c Wir drehen die _____ niedrig und tragen unsere _____ in der Klasse.

d Wir haben keine _____ für Süßigkeiten.

e Wir benutzen das _____ für die Toiletten.

2c 🔊⏱ Was könnte man für die Umwelt noch machen? Hör gut zu und mach Notizen. Hat dein Partner/deine Partnerin ähnliche Ideen?

> die Reparaturwerkstatt – *repair shop*
> annähen – *to sew on*
> gerissen – *torn, ripped*
> sammeln – *to collect*

3a 👥🌍 Partnerarbeit. Was macht ihr, um umweltfreundlich zu sein? Diskutiert und macht Notizen. Schreibt ganze Sätze in eure Hefte.

- zu Hause
- in der Schule
- beim Einkaufen
- für die Natur
- sonst noch was?

3b 👥🌍 Vergebt Punkte für jede Umweltaktion – wer ist am umweltfreundlichsten in der Klasse?

GRAMMATIK

'If' clauses with the imperfect subjunctive

Use *wenn* and the imperfect subjunctive (see page 129) whenever you wish to express a circumstance that might follow **if** conditions are right.

Wenn wir eine Solaranlage auf dem Dach **hätten**, **könnten** wir warmes Wasser mit unserem eigenen Strom erzeugen. – *If we had solar panels on the roof, we could produce warm water with our own electricity.*

Note the sentence structure with *wenn*:

Wenn – verb, verb – (verb).

4 ⏱ Setz die passenden Verbformen ein.

a Wenn wir eine Fahrradreparatur-Werkstatt (haben), (werden) mehr Schüler mit dem Rad zur Schule kommen.

b Wenn die Schule Regenwassertonnen (haben), (können) man das Regenwasser für die Toiletten benutzen.

c Wenn Schüler Geld sammeln wollen, (sein) ein Schulfest eine gute Idee?

d Wenn man das Licht ausmachen (werden), (werden) man weniger Strom verbrauchen.

e Wenn du zu Fuß statt mit dem Auto zur Schule kommen (werden), (können) du fit werden und die Umwelt schützen!

f Wenn ihr die Natur retten wollt, (sollen) ihr mehr über die Ökologie in eurer Gegend lernen.

Jetzt seid ihr dran!

5 ⏱ Make a poster of your school like those on page 130, showing and labelling its eco-friendly aspects. Then add other things that would make it even more sustainable, each with a short German text explaining why. Use sentences with *wenn*, as in the *Grammatik* box.

6 ⏱ Design a brochure for your German partner school giving advice in full sentences on how to be more eco-friendly. Include home, school, shops, streets and nature conservation. Aim to write long sentences

Example: Zu Hause sollte man das Licht und die Heizung ausmachen, wenn man sie nicht braucht. Man sollte den Müll trennen, und das könnte man auch in der Schule machen.

W Nationaleigenschaften   **K** Neue Wörter so bald wie möglich üben

> der Plastikbeutel − *plastic bag*
> der Abfall − *rubbish*

> an etwas interessiert sein − *to be interested in something*
> das Gesellschaftsproblem − *social problem*
> weltweit − *worldwide*
> die Wohlfahrt − *charity*
> bedürftig − *needy*

1 🎧 Hör gut zu. Deutsche Schüler sprechen über einen Schüleraustausch nach England. Verbinde die Bilder mit den passenden deutschen und englischen Wörtern.

Beispiel: Bild 1 − d die Höflichkeit, iv *politeness*

a die Wohlfahrtsaktivitäten
b Schlange stehen
c Getränke-Automat
d die Höflichkeit
e keine Mülltrennung

i no sorting of rubbish
ii to queue up
iii activities for charity
iv politeness
v drinks machine

2a 👤🎧 Partnerarbeit. Hört das Gespräch noch einmal zu. Ist das, was die Schüler über England sagen, richtig oder falsch? Was meint ihr? Macht Listen.

Richtig	Manchmal richtig	Falsch

2b 👤 🔵 Lest eure Listen aus Übung 2a einander vor.

Beispiel: Viele jungen Engländer lieben Fußball.

TIPP

Tip for speaking

Read aloud or say new words and phrases as soon as possible after first hearing or reading them.

2c 🔵 Schreib noch andere Eigenschaften auf, die typisch für Jugendliche in Großbritannien sind.

Was heißt es, ein junger Deutscher zu sein? Ein deutscher Schüler redet über sich selbst.

Als junger Deutscher bin ich stolz*, nicht nur Deutscher, sondern auch Europäer zu sein. Traditionell ist Deutschland als das Land der Dichter* und Denker*, Philosophen, Künstler* und Musiker bekannt. Wir stellen auch tolle Autos her*!

Ich denke, wir Deutsche sind freundlich und hilfsbereit*, und meistens gute Arbeiter. Unsere Städte sind sauber* und die Menschen warten immer auf das grüne Männlein, bevor sie über die Straße gehen.

Wir sind nicht für unseren Humor berühmt, aber wir mögen Spaß und lachen gern. Wir sind ein multikulturelles Volk, weil wir viele Immigranten haben. Es stimmt, dass wir als Deutsche und als Europäer an die Meinungsfreiheit* glauben*.

*stolz – *proud*
der Dichter – *poet*
der Denker – *thinker*
der Künstler – *artist*
herstellen – *to manufacture*
hilfsbereit – *helpful*
sauber – *clean*
die Meinungsfreiheit – *freedom of opinion*
glauben an (acc) – *to believe in*

3a 📖 🔵 Lies den Text und mach Notizen. Welche Eigenschaften findet man heutzutage unter den Deutschen? Mach eine Liste. Wenn du nicht alles verstehst, schau im Wörterbuch nach.

3b 🔵 Übersetze deine Liste aus Übung 3a ins Englische. Vergleiche deine Liste mit einem Partner/einer Partnerin.

4a 📖 Die berühmten Leute im Kasten unten sprachen alle Deutsch. Ordne sie in die Tabelle ein.

Musiker	Dichter	Künstler	Philosoph

Bach Wagner Klimt Nietzsche
Mozart Goethe Beethoven Schiller

4b 📖 Kennst du noch andere berühmte Deutsche/Österreicher/Schweizer? Such im Internet nach, und schreib die Namen hinzu. Siehe auch Einheit 2A.

5a 👤 🔵 Worauf können junge Leute in Großbritannien heute stolz sein? Macht eine Liste mit einem Partner/einer Partnerin.

5b 🔵 Welche berühmten Personen sollten auf deiner Liste in Übung 5a stehen? Was haben diese Personen in ihrem Leben gemacht? Schreib mindestens einen Satz über jede Person.

Jetzt seid ihr dran!

6 🔵 What does it mean to be British? Write a response in German to the magazine article in activity 2c. Remember to include:

- what you are proud of
- what you think some general characteristics are
- how being British today might be different from what it was 20 years ago.

7 👤 🔵 Discuss with a partner the differences, if any, you think there are between young people in Germany and young people in Great Britain today. List them and then list what similarities you think there are. Do you think young people in different countries are more similar now than they were in the past? Write down why or why not. Compare your lists with those of other students.

COMPOUND WORDS IN GERMAN

Remember that when two or more German words are combined, the gender of the new word is the gender of the **last** word in the compound.

die Kranken (*pl*) + **das** Haus → **das** Krankenhaus

die Natur + **der** Schutz → **der** Naturschutz

Note that some compounds need an -*s*- following the first word (often showing possession) before the second word.

die Rettung + das Boot → das Rettung**s**boot

1 Form compound words in German and then translate them into English. How many more compound words can you make?

   a das Haupt + die Stadt
   b das Wasser + die Temperatur
   c die Energie + der Verbrauch
   d die Umwelt + der Schutz
   e das Klima + die Erwärmung

2 Combine the words in the box below to form one of the most famous compound words in German. (Enter *das längste deutsche Wort* on www.google.de to find others, mostly made up by German teenagers.)

   die Donau   der Dampf   das Schiff   die Fahrt (+ s)
   die Gesellschaft (+ s)   der Kapitän

PREPOSITIONS THAT TAKE THE GENTIVE

These useful prepositions in German are always followed by the genitive case:

außerhalb – *outside*
dank – *thanks to*
innerhalb – *within*
statt – *instead of*
trotz – *despite*
während – *during*
wegen – *because of*

After these prepositions, the definite article ('the') and the indefinite article ('a') change:

der/ein → des/eines   die/eine → der/einer
das/ein → des/eines   die (*pl*) → der

Adjectives then take the ending -*en*, and an -*s* or -*es* is added to the end of masculine and neuter nouns.

Während **des** letzt**en** Winter**s** hat es viel geschneit. – *During last winter it snowed a lot.*

Innerhalb **der** Stadtgrenze darf man nur 50 km/h fahren. – *You can only drive at 50 km/h within the town.*

Statt ein**es** Krankenhaus**es** gibt es nur eine Arztpraxis. – *Instead of a hospital there is only one doctor's surgery.*

3 Complete these sentences, remembering to keep the verb as the second element of the sentence. Translate your sentences into English.

   a Außerhalb + die Hauptstadt Windhoek…
   b Dank + die Verfassung von Namibia…
   c Statt + der Massentourismus…
   d Wegen + der starke Autoverkehr…
   e Dank + das schöne Wetter…
   f Während + die Öko-Klassenreise…

4 Revision: 'the preposition test'. Complete this story with the correct adjective endings, remembering to use the correct case (accusative, dative or genitive) that follows each preposition.

Es war einmal eine schöne Prinzessin, die in ein__ alt__ Schloss lebte. Sie wollte das Leben i_ Schloss umweltfreundlich machen und auf d__ Dach eine Windmühle haben. In d__ Nacht ist sie auf d__ Dach gestiegen und hat dort eine kleine Windmühle aufgestellt. A__ nächst__ Morgen war ihr Vater, der König, sehr überrascht. „Was machen wir mit ein__ Windmühle auf unser__ Dach?" fragte er. „Dank dies__ toll__ Windmühle", sagte sie, „machen wir Elektrizität ohne d__ alt__ Esel, der nicht mehr i__ Kreis laufen muss. Er kann jetzt draußen auf__ d__ Feld leben!"

THE IMPERFECT SUBJUNCTIVE

To state a wished-for circumstance or to express what might happen if conditions were right or different, use the imperfect subjunctive form of the verb. In most cases, this is created by adding an umlaut to the imperfect or simple past form of a verb, e.g. *wir hatten* (we had) → *wir hätten* (we would have, if we had).

The table below includes verbs that are frequently used for expressing the imperfect subjunctive.

Note that *sollen* adds a -*t*- but does not take an umlaut.

Infinitive	Imperfect plural	Imperfect subjunctive plural	English
haben	hatten	hätten	*would have*
sein	waren	wären	*would be*
werden	wurden	würden	*would...*
können	konnten	könnten	*could*
sollen	sollten	sollten	*should*
mögen	mochten	möchten	*would like*

5 Fill in the imperfect subjunctive form of the verb, complete the sentence and then translate it into English.

a Um umweltfreundlich zu sein, (sollen) die Schule...
b Wir (können) zum Beispiel...
c Ich persönlich (werden) am liebsten...
d Es (sein) gut,...
e Ohne Strom (haben) wir...
f (Mögen) wir...?

'IF' CLAUSES AND THE IMPERFECT SUBJUNCTIVE

Use *wenn* and the imperfect subjunctive whenever you wish to express a situation that might follow **if** conditions were right or different to what they actually are. In other words, use this form when what you say or write is contrary to fact, but could possibly exist:

Wenn wir eine Solaranlage auf dem Dach **hätten**, **könnten** wir warmes Wasser mit unserem eigenen Strom erzeugen. – *If we had solar panels on the roof, we could produce warm water with our own electricity.*

Wenn can mean 'if', 'when' or 'whenever'. You can translate *wenn* in the sentences of activity 7 using any one of those English words.

However, in the past, *wenn* is used with the meaning of 'whenever', indicating habitual action or events that occurred more than once, perhaps over and over again:

Wenn mein Onkel uns besuchte, brachte er uns immer Geschenke. – *When(ever) my uncle visited us, he brought us gifts.*

A one-off occurrence in the past is expressed using *als* with the perfect tense or the simple past tense:

Als mein Onkel uns letztes Jahr besuchte, hat er uns ein neues Auto mitgebracht! – *When my uncle visited us last year, he brought us a new car!*

6 Translate these sentences into English.

a Wenn wir Geld für Solaranlagen sammeln möchten, sollten wir ein Schulfest machen.
b Sollte das Schulfest am Nachmittag nach der Schule oder am Wochenende sein?
c Am Wochenende würden mehr Leute kommen und wir könnten mehr Geld sammeln.

7 Translate these sentences into German.

a If we had the money, we would buy solar panels.
b If we could save rainwater, should we use it for the toilets?
c It would be better if we could separate our rubbish at school.
d If we saved (would save) electricity, we could save that money for charities.

8 Revision. Use *wenn* and the present tense to express simple conditional (if/when... then) sentences.

a Wenn ich Geld (haben), (können) ich mit meinen Freunden ausgehen.
b Wenn ich kein Geld (haben), (müssen) ich zu Hause bleiben.
c Wenn ich zu Hause (bleiben), (finden) meine Mutter irgendwelche Hausarbeit für mich.
d Wenn ich Hausarbeit (machen), zum Beispiel staubsaugen, (hoffen) ich, dass ich etwas Geld dafür (kriegen).
e Wenn meine Mutter mir etwas Geld (geben), (können) ich mit meinen Freunden ausgehen!

9 Translate these sentences into English.

a Wenn du Hausaufgaben hast, um wie viel Uhr machst du sie?
b Wenn du Hausaufgaben hättest, würdest du sie jetzt machen?
c Wenn ich Hausaufgaben hatte, machte ich sie abends nach dem Abendessen.
d Als du am Montag Hausaufgaben hattest, hast du sie nach der Schule oder am Abend gemacht?

4B Kompetenzen

In this unit, you've learnt how to...

Beim Lesen

1 Determine the topic from the context and from scanning key words.

When you are about to study a reading text, check the title, the context, any pictures and the layout of the text for clues about what it might be about. Quickly scan key words to confirm what you think the topic is.

2 Read with questions about the topic in mind.

Once you think you know what the topic of the text is, ask yourself what words and phrases you might come across. If the text doesn't seem to match your expectations, be flexible. Ask yourself if this is really the topic that you thought it was and be prepared to change your approach.

3 Read a second time for specific details.

Try to allow yourself time to go back over a text to note details which will help you answer specific questions.

Beim Hören

1 Take effective notes while listening.

Check the task to organise in your head how you will take notes during the listening. For instance, keep notes from one speaker in one area of your sheet. You may be able to make a few preliminary notes about what you think you might hear.

2 Listen once for gist and again for details.

During the first listening, determine the topic and the gist of the passage, using context, task and tone of voice. Listen for details when listening to the passage for the second time, focussing on answers you are not sure about.

3 Check that your answers make sense.

At the end of the listening passage, check your answers. Do they make sense for the topic and the speakers? If you have the opportunity to listen again, do so and go over your answers carefully.

Beim Lernen

The old saying that 'practice makes perfect' is true for all language learning. Practice builds up memory connections in your brain so that you can identify words and phrases much faster when you hear or see them, and so that you can remember words and phrases when you need to produce them during speaking or reading. Try these ways of practising your German for several weeks and evaluate their success: what works especially well for you?

1 Repeat words and phrases as soon as possible after you have first heard or read them. Do this aloud or under your breath to get a feel for saying them yourself and also to 'plant' the word or phrase more firmly in your memory.

2 Develop a list of idioms that you can easily refer to when you are writing German or preparing a speech. Memorise as many as you can. Practise writing sentences or short stories using them. Don't forget to include words or phrases that you particularly like or find amusing.

3 Read through your list of idioms or a list of phrases or vocabulary before going to sleep. It will help you to remember them.

4 English and German are closely related languages.

❏ Try using English to help you remember some German verb tenses, e.g.
  - drink, drank, drunk – *trinken, trank, getrunken*
  - should – *sollte*
  - would – *wollte*
  - could – *könnte*

❏ Make your own list of key verbs and their tenses.

4B Szenario

Zum Schreiben

Design the perfect eco-outing or eco-holiday for your class.

1   In a small group, decide on where to go and then brainstorm in German the things which you will need to consider when planning the trip, including travel, overnight accommodation, food (from shopping to serving), activities that are for leisure, for learning and to support the community or locality. Divide the topics among pairs in the group.

2   In pairs, discuss all aspects of your particular topic and how best to make them sustainable.

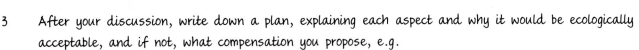

Die perfekte Öko-Klassenfahrt!

3   After your discussion, write down a plan, explaining each aspect and why it would be ecologically acceptable, and if not, what compensation you propose, e.g.

   · Ich glaube, wir sollten mit dem Flugzeug fliegen, weil das schneller geht. Wir haben nicht viel Zeit.
   · Die Flugmeilen sind ein Problem. Meinst du, wir könnten dafür dem Woodland Trust Geld geben, um Bäume zu pflanzen?

4   Bring your texts together as a group and present the complete plan/proposal to the class. Take a vote on which projects are the most eco-friendly. Finish by creating a poster of your project.

Zum Sprechen

Choose a green area well known to your classmates or designate a part of your school's playing fields for development.

Die große Debatte: sollte man hier bauen?

1   In groups of four, decide the basic outlines of the development – what? for whom? where? time frame? Discuss and take notes in German.

2   Then divide up into sides: two students for and two students against the development.

3   In pairs, both sides bring together arguments, either for or against the development with a focus on the environment, social aspects and what you consider to be sustainable.

4   Each side presents their arguments to other students or the whole class. Each speaker has 1 minute to present his/her case.

5   Everyone votes on who should win the debate.

Viel Erfolg!

das Wohnungsbauprojekt –
housing development

4B Vokabeln

Wie man über die Umwelt redet (Seite 124–125)

die globale Erwärmung *nf*	global warming
die Hauptstadt ⁻e *nf*	capital city
der Schutz -e *nm*	protection
die Umwelt -en *nf*	the environment
der Verbrauch *nm*	consumption
die Verfassung -en *nf*	(German) constitution
die Verschmutzung -en *nf*	pollution
die Wüste -n *nf*	desert
bauen *vb*	to build
stören *vb*	to disturb
verbrauchen *vb*	to consume
verursachen *vb*	to cause
arm *adj*	poor
trocken *adj*	dry
auf dem Land	in the countryside
ohne	without
während	while

Wie man über Bedrohungen für die Umwelt diskutiert (Seite 126–127)

die Bedrohung -en *nf*	threat
der Müll *nm*	rubbish
die Pestizide *npl*	pesticides
die Schwierigkeit -en *nf*	difficulty
die Solaranlage -n *nf*	solar panels
bedrohen *vb*	to threaten
vergiften *vb*	to poison
verschmutzen *vb*	to pollute
weg/werfen *vb*	to throw away
sanft *adj*	soft
umweltfreundlich *adj*	environmentally friendly
dank	thanks to
trotz	despite
verursacht	caused

Wie man ökologisch Urlaub macht (Seite 128–129)

der Bauernhof ⁻e *nm*	farm
der Bio-Bauer -n *nm*	organic farmer
das Feuer – *nn*	fire
die Flugmeilen *fpl*	air miles
die Halbpension *nf*	half-board (in a hotel, etc.)
die Heizung -en *nf*	heating system
das Holz, die Hölzer *n*	wood
der Obstanbau *nm*	fruit growing
der Schaden ⁻ *nm*	damage
der Strom *nm*	electricity
erzeugen *vb*	to produce
retten *vb*	to save

unterstützen *vb*	to support
schützen *vb*	to protect
gemütlich *adj*	cosy, comfortable
erneuerbar *adj*	renewable
im Familienbetrieb	family owned and run

Wie man die Umwelt schützt (Seite 130–131)

der Automat -en *nm*	vending machine
der Biomüll *nm*	compostable waste
die Ökologie -n *nf*	ecology
das Plakat -e *nn*	poster
die Reparaturwerkstatt ⁻e *nf*	repair workshop
der Stand ⁻e *nm*	(market) stall
die Verpackung -en *nf*	packaging
die Wassertonne -n *nf*	water butt
die Werkstatt ⁻e *nf*	workshop
an/nähen *vb*	to sew on
aus/machen *vb*	to turn off
nähen *vb*	to sew
trennen *vb*	to separate
sammeln *vb*	to collect
sparen *vb*	to save
gerissen	torn, ripped

Wie man verschiedene Länder und Kulturen zu schätzen lernt (Seite 132–133)

der Abfall ⁻e *nm*	rubbish
die Eigenschaft -en *nf*	characteristic
der Denker – *nm*	thinker
der Dichter – *nm*	poet
das Gesellschaftsproblem -e *nn*	social problem
der Künstler – *nm*	artist
die Meinungsfreiheit -en *nf*	freedom of opinion
der Plastikbeutel – *nm*	plastic carrier bag
die Wohlfahrt -en *nf*	charity
die Wohlfahrtsaktivitäten *fpl*	activities for charity
an etwas (acc) interessiert sein *vb*	to be interested in something
glauben *vb* an (acc)	to believe in
Schlange stehen *vb*	to queue
stolz auf etwas (acc) sein *vb*	to be proud of something
bedürftig *adj*	needy
hilfsbereit *adj*	helpful
höflich *adj*	polite
sauber *adj*	clean
weltweit *adj*	worldwide

5A Schulleben

Weißt du schon, wie man...

- ❑ über Schule und Geld spricht?
- ❑ sagt, was in der Schule los ist?
- ❑ das Schulleben in verschiedenen Ländern vergleicht?
- ❑ über Geldverdienen redet?
- ❑ Schule und Nebenjob kombinieren kann?

Szenario

- **Besprecht eure Prioritäten bei der Schülermitverwaltung.**
- **Was ist der ideale Nebenjob?**

Was sind die Prioritäten der Schülermitverwaltung?

Kompetenzen

Beim Sprechen

In German, how do you...
- anticipate questions by context and prepare your answers?
- create questions from statements if you can't remember the question word?
- embellish the truth to give a fuller answer?

Beim Hören

How do you...
- know what to listen out for in a conversation or audio clip?
- evaluate your guesses if you're not sure?
- practise listening by reading aloud?

Aktive Grammatik

As part of your German language 'toolkit', can you...
- make adjectival nouns?
- add the necessary endings to weak nouns?
- use common reflexive verbs that take a dative pronoun?

5A Wie man über Schule und Geld spricht

G Wiederholung von „weil" **W** Schulfächer, Nebenjobs **K** sich aufs Zuhören vorbereiten

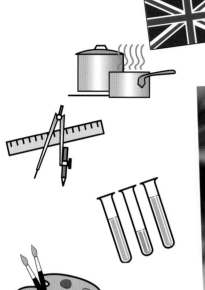

- Welche Fächer hast du?
- Was sind deine Lieblingsfächer? Warum?
- Bekommst du Taschengeld? Wie viel?
- Musst du dafür etwas machen?
- Hast du einen Nebenjob? Was machst du?
- Wie viel verdienst du?

Name	Favourite subject	Reason
Thomas	Journalism	He is a journalist.
Brigitte		
Klaus		
Maria		
Udo		

1 Sieh dir die Bilder oben an. Wie heißen diese Fächer auf Deutsch? Welche anderen Fächer gibt es in deiner Schule? Mach eine Liste.

2a Thomas fragt Schüler über ihre Lieblingsfächer. Hör gut zu und füll die Tabelle aus. Die Tipp-Box hilft dir dabei.

2b Welche Fächer gefallen euch? Warum? Diskutiert zu zweit.

3a Hast du ein Lieblingsfach? Ergänze die Sätze und schreib dann die ganzen Sätze auf.

Beispiel: Ich liebe Geografie, **weil** es interessant **ist**.

a Ich habe Englisch sehr gern, **weil** ich _____.
b _____ ist mein Lieblingsfach, **weil** der Lehrer _____ ist.
c Ich finde _____ _____, **weil** _____.

3b Oder hast du vielleicht kein Lieblingsfach?

Beispiel: Ich habe Physik nicht gern, **weil** es schwer **ist**.

a Ich mag _____ nicht, **weil** _____.
b _____ ist nicht mein Lieblingsfach, **weil** _____.
c Ich finde _____ _____, **weil** _____.

4 Welche sind die positiven und welche die negativen Gründe?

a ...weil eine Doppelstunde so langweilig ist.
b ...weil der Lehrer so lustig und interessant ist.
c ...weil wir wahnsinnig viel Arbeit bekommen.
d ...weil ich das einfach nicht verstehen kann.
e ...weil ich die Ausstattung kaufen muss, obwohl ich kein Geld habe.
f ...weil man über heiße Themen wie Geld diskutiert.

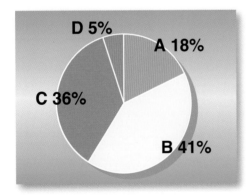

5a Thomas hat die elfte Klasse auch über Geld interviewt. Schau dir das Kreisdiagramm an und schreib für jeden Abschnitt einen Satz.

Beispiel: **A** Achtzehn Prozent der Schüler haben einen Nebenjob.

A Nebenjob
B Taschengeld reicht aus
C Taschengeld reicht nicht aus
D kein Taschengeld, keinen Job

5b Frag einen Partner/eine Partnerin über sein Taschengeld. Benutz die Fragen auf Seite 140.

6a Partnerarbeit. Hat er/sie einen Nebenjob? Lest die Sätze einem Partner/einer Partnerin vor. Welcher Satz passt zu welchem Bild?

Beispiel: **1 d**

1 Ich arbeite im Laden von meinem Vater und bekomme dafür etwas Geld.
2 Ich trage Zeitungen aus, aber ich möchte eine andere Arbeit finden.
3 Meine Schwester und ich führen Hunde aus* – jede von uns bekommt 10 dafür.
4 Ich bekomme Taschengeld, aber es reicht nicht aus.
5 Ich helfe meiner Mutter zu Hause beim Putzen und Aufräumen und kriege ein gutes Taschengeld dafür.
6 Ich arbeite jeden Samstag im Reitstall; dafür kann ich kostenlos reiten.
7 Ich habe im Supermarkt gearbeitet, aber die Stunden waren einfach zu lang.

ausführen – (here) to walk

6b Was bedeuten die roten Wörter? Schau wenn nötig im Wörterbuch nach.

Jetzt seid ihr dran!

7 Write a short paragraph in German about your own school subjects and your opinion of them. Why do/don't you like them?

8 Have a group debate: how much pocket money should a young person get? What do young people spend money on? Is too much money a bad thing? Record your discussion on the OxBox.

(W) Schulfächer, Schultag, Meinungen (A) Aussprache durch Vorlesen üben (K) Tonfall bei Fragen

Heinrich-Schütz-Gymnasium

Name – Heike Bölling

Zeit	Montag	Dienstag	Mittwoch	Donnerstag	Freitag	Samstag
8:15–9:05	Deutsch	Chemie	Latein	Spanisch (Wf)	Mathe	Geschichte
9:10–10:00	Deutsch	Spanisch (Wf)	Geografie (Wf)	Mathe	Englisch	Geschichte
10:05–10:55	Geografie (Wf)	Englisch	Kunst (Wf)	Englisch	Deutsch	Kunst (Wf)
11:15–12:05	Mathe	Biologie	Musik	Hauswirtschaft	Technik	
12:10–13:00	Geschichte	Technik	Sport	Latein	Biologie	
13:10–14:00	Englisch	Mathe	Sport	Chemie	Religion	

Wf = Wahlfach

Hallo! Heute möchte ich wissen, welches Wahlfach ihr habt, und warum ihr dieses Wahlfach gewählt habt. Ich fange mit Natalie an.

Musik macht mir Spaß. Ich kriege da immer gute Noten.
Jochen

Informatik und Buchhalten. Ich möchte gern Sekretärin werden.
Natalie

Geografie ist einfach toll, aber ich weiß nicht, ob es für meine Zukunft nützlich ist.
Karl

Ich will nach Paris fahren!
Heidi

Ich möchte später Ingenieurin werden.
Karen

Ich brauche Chemie für meine Zukunft in einem Labor.
Georg

1 📖 🗣 Schau dir den Stundenplan auf Seite 142 an und erganze die Sätze. Hör dann zu, um deine Antworten zu prüfen.

1 Heikes Schultag beginnt um _____.
2 In der Woche hat Heike _____ Stunden Mathe.
3 Sie hat _____ am M_____ in der _____ Stunde und am _____ in d__ _____ Stunde.
4 Die Pause beginnt um _____ und dauert _____ Minuten.
5 Am Samstag hat sie eine _____ Geschichte.
6 Die Schule ist um _____ zu Ende.
7 Heikes Wahlfächer sind _____, _____ und _____.

2 🖉 Ergänze die folgenden Fragen.

Beispiel: **a** In welche Kl*asse gehst* du?

b Wann fängt die S_____ an? W_____ endet sie?
c Was ist dein L_____?
d Warum ist das d_____ Lieblingsfach?
e An welchem T_____ oder an welchen T_____ und um wieviel U_____ hast du _(ein Fach)_ ?

3a 👤 🖉 Füll die Tabelle aus. Beginne mit deinem eigenen Namen. Stell Fragen an drei Klassenkameraden/Klassenkameradinnen.

Name	Klasse	Lieblingsfach	Meinung	Tag/e und Uhrzeiten
(dein Name)				

TIPP

Tip for speaking
Asking questions: if you cannot remember the question word, change the key part of the sentence into a question by using a rising tone at the end. For example: *(Wie lange) dauert eine Stunde?* could become simply *Eine Stunde dauert...?*

3b 🖉 Benutze die Informationen aus Tabelle 3a und schreib Sätze über dich selbst und eine andere Person.

Beispiel: Ich bin in der zehnten Klasse. Die Schule beginnt um...

3c 👤 🗣 Lies deine Sätze aus Übung 3b einem Partner/einer Partnerin vor, um deine Aussprache zu üben.

4a 📖 🗣 Thomas fragt Schüler: Welches Fach hast du als Wahlfach gewählt und warum? Lies die Aussagen auf Seite 142, hör zu, und füll die Tabelle aus.

Name	Wahlfach	Warum?
Natalie		
Karl		
Jochen		
Georg		
Karen		
Heidi		

4b 👤 🗣 Partnerarbeit. Benutzt die Informationen aus Übung 4a, um ganze Sätze zu schreiben.

Beispiel: Natalie hat Informatik gewählt, weil sie Sekretärin werden will.

TIPP

Tip for reading and listening
As often as you can, read and listen to German at the same time, in order to get used to detecting the spoken words.

Jetzt seid ihr dran!

5 👤 🗣 Prepare an interview in German with a partner about a school day. Compare a school day in Great Britain with Heike's school day. The final question should be: where is being a student better, in Germany or in Britain?

- First write out the questions you want to ask.
- Practise asking the questions and answering them.
- Then record your interview on the OxBox.

6 🖉 Your parents want you to spend a term in Germany to improve your German. Write a letter in German to your new school, the Heinrich-Schütz-Gymnasium. Explain why you want to study there and ask which subjects you will have and what the school day is like. Describe yourself and your interests at school.

G Wiederholung: Substantive machen **W** Schulen und Noten **K** das Pro und Kontra diskutieren

Liesl zieht nach Deutschland um. Lies die Texte und mach Notizen auf Englisch.

A Hallo! Ich heiße Liesl. Ich komme aus Salzburg in Österreich. Ich bin die Kusine von Thomas, der aufs Heinrich-Schütz-Gymnasium geht. Ich ziehe mit meiner Familie von Salzburg nach Dresden um*, und ich überlege, auf welche Art von Schule ich in Dresden gehen soll. In Österreich ist es gesetzlich vorgeschrieben*, dass jede Schule eine Schülermitverwaltung* und auch eine Schülervertretung* hat. Ich hoffe, es ist auch so in Dresden.

B Es gibt so viele verschiedene Schulen in Deutschland! Thomas meint, das Gymnasium ist prima, und es ist auch eine Halbtagsschule! Es hat auch eine Schülervertretung. Das finde ich gut. Aber ich interessiere mich nicht für Latein und so viele Fremdsprachen, wie es sie auf dem Gymnasium gibt.

C Ich möchte mit 18 oder 19 mein Abitur machen, aber zuerst muss ich meine Prüfungen am Ende der zehnten Klasse machen, das heißt, die Mittlere Reife oder den Schulabluss. Eine Gesamtschule wäre das Beste für mich, oder vielleicht ein berufliches Gymnasium. Dort kann ich mich auf meinen Traum konzentrieren, Zahntechnikerin werden!

*umziehen – *to move (house)*
gesetzlich vorgeschrieben sein – *to be a legal requirement*
Schülermitverwaltung – *student co-governance*
Schulervertretung – *student representation*

Heinrich-Schütz-Gymnasium
Zeugnis

Student: Christian Brett

Fach	Note
Mathematik	2
Chemie	6
Biologie	4
Physik	3
Deutsch	4
Latein	4
Englisch	5
Geschichte	5
Technik (Wf)	2
Musik (Wf)	2

Note	Bedeutung
1	sehr gut
2	gut
3	befriedigend
4	ausreichend
5	mangelhaft
6	ungenügend

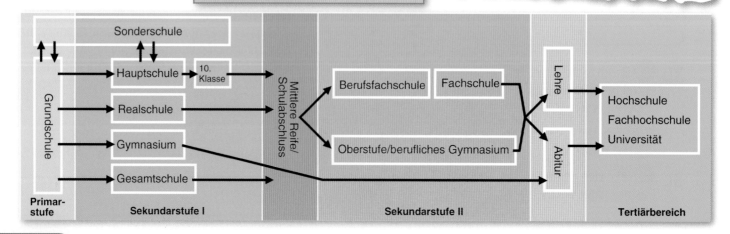

1 📄 Es gibt in Deutschland viele Schularten. Sieh dir das Diagramm auf Seite 144 an und verbinde den Schultyp mit der Beschreibung unten.

Beispiel: **1 a**

1 Grundschule   **4** Gymnasium
2 Realschule   **5** Berufsschule
3 Gesamtschule   **6** Fachhochschule

a Kinder gehen auf diese Schule, bis sie 11 Jahre alt sind.

b Wenn du in der Grundschule besonders gute Noten bekommen hast, kannst du auf diese Schule gehen und danach auf die Universität.

c Diese Schule hat alle Sorten von Schülern, wie in einer „comprehensive" in Großbritannien.

d Nach der zehnten Klasse in diesen Schulen macht man die Mittlere Reife, wie „GCSEs" in Großbritannien (drei Schulen).

e In diesen zwei Schulen macht man das Abitur, wenn man 19 Jahre alt ist, und wenn man gute Noten bekommen hat, kann man auf die Universität gehen.

f In dieser Schule kann man neben den normalen Schulfächern auch eine Lehre machen.

g Diese Schule ist für Schüler, die ein technisches Fach studieren wollen, zum Beispiel, um Ingenieur oder Diplomingenieur zu werden.

2 🎙 Auf was für eine Schule gehen diese Jugendlichen und was gefällt ihnen besonders daran? Hör gut zu und füll die Tabelle aus.

	Type of school	Positive aspects
1		
2		
3		

*sitzenbleiben – to repeat a year
die Halbtagsschule – half-day school

GRAMMATIK

Nouns made from adjectives and adverbs
In German, you can make nouns from adjectives and adverbs: *gut – das Gute* (good – the good).
A common plural noun when speaking or writing about young people is: *jugendlich – die Jugendlichen* (youthful – young people).

3 👥 ✏ Partnerarbeit. Macht Substantive mit diesen Adjektiven. Erfindet noch andere!

a schön   **c** dumm
b schlecht   **d** langsam

4a 👥 📄 Partnerarbeit. Lest Christians Zeugnis auf Seite 144 und beschreibt seine Noten.

Beispiel: Die schlechteste Note ist in Chemie. Die besten sind...

4b 👥 ✏ Partnerarbeit. Ihr seid der Schülerrat und müsst euch entscheiden: soll Christian sitzenbleiben? Macht eine Liste von Gründen für beide Argumente.

• Ja, weil...   • Nein, weil...

Jetzt seid ihr dran!

5a 🎙 📄 Listen to the recording about German school routine, read the text below and then discuss it with a partner.

Die Schule beginnt früh am Morgen in Deutschland, so um 8 Uhr. Der Schultag in einer normalen Schule endet ungefähr um 13 Uhr. Dann gehen die Schüler nach Hause zum Mittagessen und am Nachmittag haben sie keinen Unterricht. Nachmittags unter der Woche kann man in den Sportklub gehen, seinem eigenen Hobby nachgehen, freiwillige Arbeit machen oder einen Freizeitjob machen. Aber es gibt immer viele Hausaufgaben, und der Vormittag in der Schule ist lang und hart. Dazu kommt noch, dass in vielen Schulen auch am Samstagvormittag Unterricht ist.

Heutzutage gibt es immer mehr Ganztagsschulen, wo die Schüler so wie in England auch am Nachmittag Unterricht, also nicht frei, haben. Sie haben aber nicht so viele Hausaufgaben auf.

5b 🥧 🌙 Would you rather attend a half-day school or a whole-day school? Why? First make lists in German of reasons for and against each type of school. Then discuss your lists in German with a partner. Will you make any changes?

Halbtagsschule		Ganztagsschule	
Pro	**Kontra**	**Pro**	**Kontra**

6 🕐 Write a report about everything that you think is good about your school – facilities (*Einrichtungen*), subjects, teachers, student council, the students. Can you think of anything else?

G Wiederholung von „um... zu..." **W** Taschengeld, Nebenjobs **K** Sprechen: längere Sätze benutzen

1a Partnerarbeit. Was kann man zu Hause machen, um Taschengeld zu verdienen? Schaut euch die Bilder oben an und macht eine Liste.

1b Vergleicht eure Liste mit der Liste eines anderen Paars. Lest eure Listen vor, um die Aussprache zu üben.

2a Umfrage. Frag deine Klassenkameraden, ob sie zu Hause helfen und ob sie Taschengeld bekommen. Die Tipp-Box hilft dir dabei.

Beispiel: Was machst du zu Hause, um zu helfen? Bekommst du Taschengeld? Wie viel bekommst du?

TIPP

Tip for speaking
You don't always need to tell the truth in a practice exercise or an exam. Say as much as you can remember, for instance about tasks you can do around the house.

2b Schreib auf, wie viel Taschengeld deine Klassenkameraden bekommen. Lies deine Ergebnisse einem Partner/einer Partnerin vor.

3a Hör gut zu und lies „Wenn das Taschengeld nicht ausreicht". Beantworte die Fragen auf Englisch.

a How much pocket money does Hans get?
b Is it enough for what he wants to do and buy?
c What does he need money for?
d What days and times during the week does Hans work?
e Where does he work part time?
f Why did he want to work there?
g How much does he earn?
h What are the advantages for Hans of this job?
i What are the possible disadvantages of having this job?

Wenn das Taschengeld nicht ausreicht

1 Hans hat einen Nebenjob, weil sein Taschengeld nicht ausreicht.

2 Er arbeitet nach der Schule und verdient nicht schlecht.

3 Er hat diesen Job, weil er Tiere liebt. Auf diese Weise stellt er fest*, ob dieser Job für ihn interessant ist.

4 Hans hat wenig Freizeit, aber er ist sehr froh über seinen Nebenjob und das Geld, und er kann diesen Job auch in seinem Lebenslauf erwähnen*.

* feststellen – *to find out*
erwähnen – *to mention*

GRAMMATIK

Remember to use the construction **um...zu** to explain the reason for or purpose of an action.

Ich arbeite, **um** mehr Taschengeld **zu** verdienen. – *I work in order to earn more pocket money*

Um comes at the beginning of the clause, and **zu** comes just before the verb at the end of the clause, or in between the prefix and verb for seperable verbs

Ich muss um 6 Uhr aufstehen, **um** pünktlich im Supermarkt an**zu**kommen. – *I have to get up at 6 o'clock in order to get to the supermarket on time.*

3b Ergänze die Sätze. Wofür braucht Hans Geld?

a Hans braucht Geld, um mit sein ___ _____ auszugehen.

b Hans braucht Geld, um ins _____ zu gehen.

c Hans braucht Geld, um sich _____ zu kaufen.

d Hans braucht Geld, um _____ zu kaufen, um Musik zu hören.

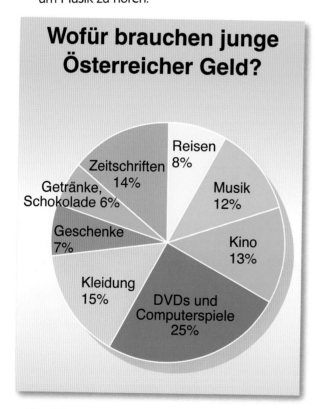

Wofür brauchen junge Österreicher Geld?

Reisen 8%
Zeitschriften 14%
Getränke, Schokolade 6%
Geschenke 7%
Kleidung 15%
DVDs und Computerspiele 25%
Kino 13%
Musik 12%

4 Partnerarbeit. Schaut euch zusammen das Kreisdiagramm an. Wofür brauchen junge Österreicher Geld? Benutzt *um... zu...* in eurem Gespräch.

Beispiel: Fünfzehn Prozent der Jugendlichen brauchen Geld, **um** sich Kleidung **zu** kaufen.

5 Wofür gibt man Geld aus? Hör gut zu und schreib so viel wie möglich auf.

6 Umfrage. Wofür brauchen deine Klassenkameraden und -kameradinnen Geld? Frag sie und mach eine Grafik (z.B. ein Kreisdiagramm). Schreib dann einen Absatz über die Ergebnisse.

7 Lies den folgenden Text und finde die deutschen Ausdrücke unten.

Taschengeld ist wichtig, sagen die Jugendexperten. Ein Kind soll früh lernen, wie man mit Geld umgeht. Eltern sollen dem Kind regelmäßig Taschengeld geben. Natürlich macht ein Jugendlicher mit seinem Taschengeld, was er will.

Wenn er das Geld voll ausgibt, dann hat er nichts mehr, wenn er später mit Freunden ins Kino gehen will. Man kann auch vorsichtig mit Geld umgehen, nicht alles gleich ausgeben und etwas sparen.

a important
b experts on young people
c regularly
d spend
e careful
f save

Jetzt seid ihr dran!

8 Groupwork. Discuss what young poeple can do to earn money. There are a few ideas on page 141. List other possible ideas in German.

9 Discuss in German with a partner whether you get pocket money. Describe the role of money in your life. Do you have enough for what you want or need to buy? Do you have a job? If so, what is it? What do you spend your money on?

- First make notes.
- Then tell your partner your answers as a complete report.

G Reflexivverben mit dem Dativ **W** Nebenjobs für Schüler **K** Sprechen: von Frage zu Antwort

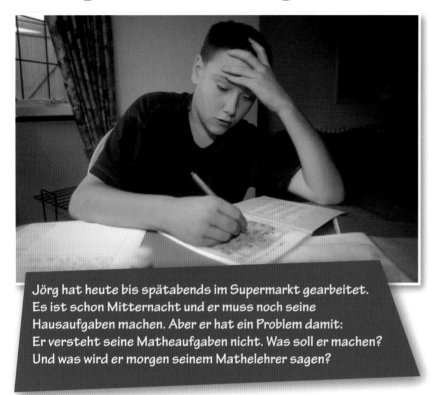

Jörg hat heute bis spätabends im Supermarkt gearbeitet. Es ist schon Mitternacht und er muss noch seine Hausaufgaben machen. Aber er hat ein Problem damit: Er versteht seine Matheaufgaben nicht. Was soll er machen? Und was wird er morgen seinem Mathelehrer sagen?

1 📖 Lies den Text über Jörg und beantworte die Fragen auf Englisch.

  a What time is it?
  b Where has Jörg been?
  c What is he trying to do?
  d What is the problem?
  e What is he worried about for tomorrow?

2 🌑 Schau dir das Bild unten an. Die elfte Klasse möchte einen Ausflug zum Vergnügungspark machen. Susanne und ihre Freunde überlegen sich, wie sie für den Ausflug Geld verdienen können. Was für Ideen haben sie? Was schlägst du vor? Mach eine Liste.

Beispiel: Wir können Kekse backen und sie in der Pause verkaufen.

3a 🕐 Vervollständige die Antworten.

a Wie heißt du? Ich...
b Bekommst du Taschengeld? Ja,...
c Reicht dein Taschengeld aus? Nein,...
d In was für eine Schule gehst du? Ich gehe...
e Hast du einen Nebenjob?...
f Verdienst du Geld?...

3b 👥 🌙 Partnerarbeit. Stellt euch gegenseitig die Fragen aus Übung 3a. Versucht eure Antworten z.B. mit *weil* zu erweitern. Die Tipp-Box hilft euch dabei.

TIPP

Tip for speaking
Listen carefully to any question you are asked. You can often adapt words from the question to begin your answer.

4a 🎤 Interviews mit Jugendlichen über ihre Nebenjobs. Hör gut zu und füll die Tabelle aus.

Part-time Job	
For	**Against**

4b 👥 🌙 Diskutiert mit einem Partner/einer Partnerin das Pro und Kontra eines Nebenjobs. Benutzt die Tabelle aus Übung 4a und fügt neue Ideen hinzu.

Beispiel: Es ist schlecht, wenn man spätabends arbeitet, weil man am nächsten Tag müde ist.

5 🕐 Schule plus Nebenjob: Kann das zum Konflikt führen? Schreib ganze Sätze.

Beispiel: Jörg hat seine Hausaufgaben nicht gemacht, weil er im Supermarkt gearbeitet hat.

a Jörg – Hausaufgaben nicht gemacht (weil) – im Supermarkt gearbeitet
b Barbara – kein Taschengeld bekommen (weil) – Zimmer nicht aufgeräumt
c Jochen – samstagmorgens sehr müde, (wenn) – seinem Bruder beim Gig hilft
d Seine Eltern – sich Sorgen, (weil) – Jörg bis spätabends arbeitet
e Heike – schlechte Noten bekommen (weil) – jeden Tag nach der Schule arbeitet.

GRAMMATIK

Revision: Dative reflexive pronouns
Some verbs take a reflexive pronoun in the dative case. Reflexive dative pronouns are the same as accusative pronouns except for *ich* – **mir** and *du* – **dir**.
Ich mache mir Sorgen – *I am worried*.

Examples of such verbs include:
sich überlegen (+ *dat*) – *to think over, to consider*
sich Sorgen machen – *to be worried about*
sich leisten (+ *dat*) – *to be able to afford*
sich vorstellen (+ *dat*) – *to imagine*

6a 📖 🕐 Lies den folgenden Dialog und füll die Lücken aus. Sieh dir Seite 150 an, wenn du Hilfe brauchst.

Liesl: Ich überlege _____, ob ich auf eine Halbtagsschule gehen sollte.
Thomas: Dann könntest du einen Nebenjob haben. Mit dem Geld kannst du es _____ leisten, mehr CDs zu kaufen.
Liesl: Ja, aber meine Eltern würden _____ Sorgen machen, dass ich mit meinen Hausaufgaben nicht fertig werde.
Thomas: Tja, das kann ich _____ nicht vorstellen!

6b 🕐 Übersetze den Dialog aus Übung 6a ins Englische.

Jetzt seid ihr dran!

7 🕐 Do you have a part-time job? If not, imagine that you do have one. Describe the job, including the hours, pay and tasks. What is good about the job? What is not so good about it? Write as much as possible in German using full sentences and paragraphs.

8 👥 🌙 In a group of 4–5 people, think up a fantastic idea for earning money as a group in your free time. Prepare a 'Dragon's Den' presentation in German for the rest of the class, with each member of your group presenting a section. Try to convince the class to give you financial support (*finanzielle Unterstützung*) for your idea.

REVISION: REFLEXIVE VERBS AND THE DATIVE

Reflexive verbs are often used in German to express thinking, imagining, remembering and sometimes feeling. Reflexives can be useful when talking about school, future plans and pocket money.

Examples:

Ich erinnere **mich** – *I remember*
Ich interessiere **mich** – *I'm interested*
Ich merke **mir** – *I'm making a mental note, I'll remember, I won't forget*
Ich stelle **mir** vor – *I imagine*
Ich überlege **mir** – *I'm thinking about, I'm considering*

NB The first two examples take the **accusative** pronoun; the last three examples take the **dative** pronoun. Accusative and dative reflexive pronouns are the same for all forms except the *ich* and *du* forms:

Accusative				Dative			
ich	**mich**	wir	uns	ich	**mir**	wir	uns
du	**dich**	ihr	euch	du	**dir**	ihr	euch
er/sie	sich	sie	sich	er/sie	sich	sie	sich
		Sie	sich			Sie	sich

Those reflexive verbs taking the dative often have an object or are part of an idiomatic phrase, e.g. *sich Sorgen machen* (to be worried), *sich etwas leisten* (to afford something, to treat oneself to something) or *sich etwas kaufen* (to buy oneself something).

Examples:

a Kannst **du dir** ein neues Fahrrad leisten? – *Can you afford to buy yourself a new bicycle?*
b **Ich** merke **mir** deine Handynummer. – *I'm noting your mobile phone number.*
c **Ich** mache **mir** Sorgen um Christian. – *I'm worried about Christian.*
d Herr Huber, **Sie** erinnern **sich** an Georg, nicht wahr? – *Mr Huber, you remember Georg, don't you?*

1 Conjugate the following reflexive verbs with dative pronouns in the *ich, du* and *wir* forms.

   a sich etwas vorstellen (*to imagine*)
   b sich Mühe geben (*to make an effort*)
   c sich Sorgen machen (*to be worried about*)

2 Complete these sentences with the correct dative reflexive pronouns.

   a Ich gebe _____ viel Mühe mit meinen Hausaufgaben, aber sie sind schwierig.
   b Meine Mutter macht _____ viele Sorgen um die kleine Katze.
   c Claudia bekommt so wenig Taschengeld, dass sie _____ nicht leisten kann, ins Kino zu gehen.
   d Kannst du _____ merken, wann der Film beginnt?
   e Ich leiste _____ jeden Monat eine neue CD.
   f (du) Merk _____, dass du am Dienstag Hausaufgaben hast!

3 Use the verbs in activity 1 to complete this text. Then translate it into English.

Jörg hat heute bis spätabends in seinem Nebenjob im Supermarkt gearbeitet. Es ist jetzt Mitternacht und er ist müde, aber er muss noch seine Hausaufgaben machen. Er _____ _____ viel Mühe, aber er versteht die Matheaufgaben nicht. Er kann _____ nicht vorstellen, wie er fertig werden kann, und er macht _____ große Sorgen, was er morgen seinem Mathelehrer sagen wird.

4 Write sentences with these reflexive verbs that take the dative.

Example: **a** Ich überlege mir, ob ich ins Kino gehe.

   a sich überlegen, ob…
   b sich Sorgen machen über…
   c sich vorstellen, dass…
   d sich Mühe geben mit…

WEAK NOUNS

One group of masculine nouns are known as 'weak' nouns. They change their endings depending on the gender and the case, and whether they are singular or plural.

Weak nouns are easy to identify because they are usually people (and occasionally animals) and often designate men in particular positions or professions.
(The feminine forms add *-in* to the end, e.g. *die Studentin, die Polizistin,* and behave like other feminine nouns.)

Singular forms in the nominative and accusative

Weak masculine nouns change in the **accusative** by adding *-n,* or *-en* to the end:

Nom   der Mensch   der Herr
Acc   den Mensch**en**   den Herr**n**

Ich sah...

den Jungen

den Studenten   den Polizisten   den Affen

Plural forms

The plural form of masculine weak nouns always adds *-n* or *-en,* e.g. *die Menschen, die Herren.*
(Feminine forms always add *-nen,* e.g. *die Studentinnen, die Polizistinnen.*)

Examples:
a Ich sah **den** Jung**en** am Samstag. – *I saw the boy on Saturday.*
b Ich kenne sein**en** Namen nicht. – *I don't know his name.*
c Dies**e** Jung**en** benehmen sich wie Affen! – *These boys are behaving like apes!*
d Hast du mein**en** Kolleg**en** gesehen? – *Have you seen my colleague?*
e Bekommen **die** Studentin**nen** bessere Noten als **die** Student**en**? – *Do the girls get better grades than the boys?*

5 Complete the sentences with the correct endings for the weak nouns, then read your answers to your partner to practise saying and hearing the endings.

a Der Jung__ hat sein__ Nam__ nicht gehört.
b Von allen Student__ in der Klasse ist Jochen der faulst__.
c Von den vielen Pullis, die im Ausverkauf waren, habe ich den billigst__ gekauft.
d Das Best__ ist, du sparst dein Geld für die Zukunft.

WEAK NOUNS FROM ADJECTIVES

Weak nouns created from adjectives always have endings that agree with the gender and case of the things they are referring to:
deutsch – **ein** Deutsch**er** (*a German man*), **eine** Deutsche (*a German woman*)
jugendlich – **der** Jugendliche (*the young man*), **die** Jugendliche (*the young woman*), **die** Jugendlich**en** (*young people*)

Note: a weak adjectival noun is not written with an initial capital letter when the noun it refers back to is clear, as in **b** and **c** below.

Examples:
a Jochen versucht sein Best**es** in Englisch, aber seine Noten sind nicht sehr gut. – *Jochen tries his best in English, but he doesn't get very good marks.*
b Jürgen ist ein guter Mathematiker, aber Hans ist **der** beste in der Klasse. – *Jürgen is a good mathematician, but Hans is the best in the class.*
c Meine besten Noten sind in Musik, und mein**e** schlechtest**en** sind in Geschichte. – *My best grades are in music and my worst are in history.*

6 Add the correct endings and translate the text into English.

Es gibt viele gute Sportlerinnen in unserer Klasse, aber Heike ist die best__. Unter den Sportlern ist Dieter der best__ und Hans ist der schlechtest__. Unsere Fußballmannschaft ist relativ gut, aber nicht die stärkst__ in der Liga. Wir müssen viel mehr trainieren, um die best___ zu werden.

5A Kompetenzen

In this unit, you've learnt how to...

Beim Hören

1 **Listen to the German while reading the text at the same time.**
   - ❏ Listen to the sounds of the words and phrases, concentrating on remembering how they sound and what they mean. If you are a primarily visual learner, look carefully at the way the words and phrases look as you hear them.
   - ❏ Read German aloud to yourself in order to listen to the German you are seeing and saying, as well as to practise speaking in German.
   - ❏ Open your exercise book and read a page of it aloud to yourself or to a partner.
   - ❏ Open your textbook randomly and read the German aloud to yourself or to a partner.

2 **Study the visuals that accompany a listening task, including the layout of the task, and use them to preview what you are likely to hear.**
   - ❏ If the task is to select the appropriate picture, quickly go through the items and name them (possibly write them down quickly).

   Example: What was lost at the train station?
   - ● ___Hut___ (hat)
   - ● _____
   - ● _____

3 **Review what you know about a topic and what key words might come up.**
   - ❏ If the topic of a listening exercise is *Taschengeld*, think about the words and phrases that might come up. Make a quick list.

4 **Check that your guesses make sense.**
   - ❏ Do they fit the topic of the listening segment? Which of the following might not fit the topic *Taschengeld*?
     - ● ausgehen
     - ● Schokolade
     - ● Stundenplan
     - ● reicht nicht aus

Beim Sprechen

1 **Use intonation to turn a sentence or phrase into a question.**
   - ❏ What questions could you make from these sentences without using question words? (Remember to use *du* if appropriate.)
     - ● Eine Stunde dauert fünfzig Minuten.
     - ● Ich arbeite seit einem Jahr im Supermarkt.
     - ● Ich finde die Arbeit sehr langweilig.

2 **Listen carefully to the words in a question and adapt them to formulate the answer.**
   Example:
   - ● Bekommst du Taschengeld?
   - ● Ja, ich bekomme £8 die Woche.

   - ❏ Now use these questions to formulate answers:
     - ● Arbeitest du?
     - ● Findest du die Schule langweilig?
     - ● Reicht dein Taschengeld aus?

3 **Get better marks in your speaking exam by saying more.**

   If you haven't got a lot to say personally about a topic, embellish a little and say what you can about the topic.

   Example: You don't have a job, but the examiner asks: *Arbeitest du?* You answer: *Ja, ich habe einen Nebenjob. Ich arbeite samstags im Schuhgeschäft. Ich verdiene £4 die Stunde.* You haven't told the strict truth but you have demonstrated that you can talk about having a job = points!

   - ❏ Answer these questions with more information than is strictly applicable to you. Ask and answer these questions as fully as possible with a partner, then think of other questions to ask.
     - ● Hast du einen Nebenjob?
     - ● Was machst du zu Hause, um zu helfen?
     - ● Was wirst du im Sommer machen?
     - ● ...
     - ● ...

Zum Sprechen

1. Listen to a group of student representatives as they draw up a list of discussion points they wish to take up with senior staff. Here is their final list.

2. In a group, discuss in German what changes you would like to see taking place in your own school and why you want those changes. Your list might include the following:
   - timetabling
   - homework
   - subjects
   - the school day
   - school facilities
   - opportunities for events.

3. Now write up your final agenda, listing your priorities and explaining why they are important, using *weil*.

Prioritäten der Schülermitverwaltung

- neue Schulbank vor der Schule
- neue Toilette im zweiten Stock
- Sorgen um Christians Noten
- Klassenreise nach Paris

Zum Schreiben

1. Working in a group of 4–5, write job descriptions in German for jobs that would be perfect for teenagers who are still at school and so need time for homework and school-based activities. Include the following details.
   - Where the job is.
   - What the hours are.
   - Which tasks are involved.
   - Pay.
   - Opportunities for the future.
   - Other significant aspects.

2. Prepare a presentation in German about one of the jobs to convince potential students to apply. Emphasise all the advantages and try to be as persuasive as possible.

3. Do a formal presentation for the job to another group and be prepared to answer any questions they might have.

Viel Erfolg!

Der ideale Nebenjob

Wie man über Schule und Geld spricht (Seite 140–141)

Biologie *nf*	*biology*
Chemie *nf*	*chemistry*
Deutsch *nn*	*German*
die Einrichtungen *fpl*	*facilities*
Englisch *nn*	*English*
das Fach ⁼er *nn*	*subject*
Geografie, Erdkunde *nf*	*geography*
Geschichte *nf*	*history*
Informatik *nf*	*ICT*
der Journalist -en *nm*	*journalist*
der Jugendliche -n *nm*	*young person*
Kochen *nn*	*cookery*
Kunst *nf*	*art*
das Labor -s *nn*	*laboratory*
Latein *nn*	*Latin*
der Lehrer/-in *nm/f*	*teacher*
das Lieblingsfach ⁼er *nn*	*favourite subject*
Mathematik, Mathe *nf*	*maths*
Musik *nf*	*music*
Naturwissenschaften *fpl*	*natural sciences*
der Nebenjob -s *nm*	*part-time job*
Physik *nf*	*physics*
Religion *nf*	*RE*
Spanisch *nn*	*Spanish*
Sport *nm*	*sport*
das Taschengeld -er *nn*	*pocket money*
aus/führen *vb*	*to take out (for a walk)*
aus/geben *vb*	*to spend*
aus/reichen *vb*	*to be enough*
aus/tragen *vb*	*to deliver*
sich erinnern *vb*	*to remember*
verdienen *vb*	*to earn*

Wie man sagt, was in der Schule los ist (Seite 142–143)

die Buchhaltung *nf*	*accounting*
der Ingenieur/-in *nm/f*	*engineer*
der Lebensgenuss -e *nm*	*enjoyment*
die Note -n *nf*	*mark, grade*
die Pause -n *nf*	*break*
der Sekretär/-in *nm/f*	*secretary*
der Schultag -e *nm*	*school day*
der Stundenplan ⁼er *nm*	*timetable*
der Unterricht ⁻e *nm*	*lesson*
das Wahlfach ⁼er *nn*	*option subject*

Wie man das Schulleben in verschiedenen Ländern vergleicht (Seite 144–145)

das Abitur ⁻e *nn*	*school exams (= A-levels)*

die Berufsschule -n *nf*	*job/career-focussed secondary school*
das berufliche Gymnasium *nn*	*grammar school with job/career-focussed section*
die Fachhochschule -n *nf*	*technical university*
die Fremdsprache -n *nf*	*foreign language*
die Ganztagsschule -n *nf*	*all-day school*
die Gesamtschule -n *nf*	*comprehensive*
die Grundschule -n *nf*	*primary school*
das Gymnasium -ien *nn*	*grammar school*
die Halbtagsschule -n *nf*	*half-day school*
die Hauptschule -n *nf*	*secondary school*
die Hochschule -n *nf*	*higher education institution*
die Köchin -nen *nf*	*cook (female)*
die Prüfung -en *nf*	*exam*
die Mittlere Reife *nf*	*school exams (= GCSEs)*
die Realschule -n *nf*	*secondary modern*
der Schulabschluss -e *nm*	*school leaving; GCSEs*
die Schülermitverwaltung *nf*	*student co-governance*
der Schülerrat *nm*	*student council*
der Zahntechniker/-in *nm/f*	*dental assistant*
das Zeugnis -se *nn*	*certificate, report*
sitzen/bleiben *vb*	*to repeat a year*
ausreichend *adj*	*adequate (i.e. a bare pass)*
befriedigend *adj*	*satisfactory*
mangelhaft *adj*	*unsatisfactory*
ungenügend *adj*	*fail (not enough)*

Wie man über Geldverdienen redet (Seite 146–147)

die Jugend *nf*	*youth*
das Zubehör ⁻e *nm*	*attachments*
aus/gehen *vb*	*to go out*
erfüllen *vb*	*to fulfil*
hinzu/fügen *vb*	*to add to*
sich Sorgen machen *vb*	*to worry about*

Wie man Schule und Nebenjob kombinieren kann (Seite 148–149)

das Kontra -s *nn*	*argument against*
das Pro -s *nn*	*argument for*
sich entscheiden *vb*	*to decide*
sich etwas vor/stellen *vb*	*to imagine something*
sich leisten *vb*	*to be able to afford*
sich überlegen *vb*	*to think about, to consider*

5B Arbeit und Zukunftspläne

Weißt du schon, wie man...

- ☐ ein Praktikum wählt?
- ☐ eine interessante Arbeit findet?
- ☐ einen Lebenslauf schreibt?
- ☐ ein Vorstellungsgespräch überlebt?
- ☐ über Ausbildung und Berufe spricht?

Wer hat das interessanteste Praktikum erlebt?

Szenario

- **Debatte: Ist ein Arbeitspraktikum eine Zeitverschwendung?**
- **Wer kann die beste Geschichte erzählen?**

Kompetenzen

Beim Schreiben

In German, how do you...
- use formula phrases?
- check word order?
- choose whether to use formal or informal writing styles?
- check for errors as you write?

Beim Lesen

How do you...
- use context for getting the gist of a passage?
- recognise sound–spelling links?
- avoid making wild guesses?

Aktive Grammatik

As part of your German language 'toolkit', can you...
- create 'if' sentences?
- distinguish between and produce formal/informal forms of address?
- understand and use conjunctions?

G die Zukunft **W** Interessen; Praktikum **A** Tonfall üben **K** Vorkenntnisse ausnutzen

Das Praktikum

Johann: So, habt ihr alle eure Praktikumsstellen* organisiert?

Annie: Ja, ich werde bei einem Architekten in der Stadt arbeiten. Ich möchte später an der Uni Architektur studieren. Ich interessiere mich sehr für Hausdesign!

Thomas: Ich werde mein Praktikum bei der Feuerwehr machen. Dort bietet man ein tolles Praktikumsprogramm an*, wo man viel lernt! Schade, dass ich nicht viel Geld verdienen werde.

Silvia: Ich werde ein freiwilliges Arbeitspraktikum beim Gesangsverein* machen, da ich Chorleiterin* werden möchte, so wie ich es im Fernsehen gesehen habe. Ich werde meinen Lebenslauf auch an die Chorleiter verschiedener Kirchen schicken, um mich dort zu bewerben*. Und du, Johann?

Johann: Ich werde im Sportgeschäft arbeiten. Dort werde ich beim Verkauf und bei der Inventur helfen. Ich werde die neuesten Sportartikel sehen, und ich werde gutes Geld kriegen! Ich möchte später an der Berufsschule Sport studieren. Und du, Karl, was wirst du machen?

Karl: Keine Ahnung! Ich habe noch nicht so richtig gesucht. Ich weiß nicht, was ich machen könnte!

Thomas: Was? Mach was, das dich wirklich interessiert! Du fährst doch gern Rad! Mach doch etwas mit Fahrrädern!

Karl: Na, ein Fahrradgeschäft gibt es in unserer Stadt ja schon, aber verkaufen, das möchte ich nicht. Das ist der große Nachteil vom Fahrradgeschäft. Ich will keine Kunden bedienen*. Ich bin eine große Null* im Verkaufen!

Thomas: Du brauchst nicht zu verkaufen. Du kannst Reparaturen machen. Und warum nicht in Frankreich? Irgendwo auf der Route der *Tour de France*! Du kannst dein Französisch verbessern und die fantastischen Radfahrer bei der Tour sehen. *Quelle chance*!

Karl: Du hast Recht! Radfahren ist meine Leidenschaft! Ich werde etwas mit Fahrrädern machen! Am besten suche ich gleich im Internet.

*die Praktikumsstelle – *work experience placement*
anbieten – *to offer*
der Gesangsverein – *singing club*
der Chor – *choir*
sich bewerben – *to apply for a job*
Kunden bedienen – *to serve customers*
eine große Null – *completely useless*

Das sind ihre Interessen. Was könnten sie als Praktikum machen?

 **A**    **B**    **C**    **D**    **E**

1a 🎤 📖 Hör gut zu und lies den Dialog auf Seite 156. Beantworte die folgenden Fragen auf Englisch.

a What are the students discussing?
b What is Annie planning for her future?
c Why has Thomas chosen the fire service?
d Silvia wants to combine her work with the local singing group and with _____.
e Give two advantages Johann mentions about what he plans to do.
f What is Karl's problem?
g Name at least three suggestions, one by Karl himself, aimed at solving Karl's problem.

TIPP

Intonation

German intonation is quite simple: it always descends at the end of the sentence. In a longer sentence, the voice rises slightly as you reach a comma and then descends. Questions always rise at the end. Practise intonation when reading the scene in activity 1b.

1b 📖 🌙 Gruppenarbeit. Lest in Gruppen von 2–5 Personen das Gespräch auf Seite 156 vor.

GRAMMATIK

Revision: future with *werden* + infinitive

To form the future in German, use ***werden*** (equivalent to 'will' in English) with the infinitive of the main verb at the end of the sentence or main phrase. (See page 71.)

Ich werde mein Praktikum bei einem Architekten machen.
– *I will do my work experience at an architect's company.*

---

2 🖊 Vervollständige die folgenden Sätze.

a Annie wird ihr Praktikum bei einem Architekten machen, weil...
b Thomas wird bei der Feuerwehr arbeiten, weil...
c Johann plant, in einem Sportgeschäft zu arbeiten, weil...
d Silvia hat vor, bei einem Gesangsverein zu helfen, weil...
e Karl interessiert sich dafür, etwas mit Fahrrädern zu machen, weil...

TIPP

Tip for reading

Use all your common sense and your world knowledge to try to guess the meaning of an unknown word. Then double-check to see if your guess makes sense in relation to the rest of the sentence and the whole text.

---

3 📖 🌙 Lies den Text über Georg und mach Notizen. Gibt es Wörter, die ihr nicht versteht?

Ich bin behindert, und zwar blind, seit meiner Geburt. Ich gehe auf eine Sonderschule für Jugendliche, die blind oder halb blind sind. Ich kann lesen und mit Hilfe eines Sondercomputers auch schreiben. Mein Lieblingsfach ist Musik. Ich spiele Flöte und Gitarre und bin Mitglied im Schulorchester. Ich glaube nicht, dass ich eines Tages Berufsmusiker werde, aber wer weiß? Alles ist möglich, sagen unsere Lehrer. Für mein Praktikum werde ich zwei Wochen als Assistent unseres Musiklehrers arbeiten.

Jetzt seid ihr dran!

4 👥 🌙 With a partner, discuss in German the **advantages and disadvantages of doing work experience. Decide whether each of the following points is an advantage or a disadvantage.**

Wenn man ein Praktikum macht,...

a verdient man wenig Geld.
b bekommt man etwas Erfahrung von der Arbeitswelt.
c braucht man nicht zur Schule zu gehen.
d kann man ausgenutzt werden.
e kommt man auf neue Ideen für die Zukunft.

5 🖊 Imagine a work experience placement you have chosen to go on that relates to your interests or hobbies. Write a short paragraph in German in the future tense about it. Include as much information as you can. Be creative!
Try to extend your sentences, for instance with *weil*:

Example: Ich werde mein Praktikum bei... machen, weil ich...

NEBENJOBS FÜR JUGENDLICHE

Nachhilfelehrer/in* gesucht

Unsere Kinder brauchen Hilfe in den Fächern Mathe und Naturwissenschaften, um ihre Noten zu verbessern.
Nachmittags 2x die Woche 2 Stunden, 12€/Std.

H. und Fr. Schwarz Tel. 9375

Aushilfe im Kino

Sie verkaufen Popcorn und Getränke und kontrollieren die Eintrittskarten.
Alter*: 16+

Nachmittags- und Abendvorstellungen*. 5€ die Stunde.
Gesundheitszeugnis* erforderlich*.

Mittelwell - Kino Tel. 78 4 560

Der perfekte Nebenjob!

Haben Sie Zeit? Arbeiten Sie gern mit Computern? Wir haben einen interessanten Job für Sie in unserem Büro. Sie machen Telefondienst und ein paar Schreibarbeiten am Computer.

Schicken Sie uns eine E-Mail:
Bürodienst@schreibagentur.com

Kurierfahrer/in

Beschreibung:
Sie bringen (meist geschäftliche) Päckchen und Briefe von A nach B.

Sie müssen den Führerschein und ein eigenes Auto haben, also 18+ sein.

Gehalt:
Sie bekomnen ab 10 Euro die Stunde.

Arbeitszeit:
Sie werden oft früh aufstehen müssen und mindestens vier Stunden am Tag arbeiten. Schicken Sie uns Ihren Lebenslauf!

E-Mail: Kurierservice@diepost.com

Ein Blogger fragt...

Ich bin 13 und würde gern einen Nebenjob in einem Büro haben. Geht das in meinem Alter? Meine Aufgaben wären Anrufe annehmen und ein paar Computerarbeiten machen.

Dr. Melius antwortet auf eure Fragen:

Nein, Kinderarbeit ist in Deutschland verboten. Mit 14 Jahren kannst du Zeitungen, Zeitschriften oder Werbeprospekte* austragen, aber einen Bürojob zu machen, das geht zu weit. Erst wenn du 15 oder 16 Jahre alt bist, kannst du ein paar Stunden am Tag im Büro arbeiten, aber nur als Hilfskraft (Jugendarbeitsschutzgesetz).

Lies den Blog und beantworte die Fragen auf Englisch.

1 What is the gist of the young blogger's enquiry?
2 What is the gist of the advisor's response?
3 Can you translate the sentence with 'wenn'?
4 What further details do you learn?
5 What four words make up 'Jugendarbeitsschutzgesetz'? What do you think this word means?

---

* die Nachhilfe – *private tutoring*
das Alter – *age*
die Vorstellung – *(film) showing*
das Gesundheitszeugnis – *health certificate*
erforderlich – *required*
der Werbeprospekt – *advertising brochure*

1a Partnerarbeit. Lest die Stellenanzeigen* auf Seite 158 und schreibt Notizen auf Englisch. Die Tipp-Box unter hilft euch dabei.

Beispiel

Job:	private tutor
Age range:	(not stated)
Days and times:	twice a week, 2 hours in afternoons
Duties:	tutor children in maths and science
Requirements:	good in maths and science; maybe show school report?
Pay:	12 per hour

> * die Stellenanzeige – *job advert*

TIPP

Tip for reading

Bring together everything you know about the topic and use the numbers, layout, pictures, etc. to make good inferences. Take apart compound words in German to make a clever guess at their meaning.

1b Partnerarbeit. Wie sagt man auf Deutsch...?

a per hour – *die Stunde*
b driving licence
c small packages
d from A to B
e your own car
f entrance tickets

2a Wie war das Praktikum oder der Job? Hör gut zu und schreib Notizen auf Englisch.

Beispiel:

How was it found?	father
Where?	father's office
What kind of work?	checking data on computer
Hours:	9–4 for 3 weeks
Opinion:	interesting
Why?	likes computer work

2b Partnerarbeit. Hört noch einmal zu. Wie sagt man auf Englisch...?

a im Internet – *on the internet*
b in der Zeitung
c Animateurin im Kinderheim
d die Lehrstelle
e die Autofabrik
f die Baufirma

GRAMMATIK

Revision: *wenn*

The word ***wenn*** can mean 'if' or 'whenever'. Remember to use the correct word order after ***wenn***.

Wenn du Geld **hast**, **klappt** alles besser.

Wenn dein Taschengeld nicht **ausreicht**, **solltest** du einen Nebenjob finden.

3a Schreib ganze Sätze.

a Wenn du Geld verdienen willst,...
b Wenn du eine Arbeit machst, die dich wirklich interessiert,...
c Wenn du gute Noten bekommst,...
d Wenn ein Jugendlicher einen Job sucht,...

3b Schreib sechs Sätze mit *wenn*. Benutze die Anzeigen auf Seite 158.

Beispiel: Wenn du 18 Jahre alt bist, kannst du einen Job als Kurier annehmen.

3c Partnerarbeit. Lest eure Sätze aus Übung 3b vor. Überprüft euren Tonfall und die Rechtschreibung.

4 Partnerarbeit. Findet mindestens sechs zusammengesetzte Wörter auf Seite 158–159. Wie heißen die Einzelwörter auf Englisch?

Beispiel: Nebenjob = neben + Job – 'side job', part-time job
Arbeitszeit = Arbeit + Zeit – 'work time', working hours

Jetzt seid ihr dran!

5a Work in groups of 4–5. Play the 'if' story chain game about where to find a job or work experience placement and about the hours, work, pay, etc. Each person starts a sentence with *wenn*, picking up from what the previous person said.

Beispiel: Wenn du ein Praktikum machen willst, kannst du bei deinem Vater arbeiten. Wenn dein Vater keine Arbeit hat, musst du im Internet suchen.

5b Write a short *wenn* story about finding a job, as in the groupwork activity in activity 5a.

```
              Lebenslauf*

Nachname:          Klett

Vorname:           Johannes

Alter:             16

Geburtsdatum:      10.12.92

Geburtsort:        Salzburg, Österreich

Staatsangehörigkeit: österreichisch

Adresse:           Jettaweg 14
                   A-6010 Innsbruck

Telefonnummer:     (43) 512 27945

Schulbildung*:     1998-2002:
                   Untersberger
                   Grundschule

                   seit 2003:
                   Hauptschule Andreas
                   Hofer

Qualifikationen:   Schulabschluss

Hobbys, Interessen:    Skifahren,
                       Bergsteigen*,
                       Wandern

Berufswunsch*:     Bergtourleiter*,
                   Skifabrikant*
```

Ferienjob

Wir suchen Jugendliche, die im Juli–Aug. 2 Std. pro Tag bei der Inventur helfen. Schicken Sie uns Ihre Vorstellungs-E-Mail*.

Firma Schmidt Super-Ski

schmidtsuperski@abenteuerurlaub.com

Hallo, **Herr Schmidt!**

Ich heiße **Hansi** und ich habe **deine** Anzeige im Internet gesehen. Ich will bei **deiner** Firma eine Stelle für den Sommer haben. Ich kann gut arbeiten und kann gut Fußball spielen. Ich kann gut arbeiten. Ich rufe **dich morgen** an, **ja?**

Alles Gute*,

Hansi

1a Lies den Lebenslauf von Johannes oben und beantworte die Fragen auf Englisch.

a Where was Johannes born?
b What date is his birthday?
c Where did he go to school?
d What does (43) mean in his telephone number?
e What are his interests and hobbies?
f What other information is given in his CV?
g What do *Bergtourleiter* and *Skifabrikant* mean?

1b Der Vater von Johannes übt* mit seinem Sohn die Fragen, die ihm ein Arbeitgeber* stellen* wird. Füll die Lücken aus und schreib dann ganze Sätze.

a Name: W_____ heißen Sie?
b Geburtsdatum: W_____ sind Sie geboren?
c Geburtsort: Wo sind Sie gebor_____?
d Adresse: W_____ wohnen Sie?
e Schulbildung*: Welche S_____ haben Sie besucht?
f Qualifikationen: Haben Sie Ihren S_____?
g Interessen: W_____ sind Ihre Interessen?
h Berufswunsch: W_____ möchten Sie gern als Beruf machen?

WORTSCHATZ

* der Lebenslauf – *CV*
  die Bildung – *education*
  das Bergsteigen – *mountain climbing*
  der Berufswunsch – *career aim*
  der Leiter – *leader*
  der Fabrikant – *maker, producer*
  üben – *to practise*
  eine Frage stellen – *to ask a question*
  der Arbeitgeber – *employer*
  die Bildung – *education*
  die Vorstellungs-E-Mail – *email introducing yourself*
  alles Gute – *all the best*

1c Partnerarbeit. Rollenspiel. Stellt einander Fragen aus Übung 1b und gebt Antworten für Johannes.

GRAMMATIK

Revision: formal and informal address

Young people speak and write to each other using the informal forms **du** (one person) and **ihr** (more than one person):

Machst **du** ein Praktikum?   Macht **ihr** ein Praktikum?

When speaking or writing to someone older or not well known to you or in a position of authority, use the formal **Sie** form, which is the same for one and more than one persons:

Arbeiten **Sie** in einem Büro, Herr Meier?

Arbeiten **Sie** zusammen, Herr und Frau Meier?

NB Johannes' father used the formal **Sie** form when practising with Johannes because of the formality of the situation. Johannes must use **Sie** with an employer. (See page 167.)

2a Partnerarbeit. Verwandle *du*-Sätze in *Sie*-Sätze und umgekehrt.

Beispiel: Arbeitest du in einem Büro? → Arbeiten Sie in einem Büro?

Sehen Sie sich den Brief an. → Sieh dir den Brief an.

a Wie heißt du?
b Um wieviel Uhr können Sie anfangen?
c Gefällt es Ihnen, hier zu arbeiten?
d Du hast dir mit dieser Arbeit viel Mühe gegeben*.
e Interessieren Sie sich für eine Stelle in unserer Firma?

2b Schreib die Sätze aus Übung 2a in dein Heft. Überprüfe, ob alles richtig ist. Die Tipp-Box unten hilft dir dabei.

TIPP

Tip for writing

Research has shown that if you check for errors as you go along, you will have better results than if you only check at the end. Pay particular attention to word order and adjective endings.

3a Schreib deinen eigenen Lebenslauf. Benutze das Format von Johannes Lebenslauf.

Beispiel: Name: (*your name*)
Geburtsdatum: (*your birthdate*)

3b Partnerarbeit. Stellt und beantwortet die Fragen aus Übung 1b für euch. Gibt es auch andere Fragen, die ein Arbeitgeber stellen könnte?

Beispiel: Haben Sie gute Noten in der Schule bekommen?

3c Schreib das Rollenspiel aus Übung 3b in dein Heft.

4 Partnerarbeit. Johannes hat eine Jobanzeige im Internet gefunden. Er hat eine Vorstellungs-E-Mail geschrieben, aber sein Vater findet diese E-Mail schrecklich. Sie ist viel zu informell. Lest die E-Mail auf Seite 160 und macht eine Liste von Problemen auf Englisch.

Beispiel: 1 'Hallo' is a very informal way to start a formal email introducing yourself.

Jetzt seid ihr dran!

5 Here is a more formal introductory email by Johannes. With a partner, read it aloud to each other in German, then translate it into English.

Sehr geehrter Herr Schmidt!

Ich heiße Johannes Klett. Ich bin 16 Jahre alt. Ich habe dieses Jahr meinen Schulabschluss gemacht. Ich interessiere mich für die Stelle als Inventurhelfer in Ihrer Firma. Ich bin begeisterter Sportler und möchte später bei einer Sportartikelfirma arbeiten. Ich bin pünktlich* und freundlich, und ich gebe mir Mühe bei der Arbeit. Ich hoffe, Sie werden positiv zurückschreiben*.

Mit freundlichen Grüßen,

Ihr Johannes Klett

*pünktlich – *punctual*
zurückschreiben – *to write back*

6 Read the email in activity 5 and then write your own formal email in German to a business or company where you would like to work, or in response to one of the job adverts on page 158.

(G) Konjunktionen revidieren (W) sich vorstellen (K) Konjunktionen/Wortstellung benutzen, um Sätze zu verstehen

Der Traumjob*

Sie träumen* davon, im Zoo zu arbeiten? Bei uns können Sie das als Praktikant/in* jeden Tag nach der Schule. 2 Wochen lang ausprobieren*. Rufen Sie uns an: 87 886.

1a 📖 🧑 Partnerarbeit. Lest und übersetzt die Stellenanzeige oben ins Englische.

10 Tipps zum Erfolg!

Sie haben Ihren Traumjob gefunden und möchten sich nun telefonisch vorstellen? Was werden Sie machen? Wir geben Ihnen zehn Tipps, die zum Erfolg führen.

1 Beim ersten Kontakt mit Ihrem zukünftigen* Arbeitgeber sollten Sie selbstsicher* und kommunikativ sein.

2 Sie brauchen also einen kurzen Vorstellungstext*. Im Text schreiben Sie:

3 Ihren Namen und wie alt Sie sind;

4 den Namen oder die Beschreibung der Stelle, für die Sie sich interessieren;

5 wo Sie die Stellenanzeige gesehen haben oder von wem Sie von der Stelle gehört haben;

6 warum Sie sich für diese Arbeit interessieren.

7 Machen Sie als Nächstes eine Liste Ihrer Qualifikationen und Charaktereigenschaften*.

8 Schreiben Sie einige Fragen auf, die Sie dem Arbeitgeber/der Arbeitgeberin stellen möchten.

9 Lesen Sie Ihren Text durch, um zu überprüfen, ob alles stimmt.

10 Zum Schluss: Lesen Sie Ihren Vorstellungstext ein paarmal vor, bis Sie sich *selbstsicher und kommunikativ fühlen!*

Gisela beschreibt ihr Praktikum

1b 📖 🧑 Partnerarbeit. Lest und übersetzt die zehn Tipps oben ins Englische. Habt ihr andere Tipps? Schreibt sie auf Deutsch und auf Englisch in eure Hefte.

Beispiel: 1 When you first contact your future employer, you should be self-confident and communicative.

2a 🔵 Gisela möchte im Zoo arbeiten und schreibt ihren Vorstellungstext für ein Telefongespräch mit dem Zoodirektor. Füll die Lücken aus.

Guten Tag! Ich heiße Gisela und ich bin 16 Jahre alt. Ich _____ mich für die Praktikantenstelle* im Zoo, die ich in einer Anz_____ in der Zeitung gesehen habe. Ich habe Erfahrung* mit Haus_____, weil ich einen _____, eine _____ und zwei _____ habe. Ich habe sehr viel über wilde Tiere gelesen und im Fern_____ gesehen, aber ich möchte mehr darüber lernen. Obwohl ich noch zur _____ gehe, kann ich nachmittags oder samstags _____. Ich bin flexibel und kann mit dem Computer umgehen.

---

* die Praktikantenstelle − *work experience placement*
die Erfahrung − *experience*

2b 🟣🌑 Partnerarbeit. Lest Giselas Vorstellungstext vor. Überprüft euren Tonfall.

GRAMMATIK

Revision: word order after conjunctions

Common conjunctions that do **not** affect word order are:
und, oder, aber, sondern, denn.

Ich heiße Gisela **und** ich bin 16 Jahre alt.

Frequent subordinating conjunctions you have used are:
wenn and *weil.*

Other useful subordinating conjunctions are:
ob (whether), *während* (during), *obwohl* (although), *was* (which, that), *damit* (so that).

Gisela will ihr Praktikum im Zoo machen, **obwohl** sie keine Erfahrung mit wilden Tieren hat.

Weil sein Taschengeld nicht **ausreicht**, **sucht** Jack einen Nebenjob.

3a 🔵 Finde Beispiele von Konjunktionen in Übung 2a.

3b 🟣🕐 Partnerarbeit. Verbindet die Sätze mit den Konjunktionen in Klammern. Überprüft jeden Satz.

Beispiel: **a** Wenn du einen Vorstellungsbrief schreibst, musst du immer „Sie" benutzen.

a Du schreibst einen Vorstellungsbrief. Du musst immer „Sie" benutzen. (wenn)

b Du hast Geld. Du kannst trotzdem Arbeit suchen. (obwohl)

c Du gehst noch zur Schule. Du kannst einige Stunden in der Woche arbeiten. (während)

d Du hast die Zeitung gelesen. Du hast deinen Traumjob gefunden. (und)

e Du schreibst und übst einen Vorstellungstext. Du kannst selbstsicher sprechen. (damit)

4 🎙🔵 Hör gut zu, sieh dir die Bilder auf Seite 162 an und füll die Lücken mit den Wörtern im Kasten aus.

Gisela beschreibt ihr Praktikum

Ich habe mein Praktikum im Zoo gemacht. Jeden Tag nach der _____ habe ich dort von vier bis _____ Uhr gearbeitet. Obwohl ich nur zwei _____ am Tag gearbeitet habe, _____ die Arbeit hart. Als Erstes habe ich die _____ gefüttert*, dann die Kamele. Bei den Affen konnte es _____ sein! Anschließend _____ ich die Käfige der Vögel sauber gemacht. Das war hart. Eine richtige Dreckarbeit*! Als _____ musste ich die Daten über die Tiere im _____ speichern*. Mein Praktikum war _____, und ich habe viel gelernt.

Schule   Stunden   Elefanten   gefährlich*   sechs
habe   Letztes   war   toll   Computer

---

* füttern − *to feed*
die Dreckarbeit − *dirty job*
speichern − *to enter and save data*
gefährlich − *dangerous*

Jetzt seid ihr dran!

5 🕐 Write a telephone interview text in German to introduce yourself, based on the tips on page 162, to apply for a job or work experience placement you would like.

Example: Guten Tag! Ich heiße Tom und ich bin 16 Jahre alt. Ich interessiere mich für die Stelle als...

6 🟣🌑 Role-play. Carry out a job interview in German. Find out as much as possible from each other about the job and the candidate.

G Wortstellung: Inversion **W** eine Geschichte erzählen **K** längere Sätze schreiben

Heinrichs Tagebuch

Erster Tag eines Alptraum*-Praktikums

9 Uhr glücklich im Schuhgeschäft angekommen

als Erstes: alle Schuhe zu groß - Kundin ärgerlich

als Nächstes: Schuhe in die falschen Kartons getan - Chef ärgerlich

dann: Schuhe wieder in den falschen Karton getan - Chef <u>wieder</u> ärgerlich!

11 Uhr müde! Kaffeepause gemacht - Chef ärgerlich: ich musste Kunden bedienen!

anschließend: musste den <u>ganzen</u> Nachmittag Inventur machen = langweilig!!!

4 Uhr zum Schluss: ich ärgerlich nach Hause!

* der Alptraum – *nightmare*
eine Lehrstelle – *apprenticeship placement*
der Lehrling – *apprentice*
der Studienplatz – *university place*

1a Partnerarbeit. Lest zusammen die Seite aus Heinrichs Tagebuch über den ersten Tag seines Praktikums im Schuhgeschäft. Macht Notizen auf Englisch.

Beispiel: arrived feeling happy...

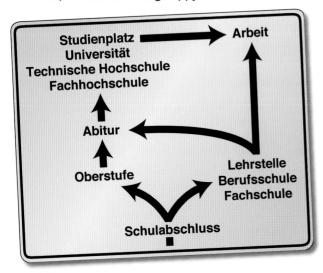

Die Zukunft

Max

Ich habe mein Praktikum bei BMW gemacht, und das ging ganz gut. Ich werde nach meinem Schulabschluss eine Lehrstelle* bei BMW suchen. Ich werde zur gleichen Zeit auf die Fachschule gehen.

Adam

Ich möchte Friseur werden. Drei Tage in der Woche werde ich zur Berufsschule gehen und an den anderen zwei Tagen werde ich als Lehrling* im Friseursalon arbeiten. Das werde ich drei Jahre lang machen.

Lena

Ich habe vor, Tierarzthelferin zu werden. Nach der Gesamtschule und meinem Abitur hoffe ich einen Studienplatz* an einer Technischen Hochschule zu finden.

Steffen

Ich möchte einen Beruf in der Politik. Nach der Mittleren Reife werde ich in die Oberstufe gehen und nach zwei Jahren mein Abitur machen. Dann werde ich zur Universität gehen, wo ich Politik und Geschichte studieren werde.

Sascha

Nach meinem Schulabschluss werde ich ein Jahr freiwillige Arbeit auf dem Abenteuerspielplatz in der Bergerstraße machen. Ich werde dort ein Jahr lang ein Arbeitspraktikum machen. Danach werde ich in die Oberstufe gehen und mein Abitur machen.

1b 🎧 Übersetze die folgenden Ausdrücke ins Englische.

a als Erstes   c dann   e zum Schluss
b als Nächstes   d anschließend

GRAMMATIK

Revision: inverted word order

If you put any of the German phrases in activity 1b at the beginning of a sentence, you must invert the normal word order so that the verb remains the second idea in the sentence.

2 🖊 Schreib die Sätze über Heinrichs Probleme zu Ende.

a Alle Schuhe waren zu groß für die Kundin.
   Als Erstes waren alle Schuhe...

b Heinrich hat Schuhe in die falschen Kartons getan.
   Als Nächstes hat...

c Er hat schon wieder Schuhe in den falschen Karton getan. **Dann**...

d Er musste den ganzen Nachmittag Inventur machen. **Anschließend**...

e Er ging ärgerlich nach Hause. **Zum Schluss**...

3a 🎧🖊 Gisela hat ein Interview. Hör gut zu und schreib Notizen auf Englisch.

Start of the work day: 4 o'clock
Pay:
Length of time worked there:
Work conditions:
Co-workers:
Opinion of the job:
Consequences of working there:

3b 🗣🖊 Partnerarbeit. Wie heißt das auf Deutsch? Schreibt die Fragen und Antworten aus Übung 3a in eure Hefte.

Beispiel: Um wie viel Uhr hat die Arbeit angefangen?
Die Arbeit hat um vier Uhr nachmittags angefangen.

4a 🗣📖 Partnerarbeit. Lest die Sätze über die möglichen Vor- und Nachteile eines Praktikums und ordnet sie in die Tabelle ein.

Vorteile (+)	Nachteile (−)
Man kann etwas über das Geschäft lernen.	Man kann Probleme mit dem Chef haben.

a Man kann etwas über das Geschäft lernen.
b Man kann Probleme mit dem Chef haben.
c Die Arbeit kann langweilig sein.
d Du kannst gute Kontakte für die Zukunft knüpfen.
e Man braucht nicht zur Schule zu gehen.
f Man kann Ideen für einen zukünftigen Beruf bekommen.

4b 🖊 Schreib fünf weitere Vor- und Nachteile in dein Heft.

Beispiel: Die Arbeit kann vielleicht Spaß machen.

5 ✂📖 Was sind die Zukunftspläne dieser Jugendlichen? Hör gut zu und finde die richtigen Ausdrücke auf Seite 164 für jede Person.

Beispiel: Max − Schulabschluss, Lehrstelle und Fachschule

a Max   c Lena   e Sascha
b Adam   d Steffen

Jetzt seid ihr dran!

6 🗣🖊 With a partner write down the advantages and disadvantages of each of the possible directions taken after leaving school listed below with a partner. Then think of other possibilities, along with their advantages and disadvantages.

- Lehre
- Reisen
- Berufsschule
- Universität
- Oberstufe und Abitur
- Arbeit

	Vorteile (+)	Nachteile (−)
Lehre	viel lernen	wenig Urlaub, wenig Geld

7 📖🖊 Read the diary extract of Heinrich's first day of work experience on page 164 again. Then write an account in German of his entire work experience, beginning with the first disastrous day and followed by the next four days he worked in the shoe shop. Be as creative as possible and remember to write some longer sentences.

TIPP

Tip for writing

Try to write longer sentences that have formula phrases, inverted word order and/or connectives.

REVISION: INVERTED WORD ORDER

Every time you put a word or phrase, no matter how long or short, that is **not the subject** of the sentence at the beginning of a sentence in German, the word order is inverted. This means that the verb comes **before** the subject.

Morgens **esse ich** meistens Müsli zum Frühstück. – *I usually have muesli for breakfast in the morning.*

1 Identify the subject and the verb of the main sentence in the following examples.

a Wenn man in einem Büro arbeitet, kann es sehr langweilig werden.

b Solltest du kein Praktikum finden, kann Herr Bruckner dir helfen.

c Nach der Schule arbeitet Gisela im Zoo.

d Wenn er am Computer schreibt, macht er oft Fehler.

2 Add a phrase from the box to the beginning of each of these sentences and change the word order to fit.

Example: **a** Letzte Woche hat Frido seinen Lebenslauf geschrieben.

a Frido hat seinen Lebenslauf geschrieben.

b Er hat ein Vorstellungsgespräch gehabt.

c Man hört innerhalb von ein paar Tagen, ob man den Job bekommen hat.

d Frido hat vor, die Firma anzurufen.

> Letzte Woche   Am Dienstag   Normalerweise
> Weil er noch nichts gehört hat

WORD ORDER WITH SUBORDINATING CONJUNCTIONS

In German, if you use a subordinating conjunction (e.g. *wenn, wann, weil, ob*) to join two short sentences, you must send the verb/s to the end of the clause that follows that conjunction.

Either:

normal word order   subordinate word order

Ich bin müde, **wenn** ich spätabends **arbeite**.

Or (with inverted word order):

subordinate word order   inverted word order

Wenn ich spätabends **arbeite**, **bin ich** müde.

3 Make longer, more interesting sentences using the conjunctions in brackets to combine short sentences. Don't forget the comma.

a Du schaust im Internet. Du findest Jobanzeigen. (wenn)

b Du sollst einen Vorstellungstext schreiben. Du sprichst mit dem Arbeitgeber. (bevor)

c Du redest mit dem Arbeitgeber. Du kannst Fragen stellen. (während)

d Du bist kommunikativ und selbstsicher. Du kriegst den Job! (weil)

4 Complete these sentences. Note! Not all are subordinating conjunctions. (See page 163.)

a Heinrich wollte Schuhe verkaufen, aber…

b Als…, war Heinrichs Chef ärgerlich.

c Gisela hat ihr Praktikum im Zoo gemacht, und…

d Die Affen waren gefährlich, weil…

e Obwohl…, hat ihr die Arbeit im Zoo gefallen.

5 Create at least five complex sentences of your own using various coordinating and subordinating conjunctions. Read your sentences aloud with a classmate to practise saying and hearing complex sentences.

REVISION: FUTURE TENSE

In German, the future tense is formed by using the auxiliary verb *werden* (meaning 'will' or 'shall') and the infinitive of the main verb. The infinitive always comes at the end of the phrase or sentence.

Ich werde meinen blauen Pullover **tragen**. – *I will wear my blue jumper.*

Note: If you place a word that is not the subject at the beginning of the sentence, the subject–verb word order is inverted. There is no exception to this rule in German.

Morgen **werde ich** meinen blauen Pullover **tragen**. – *Tomorrow I'll wear my blue jumper.*

Note: If the phrase follows a subordinating conjunction like **weil**, the word order will look like this:
Ich werde schick aussehen, weil ich meinen blauen Pullover **tragen werde**. – *I will look chic because I'll wear (be wearing) my blue jumper.*

In other words, **weil** causes **werde** to go to the end of the phrase, after the infinitive **tragen**. There is no exception to this rule.

ich	werde	wir	werden	
du	wirst	ihr	werdet	+ infinitive form of the verb
er, sie, es, man	wird	sie	werden	
		Sie	werden	

6 Complete the sentences with the correct form of **werden**.

a Ich _____ ein Praktikum in einem großen Supermarkt suchen.

b Er _____ eine Lehre im Büro machen.

c _____ du nächstes Jahr in Frankreich arbeiten?

d Sabine und Natalie _____ bald ihr Abitur machen.

7 Put the correct forms of the verbs in brackets in the sentences where they belong.

a Was du als Praktikum? (werden, machen)

b Im Friseursalon du alles übers Haarschneiden. (werden, lernen)

c Wenn Steffen gute Noten kriegt, er zur Universität. (werden, gehen)

d Thomas ist glücklich, dass er sein Arbeitspraktikum bei der Polizei. (werden, machen)

e Herr Paul ein guter Arbeitgeber. (werden, sein)

Remember that, in German, young people speak and write to each other using the informal forms **du** (for one person) and **ihr** (for more than one person). Family members also usually call each other **du**. The common form of address in polite situations and with people who are older than you are is the formal **Sie**.

The possessive pronouns for the informal 'your' are:

dein   Wo ist **dein** Büro?

euer/eure   Wo ist **euer** Büro? Wo sind **eure** Sachen?

The reflexive and accusative pronouns are:

dich   Er hat **dich** interviewt.

euch   Ihr stellt **euch** vor.

The dative pronouns are:

dir   Er bietet **dir** die Stelle an.

euch   Die Firma gefällt **euch**.

The possessive pronoun for the formal 'your' is **Ihr** for both singular and plural:

Haben Sie **Ihren** Brief, Frau Meier?

The reflexive and accusative pronouns for the formal **Sie** (singular and plural) is **sich**.

Ziehen Sie **sich** Ihren Mantel an, Herr Huber.

The dative pronoun is **Ihnen**.

Gehört **Ihnen** dieser Hut, Herr Meier?

8 Write out the conjugations for the verbs below with **du, ihr** and **Sie**.

Example: du gehst, ihr geht, Sie gehen

a gehen   **e** sich beschreiben
b sehen   **f** sich gefallen (*dative!* − es gefällt **dir**)
c trinken   **g** vorhaben
d bleiben   **h** arbeiten

9 Write sentences with the verbs below using **du, ihr** and **Sie**.

Example: Du kaufst dir gerne neue Schuhe. Ihr...

a sich kaufen (*dat*)   **d** haben
b sich Mühe geben (*dat*) **e** sein
c verdienen

5B Kompetenzen

In this unit, you've learnt how to...

Beim Schreiben

1 Use formula phrases to tell a story in sequence.

❑ Make a list of German words you can use to indicate sequence: for instance, *als Erstes*, *dann*, etc. How many words or phrases can you think of or find in addition to those in this unit?

❑ Work with a partner to create a funny story, using formula phrases and being aware of inverted word order. Create more than five sentences.

2 Use conjunctions.

❑ Make your own list of conjunctions that DO NOT change word order.

❑ Make your own list of subordinating conjunctions that DO change word order.

❑ Practise with a partner: give him or her a sentence; then give him or her a conjunction and test whether he or she has used the correct word order.

3 Choose whether to use formal or informal writing styles.

❑ Work together with your partner to decide whether you would use *du* or *ihr* or *Sie* with the following people:

- a young bank teller
- your boyfriend
- your classmates
- your friend's grandmother
- two policemen
- a sales person
- your English teacher
- a child
- your dentist.

Beware: it is not always straightforward and there are different customs for the use of *du* and *Sie* in different areas of Germany and other German-speaking countries.

4 Check for errors as you write.

❑ Which of these common mistakes do you make when you are writing German?

- missing capital letters
- full stops
- commas
- umlauts
- final letters
- any others?

❑ Copy a part of one of the reading texts in this book. Force yourself to stop frequently to check your work. Swap exercise books with your partner and see if you can identify some errors that he or she has overlooked. Make the corrections.

Beim Lesen

1 Work out the gist from the context.

This is a skill which you undoubtedly use every day when you are trying to understand something in English. Once you have the basic idea or gist of what a text is about, you can draw on your knowledge to help you understand more about the details being presented.

2 Infer word meanings.

❑ Make a list of all the ways you can infer the meaning of a German word or several words in a sentence or text. For instance, if the German word resembles an English word, this may give you a hint about its meaning, you can infer from the words around the unknown word, etc. Keep adding to your list as you think of or find yourself using a new strategy.

3 Recognise sound-spelling links.

By now you have covered most if not all of the important spelling-sound rules in German. Being able to say German words and phrases correctly in your head, or under your breath, will help you in numerous ways:

- Say the words and phrases in your head as you write them, and check that what you are writing is what you are hearing in your head;

- Read through what you have written – does it sound right? If not, where is the problem? Use your sound-spelling rules to correct your spelling.

❑ Give your partner spelling tests in German using some of the vocabulary covered in this unit. Get someone to give you spelling tests, too.

❑ Use the pronunciation presentations on the OxBox to check your hearing – can you distinguish the differences between the long and short vowels? And between vowels with and without an umlaut?

4 Check yourself: avoid making wild guesses.

It's easy to make a wild guess when you are in a hurry to get some work done. Try to hold back and double-check your guess against everything else you understand – does it really make sense? Is there a strategy you could use to infer or guess the meaning more closely?

Zum Sprechen

Motions for debate

- Ein Praktikum ist reine Zeitverschwendung*.

- Es ist eine gute Idee, deinen Lebenslauf kreativ zu gestalten.

Example for: Ein Praktikum ist keine echte Arbeit – du kriegst kein Geld oder wenig Geld. Es ist also Zeitverschwendung.

Example against: Obwohl man kein Geld kriegt, lernt man wichtige Dinge über die Arbeitswelt und das Leben im Allgemeinen. Ein Praktikum ist nie Zeitverschwendung.

* die Zeitverschwendung – *waste of time*

1. In a group of four, choose one of the motions for debate in German or invent one of your own.

2. Two students prepare their arguments for the motion and two students prepare their arguments against it.

3. Students present their arguments alternately: one for, one against, the other for, the other against. Each speaker has 1 minute to present his/her case.

4. Other students or the whole class can be the judges of which side wins. Anyone can ask challenging questions once all four debaters have spoken. The debaters should try to answer the questions quickly. Debaters should also think about what the other side might say, so that they are prepared to argue against it.

Zum Schreiben

Die beste Geschichte erzählen...
Wer hat das interessanteste Praktikum erlebt?

1. Alone or in a small group of 2–3 students, write a fabulous work experience story in German using the past tense.

2. Give your story a title which will grab the audience's attention.

3. Create long and interesting sentences. Include details of: where, when, with whom, doing what, for how long, what happened, etc.

4. Possibly include some dialogue that you can act out, or create a narrator's role. Check your writing as you go along.

5. When you have finished writing the story, present it to the class as a competition to see who has written the best *Praktikums-Geschichte*.

Viel Erfolg!

Wie man ein Praktikum wählt (Seite 156–157)

der Chor –e *nm*	choir
die Feuerwehr *nf*	fire department
eine große Null *nf*	useless
die Inventur –en *nf*	inventory
der/die Kunde/Kundin *nm/f*	customer
das Mitglied –er *nn*	member
das Praktikum, die Praktika *nn*	work experience
der Gesangsverein –e *nm*	singing club
der Verkauf *nm*	sales
aus/nutzen *vb*	to take advantage
Kunden bedienen *vb*	to serve customers
erraten *vb*	to guess
planen *vb*	to plan
sich interessieren *vb* für etwas	to be interested in something
verbessern *vb*	to improve
vor/haben *vb*	to intend, plan
werden *vb*	will (future)

Wie man eine interessante Arbeit findet (Seite 158–159)

das Alter *nm*	age
die Anzeige –n *nf*	advert
die Aushilfe *nf*	help, assistant
das Gesundheitszeugnis –e *nn*	health certificate
das Jugendarbeitsschutzgesetz *nn*	young workers protection law
die Nachhilfe *nf*	private tutoring
die Vorstellung -en *nf*	(film) showing
der Werbeprospekt –e *nm*	advertising brochure
erforderlich *adj*	required
verboten *adj*	forbidden

Wie man einen Lebenslauf schreibt (Seite 160–161)

der Arbeitgeber - *nm*	employer
die Bildung –en *nf*	education
das Bergsteigen *nn*	mountain climbing
der Berufswunsch ⁼e *nm*	preferred career
der Lebenslauf ⁼e *nm*	CV
der Leiter - *nm*	leader
der Fabrikant –en *nm*	maker, producer
die Stelle -n *nf*	position, job
die Vorstellungs-E-Mail *nf*	email introducing yourself
eine Frage stellen *vb*	to ask a question
sich (*dat*) Mühe geben *vb*	to put effort into something
zurück/schreiben *vb*	to write back
pünktlich *adj*	punctual

Wie man ein Vorstellungsgespräch überlebt (Seite 162–163)

die Charaktereigenschaft -en *nf*	personal characteristic
die Erfahrung -en *nf*	experience
der Erfolg -e *nm*	success
der Käfig -e *nm*	cage
der/die Praktikant/in *nm/f*	someone on work experience
die Praktikantenstelle –n *nf*	work experience placement
der Traum ⁼e *nm*	dream
der Traumberuf –e *nm*	dream job, dream career
das Vorstellungsgespräch -e *nn*	interview
der Vorstellungstext *nm*	a prepared text to introduce yourself formally
aus/probieren *vb*	to try out
Daten speichern *vb*	to save data
füttern *vb*	to feed (animals)
mit dem Computer um/gehen können *vb*	to be computer literate
stinken *vb*	to stink
träumen *vb*	to dream
zum Erfolg führen *vb*	to lead to success
als Erstes	first
als Nächstes	next
als Letztes	last
anschließend	after that
dann	then
gefährlich *adj*	dangerous
selbstsicher *adj*	self-confident
zukünftig *adj*	future

Wie man Ausbildung und Berufe spricht (Seite 164–165)

der Alptraum ⁼e *nm*	nightmare
die Ausbildung -en *nf*	training, education
der Beruf –e *nm*	career
der Friseur, die Friseurin *nm/f*	hairdresser
die Lehre -n *nf*	apprenticeship
der Lehrling -e *nm*	apprentice
der Lehrlingsplatz ⁼e *nm*	position for an apprentice
die Lehrstelle -n *nf*	apprenticeship placement
der Studienplatz ⁼e *nm*	place at university
die Zukunft ⁼e *nf*	future
der Zukunftsplan ⁼e *nm*	future plan
ärgerlich *adj*	annoyed, angry
freiwillig *adj*	voluntary

Wie gut kennst du dich?

1 Was sind deine zwei besten Charaktereigenschaften?

2 Was sind deine Charakterschwächen? Nenne zwei.

3 Wie würdest du dein Aussehen beschreiben? Nenne drei Adjektive.

4 Was machst du lieber: Sport treiben oder lesen?

5 Was ist wichtiger für dich?
   a dein Computer
   b deine Lieblingsschuhe
   c deine Gitarre

6 Was ist dein Lieblingszimmer?
   a dein Schlafzimmer: dort kannst du allein sein
   b das Wohnzimmer: dort kannst du mit anderen reden und zusammen sein
   c der Garten: du bist gern im Freien

7 Welche Charaktereigenschaften muss ein guter Freund haben? Nenne drei.

❖   ❖   ❖   ❖

Wie gut verstehst du dich mit deiner Familie?

8 Hast du Charaktereigenschaften von anderen Familienmitgliedern geerbt? Welche?

9 Wie wichtig sind Geschwister für dich? Warum/ Warum nicht?

10 Verbringst du das Wochenende lieber mit deiner Familie oder mit deinen Freunden? Warum?

11 Diskutierst du deine Probleme mit deiner Familie oder mit deinen Freunden? Warum?

1 Lies die Fragen. Wie sagt man auf Deutsch...?
   a your two main good points
   b weaknesses
   c appearance
   d how important are...?
   e spend time at the weekend
   f rather

2 Beantworte die Fragen im Quiz schriftlich.

3 Vergleiche deine Antworten mit einem Partner/einer Partnerin. Seid ihr ähnlich oder verschieden?

Hallo,

ich habe nächste Woche meinen 15. Geburtstag und möchte gern eine Geburtstagsparty machen. Aber ich habe ein Problem. Ich habe noch keine Freundin. Alle meine Freunde haben Freundinnen, mit denen sie auf Partys oder ins Kino gehen, aber ich bin immer noch solo. Aber die Mädchen in meiner Klasse sind so launisch und interessieren sich nur für Kleider und Make-up und solchen Quatsch! Man kann sich mit ihnen gar nicht richtig unterhalten. Ihre Lieblingssendungen im Fernsehen sind doofe Seifenopern wie „Mein Herz ist verloren". Und Sport treiben sie auch nicht. Ich weiß wirklich nicht, was ich noch machen soll. Ich sehe doch gar nicht so schlecht aus, oder? Ich bin ziemlich klein, aber sehr sportlich. Ich chatte gern im Internet und höre stundenlang Musik. In der Schule bin ich ganz gut, vor allem in Englisch.

Bitte helfen Sie mir.

Ich freue mich, bald von Ihnen zu hören.

Stefan Huber

16-jähriges Mädchen, schwarzes Haar, charmant und humorvoll, liebt Tiere, besonders Katzen und Pferde, kocht gut, sucht Freund zum Plaudern und Spazierengehen.   Käthe

---

Ich bin 16, groß, gutaussehend, aber ziemlich faul, und suche einen netten Jungen, der gern kocht, mit meinem Hund spazieren geht und meine Hausaufgaben macht.   Monika

---

Mädchen, 15, sportlich und sympathisch, hört gern Indie-Musik. Sucht intelligenten Freund zwischen 15 und 17 für Wochenendaktivitäten.
Sylvie

Cooles Girl, 18, gut-aussehend und dynamisch, aber nicht sportlich, sieht gern fern und chattet gern im Internet, sucht blonden Freund zwischen 16 und 17.
Pia

---

1 Lies Stefans Brief und die vier Anzeigen. Beantworte dann die Fragen auf Englisch.

  a How old is Stefan?
  b Why is he writing to the magazine?
  c What is the problem with his classmates?
  d Which girl does not like working for school?
  e Which girl is busy during the week?
  f Which girl is particularly concerned with looks?
  g Which girl likes being outdoors?

2 Lies Stefans Brief und wähle dann aus den vier Anzeigen die aus, die am besten zu Stefan passen könnte.

3 Schreib einen Antwortbrief an Stefan.

Die langweiligste Stadt!

Wie kann man diese Stadt interessanter machen?

Städteplaner: Herr Weber, Sie sind der Bürgermeister dieser Stadt. Es soll die langweiligste Stadt Deutschlands sein. Ist das richtig?

Herr Weber: Ja, das ist wirklich ein Problem. Und wir wollen natürlich etwas dagegen tun. Vielleicht können Sie uns ja helfen.

Städteplaner: Also, welche Sportmöglichkeiten gibt es hier?

Herr Weber: Im Park kann man Fußball spielen. Wir haben den kleinsten Park in der Gegend hier mit einem winzigen Teich ohne Enten und ohne Fische. Es gibt auch einen ganz kleinen, alten Spielplatz für Kinder, aber keine Schaukel und keine Rutschbahn.

Wir haben ein Schwimmbad, aber das Wasser ist immer so kalt, dass niemand darin schwimmen will. Früher gab es einen Minigolfplatz, aber dieser ist geschlossen, weil niemand Minigolf spielen will. Leider haben wir keine Fahrradwege, also kann man auch keine Fahrräder leihen.

Städteplaner: Das hört sich ja nicht gut an. Und was für Sehenswürdigkeiten gibt es?

Herr Weber: Sehenswürdigkeiten? Nun, es gibt eine Kunstgalerie, aber wir haben keine Künstler.

Das Rathaus hat einen Glockenturm, aber die Uhr ist kaputt. Wir haben ein Schloss, aber es ist eine Ruine.

Städteplaner: Und was gibt es für junge Leute?

Herr Weber: Es gibt ein Kleidergeschäft und ein Kino, das Montags geöffnet ist.

Städteplaner: Oh, das ist alles? Also, wie könnte man die Stadt attraktiver machen? Rufen Sie mich in einer Woche wieder an, dann sage ich Ihnen meine Ideen.

1 Lest den Text, ohne mit dem Wörterbuch zu arbeiten. Benutzt die Lesestrategien auf Seite 40. Arbeitet mit einem Partner/einer Partnerin und helft euch gegenseitig.

2 Mach eine Liste mit den Problemen, die Herr Weber nennt. Warum ist die Stadt langweilig?

3 Mach eine Liste, wie man die Stadt attraktiver machen kann.

Beispiel: Man könnte einen größeren Park bauen.

4 Macht ein Interview. **A** ist Herr Weber und stellt die Fragen. **B** ist der Städteplaner und sagt, wie man die Stadt verbessern kann.

5 Mach nun eine Broschüre über die Stadt, die jetzt nicht mehr langweilig ist.

Ein Städtequiz

Städte und Gegenden in Deutschland, Österreich und der Schweiz – wie gut kennst du dich aus?

Welche Stadt oder Gegend ist das?

1 Dies ist die Geburtsstadt von einem ganz bekannten Musiker und Komponisten. Er spielte schon mit sechs Jahren Klavier, Orgel und Violine. Der Film „Amadeus" zeigt sein Leben. Die Stadt liegt in Österreich, aber sie ist nicht die Hauptstadt von Österreich.

2 Diese Stadt liegt in an einem Fluss, der Main heißt. In der Stadt gibt es viele Banken. Besonders bekannt ist sie durch den großen Flughafen. Es ist der größte Flughafen in Deutschland. Es gibt auch eine Wurst, die genauso wie die Stadt heißt.

3 In dieser Stadt gibt es zwei Bahnhöfe, einen schweizer und einen deutschen Bahnhof, weil die Stadt an der deutschen Grenze liegt. Es gibt auch einen kleinen Flughafen am Rande der Stadt, der einen französischen, einen schweizer und einen deutschen Terminal hat. Es ist eine schweizer Stadt, deshalb spricht man dort Schwyzerdütsch. Das ist Deutsch mit schweizer Dialekt.

4 Diese Stadt liegt in Südwestdeutschland und ist für ihre Autoindustrie bekannt. Hier produziert man Mercedes. Man kann das Mercedes-Benz-Museum besichtigen, das sehr interessant ist.

5 Diese Stadt ist eine bekannte schweizer Stadt. Sie liegt an einem See, der den gleichen Namen wie die Stadt hat. Die Stadt liegt in der Nordschweiz.

a Basel

b Salzburg

c Zürich

d Frankfurt

e Stuttgart

1a Lies die Texte. Benutze die Lesestrategien auf Seite 40. Wie heißen die Städte und die Gegend?

1b Welche Stadt oder Gegend ist es? Schreib nur den Namen.

a In dieser Stadt spricht man Deutsch, aber die Stadt ist nicht in Deutschland.

b Eine Automarke hat diese Stadt bekannt gemacht.

c Das ist die Stadt, in der Mozart geboren wurde.

d In dieser Stadt kann man in einem See schwimmen.

e Die Stadt liegt an einem Fluss.

1c Lies die Texte und beantworte die Fragen auf Deutsch.

a Wo findet man den größten Flughafen in Deutschland?

b Wo gibt es zwei Bahnhöfe?

c Welche Stadt ist durch Geld bekannt?

d Welche Stadt ist durch Musik bekannt?

Antworten: 1b Salzburg, 2d Frankfurt, 3a Basel, 4e Stuttgart, 5c Zürich

Abseilen in der Schweiz

Hier ist etwas Neues für Sie!

Abseilen – ein wunderbares Erlebnis! Vielleicht machen Sie das nur einmal im Leben oder Sie machen das regelmäßig! Machen Sie mit!

Man kann Amden gut mit dem Auto oder mit öffentlichen Verkehrsmitteln erreichen. Von dort aus gehen wir zu Fuß und erreichen in 5 Minuten die Staumauer. Von hier aus hat man einen herrlichen Blick auf den Walensee und die Glarner Berge. Nicht weit von hier, in Betlis, ist der höchste Wasserfall der Schweiz! Der Seerenbachfall ist 350 Meter hoch.

Der Führer sagt Ihnen, wie Sie die Abseilgurte richtig anziehen und wie Sie sich selbstständig abseilen können.

Viel Spaß!

1 **Wie sagt man auf Deutsch...?**
  a public transport
  b waterfall
  c magnificent
  d view
  e independently
  f leader

2 **Lies den Artikel und beantworte die folgenden Fragen auf Englisch.**
  a What sport is this article about?
  b Where is it happening?
  c How do you get there?
  d What is 350 m high?
  e What are you instructed to do?

3 **Was hältst du von Abseilen? Bist du daran interessiert? Schreib fünf Sätze über diese Sportart und deine Meinung dazu.**

Olympiasieger Matthias Steiner – erstes deutsche Gewichthebergold seit 16 Jahren

Peking 2008. Matthias Steiner, 25, geborener Österreicher, gewann eine Goldmedaille für Deutschland im Gewichtheben.

Im August 2008 nahm Matthias Steiner an den Olympischen Spielen in Peking teil. Er gewann die Goldmedaille beim Gewichtheben, indem er ein Gewicht von 258 kg hob. Das waren 8 kg mehr als seine persönliche Bestleistung. Er hatte schon eine Silbermedaille mit 248 kg, aber er wollte mehr.

Bei der Siegerehrung hatte er ein Foto von seiner Frau Susann in der Hand. Susann ist vor einem Jahr bei einem Autounfall ums Leben gekommen. Für sie gewann Matthias und gab Deutschland die erste Goldmedaille im Gewichtheben seit 16 Jahren.

Matthias wurde in Obersulz, Österreich, geboren, hat eine Deutsche geheiratet und wurde 2008 zum deutschen Staatsbürger.

1 Lies den Artikel und beantworte die folgenden Fragen.

   a How old is Matthias Steiner?
   b Where was he born?
   c What is his current nationality?
   d Why is he now famous?
   e How did he do that?
   f Why is this so important for Germany?
   g Who is Susann? What happened to her?

2 Finde im Text möglichst viele Verben im Imperfekt. Schreib sie auf und übersetze sie auf Englisch.

3 Wie findest du Matthias Steiner? Ist er ein Held? Schreib einen kurzen Artikel, in dem du deine Meinung äußerst.

Was essen die Stars?

Peter G (Skimeister)

Ich esse gern Schokolade, weil ich viel Energie brauche. Ich bin stundenlang auf den Pisten und ich habe nicht viel Zeit zum Essen. Es muss deshalb sehr schnell gehen und voller Energie sein. Dafür ist Schokolade sehr gut. Gestern habe ich zwei Tafeln Schokolade gegessen und zwei Dosen Cola getrunken. Abends esse ich Fleisch mit Gemüse und Kartoffeln. Das Einzige, was ich nicht mag, ist Fett. Außer Schokolade esse ich sehr wenig Fett.

Hanne B (Sängerin)

Ich muss sehr schlank bleiben und ich darf daher nicht viel essen. Ich liebe Schokolade, aber ich darf sie nicht oft essen. Ich singe auf vielen Konzerten und manchmal singe ich auch im Fernsehen. Meine Fans und mein Manager erwarten, dass ich schlank bleibe. Ich esse Knäckebrot, Obst, Salat, Gemüse und sehr wenig Fleisch und Fett. Gestern habe ich eine Praline gegessen und danach war mir richtig schlecht!

1 Lies den Text und beantworte die folgenden Fragen auf Englisch.

Peter
a Why does Peter need a lot of energy?
b What did he eat and drink yesterday?
c What does he eat in the evenings?
d What doesn't he like to eat?

Hanne
e Why does she eat so little?
f What does she love eating?
g What does she usually eat?
h What happened yesterday?

2 Was bedeuten diese Wörter auf Englisch?

a Tafel   d krank
b einzig   e wenig
c schlank   f erwarten

3 Und du? Wie ist deine Ernährung? Isst du gesund?

Ernährung für Sportler

Fitness-Futter

Man liest in Werbungen und Sportzeitschriften, dass Sportler besondere Sachen essen müssen, um genug Energie zu bekommen. Aber ist das wahr? Sind Sportler anders als andere Menschen? Was sollten sie wirklich essen, um fit zu bleiben?

Der Körper braucht viel Energie, wenn man Sport treibt, und das ist normal so: das Blut fließt schneller, das Herz pumpt stärker, man atmet schneller. All das verbraucht Kalorien. Um Energie aufzutanken, muss ein Hobbysportler nicht unbedingt mehr essen, als andere Leute, die sich regelmäßig bewegen. Wenn man drei bis vier Stunden in der Woche Fitnesstraining macht, zum Beispiel Skaten oder Joggen, verbraucht man ca. 2000 Kalorien mehr pro Woche, als wenn man die ganze Zeit nur herumsitzt. Aber das entspricht* nur ein paar zusätzlichen* Käsebroten oder Currywürsten – warum soll man sich also Sorgen machen, wie man die verbrannten* Kalorien ersetzt?

Für den Sportler ist es nicht *wie viel*, sondern *was er isst*, das wichtig ist, damit der Körper und die Muskeln optimal funktionieren können. Die zusätzlichen 2000 Kalorien müssen von Nahrungsmitteln kommen, die viele Kohlenhydrate, hochwertiges Eiweiß und Vitamine haben, aber wenig Fett. Es ist auch sehr wichtig, genug Flüssigkeit

– vor allem Wasser – zu trinken, damit der Körper nicht austrocknet*. Man sollte also ein bisschen überlegen, bevor man bei Heißhunger* nach dem Fußballspiel ein paar salzhaltige Käsebrote oder Currywürste isst!

* entsprechen – *to be equal to*
  zusätzlich – *extra*
  verbrannt – *burnt off*
  austrocknen – *to become dehydrated*
  der Heißhunger – *ravenous hunger*

1 **Lies den Text und beantworte die folgenden Fragen auf Englisch.**

  a What does advertising say about sportspeople and food?
  b What effects does sport have on the body?
  c What is the truth about sportspeople and food?
  d What is the equivalent of 2000 calories?
  e What is the most important thing of all?

2 **Verbinde die deutschen und englischen Wörter.**

1	Werbungen	**a**	humans
2	Sportzeitschriften	**b**	heart
3	Sportler	**c**	body
4	Menschen	**d**	replaces
5	Körper	**e**	fluid
6	Blut	**f**	protein
7	Herz	**g**	sport magazines
8	verbraucht	**h**	blood
9	regelmäßig	**i**	adverts
10	ersetzt	**j**	sportsmen
11	Eiweiß	**k**	regularly
12	Flüssigkeit	**l**	uses

Hier gibt es alles!

Egal, was du suchst – du findest es bei eBay. Die große Versteigerungsseite hat Millionen von Kunden in den deutschsprachigen Ländern, die alles Mögliche kaufen und verkaufen.

Bei eBay kann jeder Artikel verkaufen, die er nicht mehr braucht oder nicht mehr will. Bei Jugendlichen sind Artikel wie Handys, DVDs oder Computerspiele beliebt.

„Bei eBay finde ich oft Computerspiele für 20 Euro, die im Laden noch 50 oder 60 Euro kosten würden", sagt Daniel aus Leipzig. „Da spare ich viel Geld."

Seine ältere Schwester studiert Medizin an der Uni und hat viele Bücher gekauft. „Die Bücher für das Studium sind extrem teuer", sagt sie „und die Buchhandlungen in der Stadt haben oft keine Exemplare. Ich habe viele bei eBay gefunden und eine Menge Geld gespart. Wenn ich mit dem Studium fertig bin, kann ich sie weiter verkaufen."

Aber bei eBay kann man nicht nur gebrauchte Artikel kaufen – viele Firmen verkaufen jetzt neue Artikel über eBay. Dirk hat einen speziellen Musikladen in Tübingen. „Wir verkaufen alte Schallplatten, Poster, Musik, und wir haben viele Artikel, die schwer zu finden sind. Mein Geschäft ist klein, und ich kann mir keine eigene Webseite leisten. Durch eBay bekomme ich viele neue Kunden."

Was Dirk schlecht an der Webseite findet ist, dass skrupellose Leute versuchen, großen Gewinn zu machen. „Es gibt Leute, die Karten für ausverkaufte Konzerte verkaufen. Sie haben eine Karte zu 50 Euro gekauft und verkaufen sie für 300 Euro. Das finde ich ungerecht."

1 Beantworte die Fragen auf Englisch.
  a What can you do on eBay? (2 points)
  b Which items are popular with young people? (3 points)
  c Why does Daniel buy things on eBay?
  d What did his sister buy on eBay?
  e Why? (2 points)
  f What does she intend to do in the future?
  g What does Dirk do for a living?
  h Why does he sell things on eBay?
  i What does Dirk object to about eBay?
  j What example of this does he give?

2 Was kaufen deine Mitschüler im Internet? Welche Webseiten sind die besten? Warum? Mach eine Umfrage in der Klasse.

3 Schreib einen Artikel über eine Webseite, auf der du einkaufst. Sag, was du dort gekauft hast und warum.

Rock in Deutschland

An einem Wochenende im Juni finden die zwei größten Musikfeste Deutschlands statt: „Rock am Ring" in der Stadt Nürburg in Rheinland-Pfalz und „Rock im Park" in Nürnberg im Bundesland Bayern. Die Feste dauern drei Tage, und jährlich besuchen 15 000 Musikfans aus ganz Europa diese Festivals. Die meisten Bands spielen auf beiden Festivals, die drei Tage dauern.

Der Eintritt kostet ab 125 Euro für Frühbucher, inklusive Parken und einem Zeltplatz. Sonia kommt schon seit drei Jahren zum „Rock im Park"-Fest. „Die Rockfestivals sind einfach die besten Musikfeste in Deutschland", sagt sie. „Die besten Bands aus aller Welt spielen hier. Ich finde das Fest recht günstig – man kann für das Geld 10 oder 12 Bands sehen. Es herrscht auch immer eine gute Stimmung. Ich komme mit einer Gruppe von Freunden und wir bringen ein Zelt mit. Es gibt immer Partys auf dem Campingplatz und es macht Spaß." Ist der Campingplatz die einzige Unterkunft? „Nein", sagt Sonia. „Es gibt natürlich auch Hotels und eine Jugendherberge in Nürnberg. Aber der Campingplatz ist neben dem Stadion und es ist sowohl praktisch als auch billig, hier zu schlafen. Das einzige Problem hat man, wenn es regnet – das kann dann ziemlich unangenehm werden. Doch es ist immer gut organisiert, und es gibt auch viele Toiletten und Duschen. Aber es stimmt, dass man manchmal lange warten muss, weil so viele Leute hier sind."

1 Lies den Text und wähl die richtige Antwort.

1 Was kann man bei „Rock im Park" und „Rock am Ring" sehen?
   a dieselben Bands
   b andere Bands
   c deutsche Bands

2 Was bekommt man, wenn man eine Karte vorbestellt?
   a einen Parkplatz und einen billigeren Preis
   b ein Hotelzimmer
   c ein Zelt

3 Warum findet Sonia Zelten die beste Unterkunft?
   a Die Hotels sind immer voll.
   b Der Campingplatz ist nicht weit vom Stadion.
   c Die Jugendherberge ist nicht in der Nähe.

4 Wann kann es auf dem Festival nicht so angenehm sein?
   a wenn die Toiletten nicht funktionieren
   b wenn das Wetter schlecht ist
   c wenn es schlecht organisiert ist

2 Füll die Lücken mit einem passenden Wort aus.

a Die Rockfeste sind die größten _____ in Deutschland.

b Im Preis für die Eintrittskarte ist ein _____ enthalten.

c Die Bands kommen aus aller _____.

d Sonia findet den Eintrittspreis nicht _____.

e Sonia geht mit _____ auf das Fest.

f Sie findet die Stimmung auf dem Fest _____.

3 Beschreib ein Musikfest oder ein anderes Fest, das du besucht hast. Sag:
- was du gesehen hast
- was du gemacht hast
- wo du übernachtet hast
- wie du gereist bist
- wie die Stimmung war.

Keinohrhasen

Die neue romantische Komödie aus Deutschland mit Til Schweiger als Ludo Decker und Nora Tschirner als Anna Gotzlowski in den Hauptrollen.

Regie: Til Schweiger

Drehbuch: Til Schweiger und Anika Decker

Erscheinungsjahr: 2007

Länge: 111 Minuten

Frei ab 12 Jahren

Ludo Decker arbeitet als Journalist. Bei seiner Arbeit hat er etwas Illegales gemacht. Das Gericht* sagt, dass er als Strafe* 300 Stunden in einem Kindergarten arbeiten muss. Dort trifft er Anna Gotzlowski. Anna und Ludo haben als Kinder in der gleichen Stadt gewohnt und damals war Ludo nicht nett zu Anna. Jetzt ist Anna nicht nett zu Ludo. Aber am Ende des Films weiß Ludo, dass er Anna sehr wichtig findet, und es gibt ein Happyend.

*das Gericht – *court of law*
als Strafe – *as a punishment*

1 Lies die Informationen über den Film und beantworte die folgenden Fragen auf Englisch.

   a How long is the film?
   b Which actors play the leads?
   c When was the film released?
   d What kind of film is *Keinohrhasen*?
   e What are the actors' names in the film?
   f From what age are you allowed to watch the film?
   g Where was the film made?
   h Who wrote the screenplay?

2 Lies die Zusammenfassung der Handlung und übersetze den Text ins Englische. Benutze wenn nötig ein Wörterbuch.

3 Wie könnte der Filmtitel auf Englisch heißen? Die zweite Strategie in der *Tipp*-Box auf Seite 99 kann dir dabei helfen.

4 Würdest du den Film gern sehen? Warum (nicht)? Schreib Sätze, um deine Meinung zu begründen.

Das Leben der Anderen (2006)

Ein Film von Florian Henckel von Donnersmarck

In den letzten Jahren sind mehrere Filme gedreht worden, die im totalitären Ostdeutschland vor dem Fall der Berliner Mauer spielen. Diese Filme sind Komödien wie *Sonnenallee*, die Ostdeutschland als komisch porträtieren, oder sie konzentrieren sich auf ein persönliches Drama, wie *Goodbye Lenin!* Aber *Das Leben der Anderen* ist ein viel politischerer Film.

Im Jahr 1984 arbeitet Gerd Wiesler für die Stasi, die Geheimpolizei* in Ostdeutschland. Er identifiziert sich mit dem totalitären politischen System. Weil er den Dramatiker Georg Dreyman überwachen* soll, werden Mikrofone in Dreymans Wohnung installiert. Wiesler hört alles in Dreymans Wohnung und schreibt auf, was Dreyman und seine Freunde sagen.

Dreymans Freundin ist die begabte Schauspielerin Christa-Maria Sieland. Ein wichtiger Politiker, der Minister Bruno Hempf, findet Christa-Maria sehr attraktiv. Wiesler beginnt auch, sie attraktiv zu finden, genauso wie Dreymans systemkritische Ideen, die er jetzt besser versteht. Dreyman schmuggelt einen Artikel über die Situation in Ostdeutschland nach Westen, der in der Zeitschrift *Der Spiegel* erscheint. Obwohl Wiesler weiß, dass Dreyman den Artikel geschrieben hat, sagt er der Stasi nichts. Aber weil der Minister Christa-Maria erpresst*, sagt sie, was sie über Dreyman weiß. Danach begeht sie Suizid. Die Leute von der Stasi wissen jetzt, dass Wiesler Dreyman geschützt* hat, und das ist das Ende von Wieslers Karriere.

Fünf Jahre später fällt die Berliner Mauer und Dreyman darf seine Stasi-Akten lesen. Jetzt versteht er, dass ihn ein Mann von der Stasi geschützt hat. Um Danke zu sagen, widmet* er sein

neues Buch Wiesler.

Das Leben der Anderen kam im März 2006 in die Kinos. Es ist der erste Film von Drehbuchautor und Regisseur Florian Henckel von Donnersmarck, aber obwohl es sein erster Film ist, hat er alle Rekorde gebrochen: Beim Deutschen Filmpreis hatte *Das Leben der Anderen* elf Nominationen und gewann sieben Preise, zum Beispiel für den besten Film, die beste Regie, das beste Drehbuch und den besten Hauptdarsteller. Im Jahr 2007 bekam *Das Leben der Anderen* den Oscar für den besten nicht-englischsprachigen Film.

Dank der drei brillanten Hauptdarsteller, Ulrich Mühe (Wiesler), Sebastian Koch (Dreyman) und Martina Gedeck (Christa-Maria Sieland), der historisch und psychologisch realistischen Situation, die beschrieben wird, und der exzellent konstruierten Handlung war der Film kommerziell erfolgreich, obwohl er ein schwieriges Kapitel in der deutschen Geschichte beschreibt. Innerhalb von 18 Monaten hatten Kinozuschauer 74 Millionen US-Dollar bezahlt, um einen Film zu sehen, der für nur zwei Millionen Dollar produziert worden war. Wir hoffen, dass von Donnersmarcks nächster Film genauso gut werden wird.

> *geheim – *secret*
> überwachen – *to keep under surveillance*
> erpressen – *to blackmail*
> schützen – *to protect*
> widmen – *to dedicate*

1 Wie heißen die mit Rot markierten Wörter auf Englisch? Benutze die Strategien auf Seite 99, um ihre Bedeutung zu erraten.

2 Vervollständige die folgenden Sätze.

  a *Das Leben der Anderen* ist anders als *Goodbye Lenin!* oder *Sonnenallee*, weil dieser Film viel _____ ist.

  b Die Stasi ist der Name der _____ in Ostdeutschland.

  c Weil es _____ in Dreymans Wohnung gibt, kann Wiesler hören, was Christa-Maria Sieland und Dreyman sagen.

  d Der Minister und Wiesler denken, dass Christa-Maria eine sehr _____ Frau ist.

  e *Der Spiegel* publiziert einen _____, den Dreyman von Ostdeutschland in den Westen geschmuggelt hat.

  f Nach Christa-Marias Suizid ist Wieslers _____ zu Ende.

  g Als die Berliner Mauer _____, darf Dreyman lesen, was die Leute von der Stasi über ihn geschrieben haben.

  h Der Film war erfolgreich, weil seine Handlung _____ _____ war.

3 Beantworte jetzt die folgenden Fragen auf Englisch.

  a What makes *Das Leben der Anderen* different from other films about East Germany?

  b What is Wiesler's attitude to the Stasi at the beginning of the film?

  c What exactly is Wiesler's task with regard to Dreyman?

  d Why does Wiesler change his attitude?

  e What is unusual about this film winning so many prizes?

  f Which factors made the film a box office hit?

Urlaub ohne Eltern

Mit den Eltern in Urlaub zu fahren kann schon Spaß machen, aber als Teenager hat man oft andere Interessen als Mutti und Vati. *Du!* organisiert Reisen ohne Eltern für Jugendliche zwischen 12 und 18. Betreuer sorgen für ein großes Freizeitangebot wie Basteln, Fotografie, Feten und Feiern. Abenteuer kann auch dabei sein mit Segeln, Zelten oder Kajaktouren.

Thorsten hat letztes Jahr eine Woche im österreichischen Ferienort Maria Alm verbracht. „Meine Eltern machen gern kulturelle Sachen im Urlaub oder wollen einfach nur am Strand liegen", sagt er. „Ich wollte was anderes machen. Ein Freund von mir hatte schon Urlaub mit *Du!* gemacht und hat es mir empfohlen."

Thorsten war in einem Jugendhotel untergebracht. Dort teilte er mit drei anderen Jungen ein Zimmer und knüpfte auch Freundschaften. Tagsüber nahm er an verschiedenen Aktivitäten teil, und abends gab es Feste und Spiele. „Es hat wirklich Spaß gemacht", erklärt er. „Ich habe viele neue Aktivitäten wie Kajakfahren ausprobiert, und ich habe auch neue Freunde gewonnen. Ich habe immer noch Kontakt zu anderen Jugendlichen von der Reise. Nächstes Jahr wollen wir wieder eine Jugendreise zusammen machen."

1 Wie sagt man auf Deutsch...?

  a supervisor
  b camping
  c canoeing
  d to make friends with
  e to take part in

2 Beantworte die Fragen auf Englisch.

  a Why do teenagers want to go on holiday without their parents?
  b What does *Du!* do?
  c Which activities are on offer?
  d Why did Thorsten go on holiday with *Du!*?

  e Where did he stay?
  f What did he think of the holiday?
  g What did he like about it?
  h What does he want to do next year?

3 Was findest du besser – Urlaub mit oder ohne Eltern? Mach eine Liste der Vor- und Nachteile.

IM URLAUB: LERNEN UND WAS GUTES TUN!

Ute Dreschler, die Geografie an der Universität Heidelberg studiert, wollte in den Uniferien etwas anderes machen als nur am Strand sitzen. Daher hat sie sich um einen Platz als freiwillige Mitarbeiterin in einem Naturschutzgebiet in Costa Rica beworben und den letzten Sommer dort verbracht.

Für Ute was es einfach ein tolles Erlebnis. „Jeden Tag hatte ich zuerst eine Spanischstunde", sagt sie. „Ich hatte Spanisch in der Schule gelernt, aber vieles vergessen. Danach habe ich im Naturschutzgebiet unterschiedliche Sachen gemacht. Ich habe die Wanderwege gepflegt, Eintrittskarten an Besucher verkauft und – das Beste von allem – habe geholfen, Meeresschildkröten zu schützen."

Ute hat bei einer Familie gewohnt und hat während ihres Aufenthalts auch andere Freiwillige aus aller Welt kennengelernt. „Es war toll, bei einer Familie aus dem Ort zu wohnen", sagt sie. „Ich habe wirklich gesehen, wie die Leute dort leben. Jetzt hoffe ich, nach dem Studium im Bereich Umweltschutz zu arbeiten. Und ich würde sehr gern wieder nach Costa Rica fahren."

1 **Wie sagt man auf Deutsch...?**

a volunteer
b experience
c nature reserve
d protect
e stay

2 **Beantworte die Fragen auf Englisch.**

a Why did Ute want to go to Costa Rica?
b Where exactly did she work?
c How did she improve her language skills?
d What kinds of jobs did she do?
e Where did she stay and what did she think of it?
f What impact has this stay had on her future plans?

3 Arbeitet mit einem Partner oder einer Partnerin und entwerft ein Interview mit Ute über ihren Aufenthalt in Costa Rica.

Windhoek, den 14. Mai

Lieber Fritz,

Gruß aus Namibia! Du hast mich in deiner E-Mail gefragt, wie der Alltag bei uns aussieht.

Ich stehe früh um 5:40 auf, weil die Arbeit und die Schule früh anfangen.

Zum Frühstück gibt es Obst, das deine Tante Sue auf dem lokalen Markt kauft.

Wie du weißt, arbeite ich für ein Hilfsprogramm organisiert von einer Kirche.

Um 6:30 fahre ich mit dem Auto zum Büro, das außerhalb der Stadt liegt. Unsere Kinder fahren um 7 Uhr mit dem Schulbus zur Schule, die um 7:30 beginnt.

Um 14 Uhr kommen die Kinder und auch ich nach Hause, weil der Nachmittag in Namibia sehr heiß ist. Schulen und viele Büros sind am Nachmittag geschlossen. Wir haben ein leichtes Mittagessen. Abendessen gibt's dann viel später um 20 Uhr.

Es ist schön, hier zu wohnen. Die Leute von Namibia sind sehr freundlich. Es gibt tolle Wildtiere, die man auf Safari sehen kann. Letzte Woche kam eine Affe in die Nähe vom Büro!

Alles Liebe und viele Grüße von Tante Sue, Bob und Vicki,

Dein Onkel Max

PS – ein Foto vom Büro und eine Landkarte anbei.

1 Lies den Brief. Wie sieht der Alltag von Max aus? Mach Notizen.
Beispiel: 5.40 – aufstehen

2 Vergleiche deinen Alltag mit dem von Max. Schreib Sätze.
Beispiel: Max steht um 5.40 auf, aber ich schlafe bis 7.30.

3 Wie könnte eine Wohlfahrtsaktion oder ein Hilfsprogramm in Namibia aussehen? Mit einem Partner/einer Partnerin schaut unter „Namibia helfen" im Internet für Ideen und schreibt einen kurzen Bericht auf Deutsch über das, was ihr gefunden habt. Teilt euren Bericht in Themen, wie zum Beispiel „Häuser", „Kinder" und so weiter.

Vor- und Nachteile des Öko-Tourismus

Öko-Tourismus oder der „sanfte* Tourismus" hat nicht nur Vorteile, sondern auch einige Nachteile. Für das Gastland bringt jede Art Tourismus Geld und damit Arbeitsplätze. Mit Tourismus kommen aber auch Schäden. Mit Schäden meinen wir, dass die Kultur und die Gebräuche gestört oder sogar zerstört werden. Auch Krankheiten werden oft durch Touristen verbreitet.

Für den Reisenden hat Öko-Tourismus den Vorteil, dass man sein Gewissen beruhigen kann, und dass man keinen oder wenig Schaden anrichtet. Es gibt keine großen Hotels oder laute Disko-Nächte. Wenn man in einem Hotel wohnt, dann ist es öko und ist sparsam mit Wasser- und Stromverbrauch. Manchmal übernachtet man in Häusern der Einwohner. Bei einigen Aktiv-Reisen kann man sogar an lokalen Projekten mitarbeiten, zum Beispiel, Schule oder Brunnen* bauen. Doch die Flugmeilen, die bei langen Flugreisen entstehen*, sind nicht zu vermeiden*. Besser sanfter Tourismus näher am Zuhause als weitweg in exotischen Ländern!

> *sanft – *soft*
> der Brunnen – *well (for water)*
> entstehen – *to originate*
> vermeiden – *to avoid*

1 Wie heißen die folgenden Ausdrücke auf Englisch? Kannst du sie erraten*? Wenn nicht, schau im Wörterbuch nach.

  a Arbeitsplätze
  b Gebräuche
  c zerstören
  d verbreitet
  e Schaden anrichten
  f das Gewissen beruhigen
  g sparsam

> *erraten – *to guess*

2 Trenne die Vorteile und Nachteile von Öko-Tourismus und schreib sie in zwei Listen auf. Übersetze die Listen ins Englische.

3 Beantworte die folgenden Fragen auf Englisch.

  a What do you think you will have to do without if you go on an eco-trip to a developing country?
  b What sorts of projects do you think you might work on in such a country?

4 Beschreib einen Tag einer Öko-Safari in Namibia. Wo übernachtest du? Was isst du? Was machst du während des Tages? Wenn du reist, womit fährst du?

Brauchst du Hilfe bei deiner Schularbeit?

Wir sind für dich da und bieten dir Folgendes an:

- Hausaufgabenhilfe
- eigene Lernmaterialien für deine Prüfungen
- individuelle Lernstrategien

Das heißt: ein ganz individuelles Lernprogramm!

Hilfe!
fur deine Hausaufgaben
und deine Vorbereitungen
auf die Examen

Ziel:	Verbesserung deiner Noten
	Hilfe bei Problemen, z.B. bei Stress mit Lehrern oder bei bestimmten Fächern
Alter:	12–16 Jahre
Wann?	Wie vereinbart, hauptsächlich nachmittags nach der Schule
Wer?	Einzeln oder in kleinen Gruppen
Wie?	Einfach anrufen!

1 Lies die Werbung und beantworte die Fragen auf Englisch.

   a Who is this advert aimed at?
   b What is being offered? (4 points)
   c What is special about the offer?
   d What two goals are proposed by the company as a result of their services?
   e How old do you have to be to take advantage of their offer?
   f When do sessions take place?
   g How can you contact them?

2 Was sind deiner Meinung nach nützliche Lernstrategien? Mach eine Liste und diskutiere sie mit einem Partner/einer Partnerin.

3 Für welche Fächer brauchst du Nachhilfe? Wie soll die Nachhilfe aussehen? Warum? Schreib einen kurzen Absatz.

Deine Schülermitverwaltung braucht dich!

Wie werden die Mitglieder der Schülermitverwaltung* gewählt*? Jedes Schuljahr werden in jeder Klasse zwei Klassensprecher gewählt: der Klassensprecher oder die Klassensprecherin und der/die stellvertretende* Klassensprecher/in. Von den Klassensprechern werden für die Klassen 7 bis 10 jeweils zwei Schülervertreter* gewählt. So weit die Demokratie...!

Dein Schülerrat* hat also 8 Schüler als Mitglieder* (die Oberstufe hat ihr eigenes Team).

Was macht der Schülerrat?

Der Schülerrat hat folgende Aufgaben:

- die Vertretung der Interessen der Schüler gegenüber den Lehrern und der Schule
- Vorschläge für Verbesserungen von Schuleinrichtungen und Neuanschaffungen
- die Organisation von Veranstaltungen in der Schule, z.B. Schulfeste
- die Unterstützung von Schülern bei Konflikten innerhalb der Schule, z.B. mit anderen Schülern und Lehrern
- die regelmäßige Herausgabe der Schülerzeitung
- die Vertretung der Schule außerhalb der Schule, z.B. im Frühling bei der Organisation des städtischen Schülerfests im Stadtpark.

Diese Aufgaben können wir nur ausführen, wenn ihr uns sagt, was ihr wollt und was eure Meinungen sind!

Was möchten wir in diesem Schuljahr erreichen?

I. Die Demokratie auf deiner Seite:

- Wir möchten bei der Gestaltung* der neuen Computer-Kurse mitreden.
- Was hast du dazu zu sagen?
- Wir wollen, dass alle Schulbänke erneuert werden.
- Oder meinst du, die Schule soll das Geld für etwas anderes ausgeben?

II. Die Demokratie auf der Seite der Schule:

- Wir wollen, dass unsere Beschwerden* allgemeiner Art bei Lehrern und auch beim Schuldirektor gehört werden!

➤ *Der Schülerrat wurde zwar gewählt, aber die Wahl* alleine ist noch nicht Demokratie! Dein Schülerrat braucht deine Mitwirkung und Meinungen!*

➤ *Dein Schülerrat ist in den großen Pausen regelmäßig für alle Schülerinnen und Schüler in dem Zimmer C-17 zu sprechen.*

---

*die Schülermitverwaltung – *student co-governance*
wählen – *to elect*
stellvertretend – *substitute*
der/die Vertreter/-in – *representative*
der Schülerrat – *student council*
das Mitglied – *member*
die Gestaltung – *design*
die Beschwerde – *complaint*
die Wahl – *election*

---

1 Beschreib auf Englisch, wer in dem Schülerrat ist.

2 Beschreib auf Englisch, was der Schülerrat macht und was sie dieses Jahr machen will.

3 Schreib über das Problem, das der Schülerrat hat, und wie es gelöst werden könnte und von wem.

Thomas: Uschi und ich sind in der Jugend-Feuerwehr*. Es gibt auch zehn andere junge Leute, die mitmachen. Wir haben einen Ausbilder* und von ihm lernen wir alles über die Feuerwehr.

Uschi: Ja, so zum Beispiel, was man bei brennenden Plastiksachen machen muss. Das ist ganz gefährlich, weil tödliche* Gase entstehen können.

Thomas: Wir lernen bei der Feuerwehr viel über Chemie und Physik, was sehr interessant ist, obwohl sie nicht unbedingt meine besten Fächer sind. Die praktischen Übungen gefallen mir am besten.

Uschi: Das sind die Arbeiten mit Schläuchen, Pumpen und Feuerlöschern*.

Thomas: Ganz toll! Ich liebe es, mit dem Feuerwehrauto zu fahren. Es gibt wirklich sehr viel zu lernen. Ich bin schon seit zwei Jahren bei der Jugend-Feuerwehr.

Uschi: Wir sind alle gute Kameraden und gehen manchmal zusammen schwimmen am See oder wir machen einen Grillabend oder eine Party.

Thomas: Dies ist eine freiwillige Arbeit, aber ich habe vor, später zur Berufsfeuerwehr zu gehen.

> * die Feuerwehr – *fire brigade*
> der Ausbilder – *trainer*
> tödlich – *deadly*
> der Feuerlöscher – *fire extinguisher*

1 Lies den Dialog und beantworte die Fragen auf Englisch.

  a What kind of group do Thomas and Uschi belong to?
  b How many people are in the group?
  c What is the profession of the person who trains the group?
  d What school subjects are useful for this kind of work?
  e What activity does Thomas particularly like to do?
  f How long has Thomas been a member of this group?
  g What sorts of social activities does the group have?
  h What future career does Thomas want?

2 Lies den Dialog und schreib in die Tabelle, was man bei der Jugend-Feuerwehr lernt und macht.

Theoretisches Programm	Praktisches Programm	Gesellschaftliches Programm

3a Rate, wie die folgenden Ausdrücke auf Englisch heißen.

  a brennende Plastiksachen
  b tödliche Gase
  c eine praktische Übung
  d Schläuche, Pumpen und Feuerlöscher

3b Wie hast du die Bedeutung erraten? Ordne a–d zu.

  1 sieht wie Englisch aus _____
  2 vom Thema _____
  3 vom Satz _____
  4 vom Bild _____

Die heutigen Traumberufe der Jugend

Das Meinungsforschungsinstitut Trendence befragte rund 8400 Schüler der Klassen 7 bis 13 von Gymnasien und Gesamt- und Realschulen in ganz Deutschland. Die Fragen: Wie siehst du deine Zukunft nach dem Schulabschluss? Was ist dein Berufswunsch? Welchen Job möchtest du haben?

Früher war es der Lokführer, der als Traumberuf galt. Oder Astronaut oder Tierärztin. Auch ein Job bei MTV oder ein Leben als Abenteurer*, Rennfahrer* oder Spitzensportler waren Traumberufe. Die heutige Jugend will am liebsten Sicherheit im Job und einen Ausgleich* zwischen dem privaten und dem beruflichen Leben haben.

Heutzutage zeigt* das Schüler-Barometer die zehn Top-Arbeitgeber als:

10	Polizei
9	ZDF (Zweites Deutsches Fernsehen)
8	Lufthansa
7	BMW
6	Porsche
5	Bundeswehr*
4	Hilton Hotel
3	Firma Adidas
2	Auswärtiges Amt*
1	Audi

> * der Abenteurer – *adventurer*
> der Rennfahrer – *racing car driver*
> der Ausgleich – *balance*
> zeigen – *to show*
> die Bundeswehr – *army*
> das Auswärtige Amt – *Foreign Office*

1 Lies den Artikel und beantworte die Fragen auf Englisch.

   a Which kind of institute is mentioned in the text? It is made up of three words, *Meinung*, which means _____, *Forschung*, which means _____ and *Institut*, which means _____.

   b The name of the institute is _____.

   c Give up to six details about who was involved in what the institute did.

   d Translate the three questions that were asked.

   e What are the 10 top 'dream' employers?

   f What jobs used to be popular 'dream' careers for young people in Germany?

2a Finde die deutschen Ausdrücke im Text.

   a survey (*hint: 'around question'*)

   b career preference (*hint: 'career wish'*)

   c dream career

   d employer (*hint: 'work giver'*)

   e train driver

   f female veterinarian

   g nowadays (*hint: 'today to days'*)

   h school leaving certificate (*hint: 'school closing'*)

2b Finde andere zusammengetzte Wörter im Text, die aus zwei oder mehreren Wörtern bestehen. Wie heißen sie auf Englisch?

3 Diskutiert mit einem Partner/einer Partnerin. Welches Foto passt zu welchem Arbeitgeber? Welchen Beruf kann man bei jedem Arbeitgeber ausüben? Schreib Sätze.

Beispiel: **A** Lufthansa – Flugkapitän, Stewardess

Bei Lufthansa kann man Flugkapitan oder Stewardess sein.

Exam Practice

The listening exam – Unit A711

- There are 40 marks in the listening exam – 20% of the total GCSE marks.
- No dictionaries are allowed but you will hear each recording twice.
- At Foundation level the test lasts for 30 minutes and at Higher level 40. You will be allowed 5 minutes before the recording is played to read the question paper.
- All instructions will be given in English and there will be an example of the type of answer required.
- Each tier (Foundation or Higher) contains five exercises. These will become progressively more difficult. Questions at the start of the paper may require the ticking of boxes; at the end you may well need to write fuller answers. When this is required answers will be in English.

Foundation tier

At this level most of the tasks will require you to understand single words or short phrases. In Exercises 1–3 in the exam you will normally hear only the present tense. In Exercises 4 and 5 you will be expected to be able to recognise other tenses and to be able to note some opinions as well.

Higher tier

At Higher level you will hear longer texts and you will be expected to identify specific details. You may also have to work out an answer from several pieces of information.

You can find further tips for how to tackle the listening exam in the *GCSE German for OCR Exam Skills Workbooks* (*Foundation* and *Higher*) which accompany this course.

> **TIPP**
>
> As you read through the questions, think about how to say the detail in each of them in German and perhaps write some notes before you listen.
>
> Pay attention when the answer choices are mentioned in the recording. Which one is the correct one?
>
> Make sure you can hear the difference between similar sounding words, e.g. *zwei* and *drei*.
>
> Read the introduction or the detail given in headings and charts carefully for clues as to what the passage may be about.
>
> Read the questions in English carefully and consider what kind of answer you are looking for, for instance you may be listening for an opinion expressed by someone. You could make a list of all of the opinions you can think of in German, e.g. *toll*, *klasse*, *anstrengend* etc.

Practice listening questions

Foundation level

Exercise 1 Questions 1–8

Gabi talks about her family and her home. Read the questions and look at the possible answers.

Listen to the recording. You will hear it twice. Then choose the correct answer by writing down the letter for the correct picture.

> **Example:** How old is Gabi?
> **A** 13
> **B** 14
> **C** 15
> **Answer:** C

1 How many brothers and sisters does Gabi have?

2 Where does Gabi live?

3 How many bedrooms do they have?
A 3
B 4
C 5

4 What else does the house have?

5 What kind of pet does Gabi have?

6 What does Gabi's mother do?

7 Where does Gabi's mother work?

 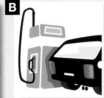 

8 What time does Gabi's mother get home from work?
 A 6 pm
 B 7 pm
 C 8 pm

Exercise 2 Questions 9–16
Christian and Bernd are on holiday.
Read the questions.
Answer the questions in English.

> **Example:** Where does Christian want to go?
> **Answer:** To the beach.

9 Why doesn't Bernd want to come?

10 What does Christian suggest instead?

11 Does Bernd agree to Christian's suggestion?

12 What does Christian ask?

13 What does Bernd suggest?

14 How will they get there?

15 Will they have to change bus?

16 What does Christian tell Bernd not to forget?

Exercise 3 Questions 17-24
Andreas talks about health and fitness. Read the questions. Listen to Andreas and, for each question, choose the correct answer.

> **Example:** Andreas is very...
> **A** healthy
> **B** unfit
> **C** sporty
> **Answer**: C

17 What sports does Andreas like to play?
 A football and rugby
 B tennis and football
 C tennis and rugby

18 How often does he train in total?
 A three times a week
 B four times a week
 C five a week

19 Which sport does Andreas do more training for?
 A football
 B handball
 C tennis

20 What does he need to do after training?
 A sleep
 B eat
 C drink water

21 When does Andreas go to bed early?
 A after training
 B the night before a big match
 C the night before a training session

22 What does he eat lots of?
 A fruit and bread
 B meat and potatoes
 C pasta and chicken

23 Why must Andreas be careful?
 A because he has an injury
 B because he can't resist eating too much of some foods
 C because he has an allergy

24 What can Andreas not eat?
 A milk
 B nuts
 C strawberries

Exercise 4 Questions 25–32
Maria and Stefan are discussing their leisure activities.

Read the questions, listen to the conversation and then answer in English. You do not need to answer in full sentences.

> **Example:** What does Maria find boring?
> **Answer:** What's on television.

25 What does Stefan want to do?

26 What does Stefan have to do?

27 What does Maria suggest?

28 What does Stefan ask?

29 Who is Moritz Bleibtreu?

30 Where is the film set?

31 What time does their showing start?

32 What does Stefan say he will do before leaving?

Exercise 5 Questions 33–40

Jens talks about his hobby.

Read the questions. Listen to the interview and choose the correct answers.

> **Example:** The main instrument that Jens plays is the...
> **A** piano
> **B** saxophone
> **C** clarinet
> **Answer:** B

33 Jens has been playing since he was:
- **A** six
- **B** ten
- **C** sixteen

34 At the beginning, Jens learnt:
- **A** from a teacher
- **B** from his mum
- **C** on his own

35 Jen mostly plays:
- **A** in an orchestra
- **B** in a jazz band
- **C** solo

36 He plays with them:
- **A** regularly
- **B** occasionally
- **C** in the holidays

37 Jens gives concerts:
- **A** in his local concert hall
- **B** at the youth club
- **C** at his home

38 For concerts, Jens is given:
- **A** a lot of money
- **B** not very much money
- **C** free food and drink

39 When he plays in front of an audience, Jens is:
- **A** not at all scared
- **B** a bit nervous
- **C** absolutely terrified

40 When he has an audience, Jens doesn't like:
- **A** singing
- **B** dancing
- **C** speaking

Higher level

Exercises 1 and 2 as for Foundation-level Exercises 4 and 5.

Exercise 3 Questions 17–24

Christina is telling you about her work experience.

Read the questions.

Listen and, for each question, choose one answer.

> **Example:** Christina did her work experience placement...
> **A** last year
> **B** last week
> **C** last month
> **Answer:** C

17 Christina found the placement ...
- **A** boring and exhausting
- **B** interesting but strenuous
- **C** exciting but challenging

18 Christina found her work experience ...
- **A** through the school
- **B** by herself
- **C** through her mother

19 Christina thought Frau Michaelson was ...
- **A** scary
- **B** strict
- **C** nervous

20 The children were ...
- **A** a bit scared of Frau Michaelson
- **B** very fond of Frau Michaelson
- **C** badly behaved for Frau Michaelson

21 The children were ...
- **A** enthusiastic
- **B** friendly
- **C** noisy

22 Christina helped the children with ...
- **A** drawing and painting
- **B** reading and writing
- **C** project work

23 In the afternoon, the children did ...
- **A** art
- **B** music
- **C** dance

24 At the end of the day Christina was ...
- **A** happy
- **B** sad
- **C** miserable

Exercise 4 Questions 25–32

Frau Schmidt is discussing holidays with her class.

Read the questions, listen to the recording and complete the chart in English.

	Destination	Opinion
Jutta	25	26
Susanne	27	28
Paul	29	30
Marc	31	32

Exercise 5 Questions 33-40
A project for the future.
Read the questions.
Listen and, for each question, choose one answer.

> **Example:** The project is intended to...
> **A** run for one month
> **B** help students with difficulties
> **C** make the school more environmentally-friendly

33 The project was proposed...
   A by the student council
   B by the parent governors
   C after a school-wide vote

34 Many people...
   A take measures to reduce their carbon footprint
   B ignore environmental problems
   C believe that businesses ought to do more for the environment

35 Some people wanted to...
   A raise money for solar panels
   B raise money for a big gesture to raise awareness
   C save up for some solar-powered equipment

36 Others thought the important thing was...
   A to make it look like everybody was doing something
   B to make a gesture of support
   C to get everybody involved

37 Paul suggested...
   A asking around to see who had the best ideas for what to do
   B carrying out a survey to see what students thought was most important
   C giving class 10E management of the project

38 For one week...
   A class 10E worked on the project in their lunch break
   B 80% of students organised fund-raising activities
   C students took part in the survey

39 Students were most concerned about...
   A recycling and food sources
   B recycling and energy sources
   C how food waste was disposed of in the canteen

40 The headteacher...
   A convinced the kitchen staff to use organic produce
   B agreed to go over to recycled paper
   C was convinced that the school already used recycled paper

The speaking assessment – Unit A712

- There are 60 marks for the speaking assessment – 30% of the total GCSE marks.
- You have to do two tasks under controlled conditions, each of which must:

1. be on a **different topic** (see the topic areas listed with the sample tasks below) or on a topic of personal interest
2. for a **different purpose** (presentation / role play / interview) and
3. include some **interaction** with another speaker.

   Note that it is possible for some tasks to cover more than one topic area.

- Each task will last between 4 and 6 minutes and will be recorded; this recording can be on video.
- You are allowed to prepare for the tasks and to use a dictionary in the preparation. However, you are not allowed to use a dictionary when you are actually doing the task itself.
- You are allowed to make brief notes, up to a maximum of 40 words, or to use a picture or other visual during the task.
- The tasks are marked by your teacher and moderated by the exam board.
- Each task is marked for the following:
  1. **Communication** (the content of what you say) – 15 marks
  2. The **quality of language** (do you use a variety of vocabulary and structures? Is it accurate?) – 10 marks
  3. **Pronunciation** and **intonation** (how German do you sound?) – 5 marks

Basic Tips

Presentations

Make sure you choose a topic that actually interests you as you are more likely to remember all the details. Try to choose something different, unique or unusual – but it need not be true.

Do your research. The internet is a valuable resource. Use German search engines (e.g. www.google.de) to find German-language websites for authentic facts and articles.

Make sure that you include all three tenses – past, present and future. This will earn you vital points.

Try to use colloquial expressions as this will help to make you sound more natural e.g. *natürlich* (of course), *leider* (unfortunately), *selbstverständlich* (naturally) but make sure you are comfortable with the words and phrases you use.

Prepare clear notes: aim for quality of language rather than too much information.

Make prompt cards: learn the main points and keep practising.

Prepare for the examiner's questions. Try to anticipate and be prepared for some tricky questions.

Remember to include reasons and to justify your opinions.

Use connectives such as *und*, *aber*, *obgleich* and *weil*. Make sure you pay attention to word order with the last two.

Role-Play

Try to predict useful words and phrases for the situation.

Have a list of phrases that could come up in role plays as you practise.

In most cases, you ought to use **Sie**, as most of the situations will be formal.

Try to predict the questions the examiner will ask.

Conversation

Practise as many different types of conversation as you can think of.

Build up a list of useful words and phrases.

During the exam

Read all the instructions carefully before you start.

Keep referring to the instructions, but try to keep the conversation as natural as possible.

Listen carefully to the questions you are being asked.

Make sure that you communicate all the elements on your paper.

If you can't think of the word you need, don't panic

* try to describe what you mean
* use the opposite in a negative phrase.
  Es ist nicht teuer = cheap (not expensive)

If that does not work, ask for help. Remember, it's a two-sided conversation!

Viel Glück!

> **TIPP**
>
> Make sure that you cover all points on the list.
>
> Make sure that you can say phrases in the past, present and future on each topic that could come up.
>
> Be prepared for unexpected questions.
>
> The presentation is your opportunity to talk about something that is important to you.
>
> Do your research well and make sure that you cover all three tenses.

Controlled assessment-style tasks for speaking

Conversation

You are discussing your work experience on the phone with your German penfriend. You will have to cover the points on the list below, and you may have to answer some unexpected questions.

Your teacher will take the part of your penfriend.

The following points are suggestions of the information you can include.

1 Who organised your work experience?
2 Where did you go?
3 How did you get there?
4 Describe your colleagues!
5 What did you have to do?
6 What hours did you work?
7 What was your overall impression?

Presentation

You are giving a presentation about recycling to a group of students from Germany. You'll have to talk about the points in the list below and you may also have to answer unexpected questions about this topic.

1 Why have you chosen to talk about recycling?
2 Why is it important?
3 What do you recycle?
4 Compare recycling in Germany to that in Britain!
5 How does the government help?
6 What does your family do about recycling?
7 What could be done to improve the situation?

Role-Play

You are making a telephone call to Germany to make a hotel reservation. You must cover all the tasks listed below and you may have to answer some unexpected questions.

1 Say what kind of room you want to reserve.
2 Say how long you want to stay.
3 Say where you heard about the hotel.
4 Ask the cost.
5 Ask what time breakfast is served.
6 Ask if there is a lift.
7 Say what time you will arrive.

The reading exam – Unit A713

* There are 40 marks in the reading exam – 20% of the final GCSE marks.
* No dictionaries are allowed.
* At Foundation level the test lasts for 35 minutes and at Higher level 45.
* All instructions will be given in English.
* Each tier (Foundation or Higher) contains five exercises. These will become progressively more difficult. Questions at the start of the paper may require the ticking of boxes; at the end you may well need to write fuller answers. When this is required answers will be in English.
* Exercises 4 and 5 at Foundation level are the same as Exercises 1 and 2 at Higher level.

Foundation tier

The first three exercises in the exam contain factual information and you will be required to identify and note main points. In Exercises 4 and 5 tenses other than the present will be used and you will also be expected to note some opinions as well.

Higher tier

At Higher level you will read longer texts and you will be expected to identify specific details. You will also have to be able to read for gist comprehension and will have to be able to recognise views, attitudes and emotions from what you have read. You may also have to work out an answer from several pieces of information. The final task on the Higher-tier paper is multiple choice in German.

TIPP

Make sure you do what the question requires, e.g. give just one word answers, put the correct word in the correct place, or answer the full question, giving reasons if asked to.

You must be able to understand key words such as school subjects or family relationships, and know the difference between similar words, such as *Oberschule* and *Oberstufe*.

You must be able to understand opinions, remembering that *weil* is usually followed by a reason.

Take care when confronted with a longer text. Read the statements carefully as it is very easy to become confused, especially when there are lots of names or details mentioned.

3  _____

4  _____

Practice reading questions

Exercise 1 Questions 1–4

Holidays

What do these people want to do on holiday? Read the chart and write the correct name by each picture.

Name	Ferienwünsche
Sonia	Im Meer schwimmen
Paul	Museen besuchen
Maria	Städtetouren machen
Nicolas	In Restaurants essen
Meike	Schlafen
Uwe	In der Sonne liegen

1  _____

2  _____

Exercise 2 Questions 5–8

Sport

Read the email from Paul about his busy week.

Lieber Hans,

Wie war deine Woche? Ich bin so müde. Ich habe so viel Sport getrieben. Am Montag habe ich Tennistraining gemacht. Das war zwei Stunden lang und war so anstrengend. Am Dienstag habe ich ein Fußballspiel für die Schule gehabt und natürlich haben wir 3–2 gewonnen – ich habe auch ein Tor geschossen. Ich war so glücklich aber auch sehr müde. Am Freitag habe ich für eine Stunde nach der Schule Rugbytraining gehabt und das war langweilig. Es hat viel geregnet und ich bin sehr nass geworden!

Ich gehe jetzt ins Bett – ich will jetzt schlafen.

Paul

Read the sentences which follow and choose a word or phrase from the box to fill in the gaps.

5 Tennis training lasted _____.
6 Paul was very _____ after the football match.
7 He _____.
8 On _____ Paul did rugby training.

| Friday   two hours   sad   scored a goal   missed a penalty |
| happy   one hour   Monday |

Exercise 3 Questions 9–12
School

Read these students' plans for next year and enter in the box below what subject each will do and where.

Fill in four boxes only.

Was willst du nächstes Jahr machen?

Hannah
Ich will in der Oberstufe bleiben und Französisch studieren.

Michaela
Ich will Geschichte studieren aber ich gehe lieber in die Oberschule.

Richard
Ich will auch in die Oberschule gehen aber ich will nicht Geschichte studieren. Ich möchte lieber Erdkunde machen.

Heiko
Kunst ist mein Lieblingsfach und ich will es studieren aber in der Oberstufe nicht in der Oberschule.

	School	College
9 Hannah		
10 Michaela		
11 Richard		
12 Heiko		

Exercise 4 Questions 13–16
Films

Read Katharina's email about films.

Hallo Susi,

Du hast mir letztens gefragt, was ich für Filme mag.

Meine Lieblingsfilme sind Liebesfilme wie „Ghost" und „Notting Hill", weil sie sehr romantisch aber auch lustig sind. Ich sehe gern Krimis, weil ich immer wissen will, wer der Täter ist. Ich mag überhaupt nicht Horrorfilme, weil sie gruselig sind, und ich hasse Abenteuerfilme, weil sie zu viel Blut zeigen und immer sehr laut sind.

Und du, was magst du für Filme?

Bis bald,

Katharina

Answer the questions in English.

13 Why does Katharina like romantic films?
14 What does she think about thrillers?
15 Why does she not like horror films?
16 Why does she hate adventure films?

Exercise 5 Questions 17–20
Family

Read Annelore's description of her family. Read the statements which follow and choose the correct ending for each by writing down the correct letter, **a**, **b** or **c**.

Mein Name ist Annelore, ich bin sechzehn Jahre alt und ich möchte meine Familie vorstellen. Mein Vater heißt Heinrich und er ist zweiundvierzig Jahre alt. Meine Mutter heißt Uschi und sie ist neununddreißig Jahre alt. Meine Eltern wohnen nicht mehr zusammen, da sie geschieden sind. Ich wohne in Hamburg mit meiner Mutter und meinem Stiefvater, der Erich heißt. Er ist dreiundvierzig Jahre alt. Er hat zwei Töchter, die meine Stiefschwestern sind. Sie sind Zwillinge und sie heißen Gabrielle und Susanne. Ich habe auch einen Halbbruder, der Bernd heißt und der sieben Jahre alt ist. Mein Vater Heinrich wohnt mit seiner Freundin Ulla und ihrem Sohn Konrad in Berlin.

17 Annelore's parents are …
   A … separated
   B … divorced
   C … married

18 Ulla is …
   A … Annelore's mother
   B … Annelore's step-sister
   C … Heinrich's girlfriend

19 Gabrielle is …
   A … older than Susanne
   B … the same age as Susanne
   C … younger than Susanne

20 Uschi's son is called …
   A … Konrad
   B … Bernd
   C … Heinrich

Higher level

Exercises 1 and 2 as for Foundation-level Exercises 4 and 5.

Exercise 3 Questions 9-12

What is your attitude towards the environment?

Read this blog from teenagers in Germany and Austria and find out how they feel.

Franziska: Es ist sehr wichtig, die Umwelt zu schützen. Sonst wird das Leben für unsere Kinder und Enkelkinder sehr schwierig sein.

Michael: Ich tue mein Bestes für die Umwelt, aber ich glaube nicht, dass man als Einzelperson einen Unterschied machen kann.

Paul: Ich interessiere mich nicht für die Umwelt. Ich möchte Spaß haben und will mir nicht die ganze Zeit darüber Sorgen machen.

Katja: Das Wichtigste ist, dass wir die richtigen Verkehrsmittel benutzen: wir sollten nicht so oft mit dem Auto fahren und versuchen, nicht zu fliegen, wenn wir mit dem Zug fahren könnten.

Jörg: Plastiktüten sind ein großes Problem. Wir sollten den Supermärkten verbieten, Plastiktüten auszuteilen. So könnten wir vermeiden, dass Plastik auf Stränden landet und das Meer verschmutzt.

Who is it?
Write the correct name.

Example: Who thinks that individual people are powerless to help save the environment?
Answer: Michael

9 Who thinks that shops ought to use packaging more responsibly?
10 Who thinks that our actions today will have an impact on future generations?
11 Who believes that transportation is the key issue?
12 Whose priorities do not include behaving in an environmentally-friendly way?

Exercise 4, Questions 13-20

Read Thomas's article for his partner school in Germany about his exchange trip.

Gute Zeiten, falsche Uhrzeiten

Ich habe letztes Jahr einen Schüleraustausch in München gemacht. Ich habe sehr viel Spaß gehabt, obwohl am Anfang alles schief gegangen ist!

Ich bin abends um 18 Uhr am Flughafen angekommen, aber keiner war da, um mich abzuholen. Ich hatte ein Foto von meinem Austauschpartner in der Tasche, aber es war wirklich keiner da, der ähnlich aussah. Ich muss zugeben, dass ich ein bisschen Angst gekriegt habe. Ich hatte seine Adresse dabei, aber ich hatte wirklich keine Ahnung, wie man dort hinkommt – es war doch mein erstes Mal in Deutschland!

Ich habe mich also entschieden, ihn anzurufen. Zum Glück hat mein Handy auch in Deutschland funktioniert! Es klingelte sehr lange, aber dann hat sich eine Frau gemeldet: „Hallo?"

„Hallo, hier ist Thomas Briteman. Ich bin der Austauschpartner von Christian."

„Ach, du, Thomas! Wo bist du? Wir haben dich heute Morgen erwartet!"

Und dann habe ich verstanden, was passiert ist. Ich hatte Christian in einer E-Mail geschrieben, dass ich um 6 Uhr („at 6 o'clock") ankommen würde. Ich hatte vergessen, dass man in Deutschland normalerweise „18 Uhr" sagt, und nicht 6 Uhr, wenn man über den Abend spricht. Ihr denkt wahrscheinlich, oh, ist der aber dumm, aber in Großbritannien läuft das etwas anders mit der Uhrzeit.

Christian und seine Familie waren alle sehr früh aufgestanden und hatten zwei Stunden lang auf mich gewartet – wie peinlich!! Am Ende haben sie gedacht, dass ich nicht komme. Sie sind nach Hause zurückgefahren und sind wieder ins Bett gegangen.

Ich habe mich mehrmals bei Christians Mutter entschuldigt und habe beschlossen, mit einem Taxi hinzufahren. So mussten sie kein zweites Mal den langen Weg zum Flughafen machen. Ich war sehr froh, als ich endlich ankam!

Answer the questions in English.

Example: What does the title say about clock times?
Answer: They are wrong.

13 What does Thomas say happened at the beginning of his exchange trip to Germany?
14 What happened when Thomas arrived at the airport?
15 How did Thomas feel?
16 What did he decide to do?
17 What had caused the misunderstanding?
18 What did Christian's family do after waiting for him at the airport? (TWO things)

19 What did Thomas say to Christian's mother?

20 How did Thomas get to Christian's house in the end?

Exercise 5 Questions 21-26

Read this article about a new ecology project in Cologne from a local newspaper.

Die grüne Turnstunde

Eine Klasse des Heinrich-Mann-Gymnasiums in Köln hat letzten Monat an einer neuen Initiative teilgenommen: der grünen Turnstunde. Eine grüne Turnstunde ist eine Stunde anstrengender Arbeit im Freien, die man für ein Naturschutzprojekt leistet. Die Initiative hat zwei Zwecke: Jugendliche für den Umweltschutz zu interessieren und parallel ihre Kondition zu verbessern.

Bernhard Heisemann ist der Gründer des Projekts: „Als Kind habe ich mich nie wirklich für Sport und Fitness interessiert. Ich fand unsere Turnstunden in der Schule sehr langweilig – ich bin kein Freund von Mannschaftsspielen und Turnhallen! – und wollte immer draußen im Freien sein. Als Erwachsener sehe ich aber, wie wichtig es ist, schon als Kind an die Gesundheit zu denken und sich zu bewegen. So hatte ich die Idee, Turnen mit Naturschutz – dem anderen großen Thema für die heutige Generation – zu kombinieren: man kann sich körperlich anstrengen, ohne eine bestimmte Sportart zu betreiben!"

Während des Turnunterrichts helfen die Schüler bei Projekten in der Nähe ihrer Schule: zum Beispiel das Pflanzen von Bäumen in neuen Grünanlagen in der Stadtmitte oder das Anlegen eines neuen Teichs im Naturschutzgebiet. Den Schülern scheint das Projekt zu gefallen. „Ich habe mich sehr bemüht, weil ich wusste, dass ich was Gutes für unsere Umwelt tue", sagte Katharina Müller. „Ich hatte nachher ziemlich Muskelkater, aber es hat sich gelohnt!"

Example: Im Artikel geht es um...
A Schulunterricht
B Naturschutz
C Ökotourismus
Answer: B

21 Während einer grünen Turnstunde...
   A sitzt man im Klassenzimmer
   B geht man in die Turnhalle
   C arbeitet man draußen

22 In einer grünen Turnstunde...
   A treibt man Mannschaftssport
   B lernt man etwas über Ökologie
   C hilft man bei einem Projekt

23 Sport und Turnen sind laut Bernhard Heisemann für Kinder...
   A sehr wichtig
   B langweilig
   C nicht nötig

24 Eines der wichtigsten Themen für die heutige Generation ist...
   A richtig essen
   B Naturschutz
   C Sicherheit

25 Die Schüler arbeiten während der Stunde...
   A an einem Schulprojekt
   B an einem Projekt in der Ortschaft
   C an einem Projekt für die Dritte Welt

26 Die Schüler finden die grüne Stunde...
   A eine Zeitverschwendung
   B unterhaltsam
   C lohnenswert

The writing assessment – Unit A714

- There are 60 marks for the writing assessment – 30% of the total GCSE marks.
- You have to do two tasks under controlled conditions. Each task must be on a different topic (taken from the list below) and for a different purpose (e.g. letter, report, story, interview, blog entry, article, etc.) You may also choose to write on a topic of personal interest. The topics are:
  Topic Area 1 Home and Local Area
  Topic Area 2 Health and Sport
  Topic Area 3 Leisure and Entertainment
  Topic Area 4 Travel and the Wider World
  Topic Area 5 Education and Work
- You are allowed to use a dictionary (including an online dictionary) in the preparation for the writing assessment and during the test itself. However, you are **not** allowed to use an online grammar or spell checker.
- You are also allowed to use brief notes – your teacher will explain these to you.
- If you are aiming for grades A*–C you must write 600 words across the two tasks and for grades D–G you must write 350 words.

Basic Tips

Before the task

Everything you have learned for the speaking assessments will also be useful for writing.

This is your opportunity to show what you can do with writing – you can adapt the task to suit your ability.

Make sure you know what level you are aiming for and ensure that you know how to achieve it in this section of the examination.

Do your research. Authentic sources will make you sound more authoritative and will give you some good vocabulary. Think about international organisations that might have German editions of their websites. For example, if you wish to write about the environment, then www.greenpeace.de could be useful a useful source.

Writing the task

Don't forget that your opinions are important and you need to express them here.

Ich mag
Ich mag nicht
Ich finde ... gut /schlecht

Don't forget to justify those opinions too.

... , weil ... *because*
... , da ... *as, since*

In order to attain the higher marks, you will need to use a variety of tenses – past, present and future

Ich habe ... gemacht
Ich bin ... gefahren
Ich möchte ... machen
Ich werde ... gehen

Try to learn a few of these, so that you can adapt them where necessary.

If you are aiming for the higher marks, it will also help if you can add some imperfect verb forms – at the very least **ich hatte** and **ich war**. Some other useful ones might be:

Ich machte *I did*
Ich sagte *I said*

Modal verbs are also very useful additions to your written work:

Ich kann ... *I can*
Ich muss... *I must*

but don't forget to add the infinitive at the end of the sentence or clause.

Modals are also useful in the imperfect:

Ich wollte *I wanted*
Ich konnte *I could*

Try and use the **er** and **sie** forms and write about other people as well as yourself.

Checking your draft

Make sure that you have completed all parts of the task set.

Think about your presentation and layout. Could it be improved?

Make sure that what you have written is interesting. If not, could you improve it?

- add more ideas and/or descriptions
- give more reasons and justifications

Vary your sentence structure – don't use the same type of sentence.

Vary your vocabulary – don't use the same words all the time.

Check your accuracy. Read through your work several times, each time checking for a different aspect:
i.e. verbs, spelling, capitals, word order, adjectives/agreements, nouns/gender.

Use your dictionary to check genders and your grammar book to check verb formations. If you are not certain, you should check.

Viel Spaß!

Whatever the topic, choose an aspect of it that you really enjoy and that will give you plenty to write about. There are lots of articles available online about these films such as „Lola rennt" or „Goodbye Lenin" and their stars.

Festivals also give real scope for research, as you could cover the **Loveparade**, **Oktoberfest** or **Karneval**. Be creative: it isn't necessary to have actually been to one of these festivals to be able to do this task. Effective research and a good imagination will help! Remember that you don't always have to tell the complete truth!

Controlled assessment-style tasks for writing

Films

You have been asked to write an article for a German magazine about your favourite German-speaking film.

The following points are suggestions of the information you could include.

- Why did you choose this particular film?
- Who were the stars and what else do you know about them?
- Describe the storyline!
- Where did you see it for the first time and how many times have you seen it since?
- Would you go to see it again, why (not)?

Festivals

You have been asked to write an article to post on the internet about your favourite German festival.

The following points are suggestions as to the information you could include.

- Describe your favourite festival!
- Why is it your favourite?
- When did you experience it for the first time?
- Would you take part in it again? Why(not)?
- Would you recommend it to other people?

School

You have been asked to write an advertisement for your school in German to be posted on the school's website.

The following points are suggestions of the information you could include.

- Why you recommend it
- The facilities
- The staff
- The pupils
- The school's history

Grammar Bank

1 Cases

There are four cases in German. They show what part a noun or pronoun plays in a sentence:

nominative – subject of a verb (*Das Essen ist fertig.*)

accusative – direct object of a verb (*Ich nehme einen Kuchen.*)
– after certain prepositions (*Er läuft durch den Park.*)

genitive (this case is less common)
– shows possession (*das Auto meines Freundes.*)
– after certain prepositions (*während des Spiels.*)

dative – indirect object of a verb (to convey the idea of 'to someone') (*Er hat ihm ein Buch gegeben.*)
– after certain prepositions (*Ich spreche mit meinen Freunden.*)
– after certain verbs (e.g. *geben, sagen, erzählen, zeigen, passen, helfen* and *gefallen*) (*Der Rock passt meiner Schwester nicht.*)

> **1.1 Identify the case (N, A, G or D) of the underlined words.**
>
> 1 Diese Wurst schmeckt sehr gut mit Senf.
> 2 Ich erzähle dir morgen eine Geschichte.
> 3 Das Rad ihres Bruders ist sehr alt.
> 4 Kommst du nach der Schule zum Jugendklub?
> 5 Meine Freundin hat einen guten Film gesehen.
> 6 Können Sie mir bitte helfen?

2 Nouns

What is a noun?

A noun is the name of a person, place or thing. If you can put **the** or **a** in front of a word, then it is a noun. In German, all nouns must begin with a capital letter.

Gender

In German, all nouns have a gender – masculine, feminine or neuter.

For people this is usually easy: *Bruder, Mann, Vater, Direktor, Arzt* are masculine; *Schwester, Frau, Mutter, Direktorin, Ärztin* are feminine. There are some exceptions: *Mädchen, Fräulein, Baby* are neuter. This is because of the kind of word and not because of the person.

For objects, you need to learn the gender of each noun. There are some patterns that make this easier.

Masculine:
– most nouns ending in **-er** for people (exceptions: *Mutter* (f), *Schwester* (f), *Tochter* (f), *Zimmer* (n))
– many nouns ending in **-el, -en**

Feminine:
– most nouns ending in **-e, -in**
– most nouns ending in **-ik, -ion**
– nouns ending in **-heit, -keit, -schaft, -ung**

Neuter:
– most nouns ending in **-en**
– many nouns ending in **-el, -er**
– all nouns ending in **-chen** or **-lein**
– many nouns adopted from another language (e.g. *Baby, Mountainbike*)

> **2.1 What gender are these nouns? What do they mean? Check in a dictionary.**
>
> | | | | |
> |---|---|---|---|
> | 1 | Politik | 7 | Zeichnen |
> | 2 | Bauer | 8 | Portion |
> | 3 | Bedienung | 9 | Museum |
> | 4 | Kaninchen | 10 | Lehrerin |
> | 5 | Schale | 11 | Zeitung |
> | 6 | Schnitzel | 12 | Großvater |

Singular and plural

Nouns in German form the plural in different ways. There are some patterns to this:

– most feminine nouns add **-n** or **-en** (*Pflanzen, Prüfungen*)
– many foreign words add **-s** (*Büros*)
– most masculine nouns add **-e** and many put an umlaut on the main vowel as well (*Arme, Stühle*)
– most neuter nouns add **-er** and put an umlaut on the main vowel (*Schlösser*)
– most masculine and neuter nouns ending in **-el, -en, -er, -chen** and **-lein** stay the same (*Onkel, Fräulein*)
– some masculine nouns ending in **-el, -en, -er** just add an umlaut (*Väter*)

In the dative plural, all nouns add an extra **-n** or **-en** to the plural form (unless they already end in **-n** or **-s**). (*den Häusern, den Hotels*)

Most masculine and neuter nouns add **-s** or **-es** in the genitive singular (*die Mutter des Kindes*).

> **2.2 Write nouns 1–6 in the plural and 7–12 in the singular. Check in a dictionary.**
>
> | | | | |
> |---|---|---|---|
> | 1 | Mädchen | 7 | Häuser |
> | 2 | Lampe | 8 | Direktorinnen |
> | 3 | Buch | 9 | Äpfel |
> | 4 | Garten | 10 | Schwestern |
> | 5 | Hotel | 11 | Lehrer |
> | 6 | Tag | 12 | Beine |

3 Determiners

What is a determiner?

A determiner is a word such as 'the', 'a', 'my' and 'this' when used in front of a noun. It changes according to the gender, number and case of the noun.

'the' (definite article)

The words for 'the' follow this pattern:

	singular			plural
	masculine	feminine	neuter	
Nominative	der	die	das	die
Accusative	den	die	das	die
Genitive	des	der	des	der
Dative	dem	der	dem	den

'a' (indefinite article) and 'no'

The words for 'a' follow the pattern below. There is no plural of 'a' but *kein* ('not a', 'no') follows the same pattern and it does have a plural.

	singular			plural
	masculine	feminine	neuter	
Nominative	ein / kein	eine / keine	ein / kein	keine
Accusative	einen / keinen	eine / keine	ein / kein	keine
Genitive	eines / keines	einer / keiner	eines / keines	keiner
Dative	einem / keinem	einer / keiner	einem / keinem	keinen

3.1 Complete the sentences with the correct form of *der* (etc.), *ein* and *kein*. The case is given in brackets.

1 D__ Schule beginnt um 8 Uhr. (nom.)
2 Ich wohne in d__ Stadtmitte. (dat.)
3 Wir haben ein__ alten Wagen, aber er läuft gut. (acc.)
4 Ich nehme d__ Bus, weil er billig ist. (acc.)
5 E__ Glas Saft ist gut für d__ Gesundheit. (nom., acc.)
6 Ich esse k___ Fleisch und k____ Süßigkeiten. (acc.)

'my', 'your' etc. (possessive adjectives)

Possessive adjectives are *mein* (my), *dein* (your), *sein* (his, its), *ihr* (her, its, their), *unser* (our) and *Ihr* (your). They follow the same pattern as *ein* and *kein*.

	singular			plural
	masculine	feminine	neuter	
Nominative	mein / ihr	meine / ihre	mein / ihr	meine / ihre
Accusative	meinen / ihren	meine / ihre	mein / ihr	meine / ihre
Genitive	meines / ihres	meiner / ihrer	meines / ihres	meiner / ihrer
Dative	meinem / ihrem	meiner / ihrer	meinem / ihrem	meinen / ihren

'this', 'every' (demonstrative adjectives)

Demonstrative adjectives are *dieser* (this) and *jeder* (each, every). They follow a similar pattern to *der*.

	singular			plural
	masculine	feminine	neuter	
Nominative	dieser	diese	dieses	diese
Accusative	diesen	diese	dieses	diese
Genitive	dieses	dieser	dieses	dieser
Dative	diesem	dieser	diesem	diesen

'which' (interrogative adjective)

The interrogative adjective *welcher* (which) is used in questions. It follows the same pattern as *dieser*.

	singular			plural
	masculine	feminine	neuter	
Nominative	welcher	welche	welches	welche
Accusative	welchen	welche	welches	welche
Genitive	welches	welcher	welches	welcher
Dative	welchem	welcher	welchem	welchen

3.2 Complete the sentences with the correct form of the possessive, demonstrative or interrogative adjective.

1 Mein__ Freund isst dies__ Brot nicht.
2 Jed__ Schüler soll Verständnis für sein__ Klassenkameraden haben.
3 Welch__ Schwimmbad ist das Beste in eur__ Stadt?
4 Heute gibt es in unser__ Kantine mein__ Lieblingsessen.
5 Mit welch__ Lehrern haben dein__ Eltern gesprochen?
6 Mein__ Schwester und ihr__ Freund spielen jed__ Woche in einer Band.

4 Prepositions

What is a preposition?

Prepositions are words that say something about the position of a noun or pronoun. They change the case of the noun or pronoun. It is often difficult to give one translation for prepositions and they are best learnt as phrases.

mit meinem Freund – **with** *my friend*

mit dem Bus – **by** *bus*

Prepositions with the accusative case

These prepositions are always followed by the accusative case:

durch	through	*um*	around, about
für	for	*wider*	against (contrary to)
gegen	against (position, versus)	*entlang*	along
ohne	without		

Wir gehen ohne den Hund durch die Stadt das Flussufer entlang.

We're going through the town along the riverbank without the dog.

Note that *entlang* goes <u>after</u> the noun or pronoun, unlike all the others.

4.1 Translate these phrases into German.

1 through a window
2 for his brother
3 along the street
4 around the corner
5 against the wall
6 without my parents

Prepositions with the dative case

These prepositions are always followed by the dative case:

aus	out of	*seit*	since, for (time)
außer	except for	*von*	from, of, by
bei	at the house of	*zu*	to, at
mit	with, by	*gegenüber*	opposite
nach	to, after		

Er kommt aus einer Kleinstadt und fährt immer mit dem Bus. Er sitzt mir gegenüber. – *He comes from a small town and always trav~ ~ by bus.*

Not ~ *egenüber* sometimes goes <u>after</u> the noun or pronoun.
Bei ~ *von dem* can be shortened to *beim* and *vom*.
Zu ~ *zu der* can be shortened to *zum* and *zur*.

There is a special use of *seit* with the present and imperfect tenses:

Ich **wohne** hier **seit** 10 Jahren. – *I **have lived** here for 10 years.* (present tense in German, past tense in English)

Er **spielte** schon **seit** zwei Stunden. – *He **had** already **been playing for** two hours.* (imperfect tense in German, pluperfect in English)

4.2 Complete the sentences with the correct preposition and the dative case.

1 Wir sehen b__ mein__ Freund fern.
2 N___ ein__ Stunde ist Anna a__ d__ Supermarkt gekommen.
3 Die Sporthalle liegt g_____ ein__ Park.
4 Ich habe 20 Euro v__ mein__ Schwester bekommen.
5 Das ist ein Buch v__ mein__ Lieblingsautor.
6 Wir gehen in den Ferien z__ unser__ Großeltern.

Prepositions with the accusative or dative case

These prepositions can be followed by the accusative or the dative case, depending on the context:

an	at, on(to)	*über*	over
auf	on(to)	*unter*	under
hinter	behind	*vor*	before, in front of
in	in(to)	*zwischen*	between
neben	next to, near		

They take the accusative if there is a change of place (motion) or state.

They take the dative if there is no change of place or state.

Sie legt das Buch auf den Tisch. – *She's putting the book on the table. (change of place)*
Das Buch ist auf dem Tisch. – *The book is on the table. (no change of place)*
In dem and *an dem* can be shortened to *im* and *am*.
In das and *an das* can be shortened to *ins* and *ans*.

4.3 Choose the correct word in brackets.

1 Leg deine Jacke auf (das / dem) Bett!
2 Es gibt einen Parkplatz hinter (die / den) Geschäften.
3 In (meine / meiner) Stadt gibt es viel zu tun.
4 Wir gehen gern in (den / dem) Park und spielen auf (den / dem) Fußballplatz.
5 Linda sitzt zwischen Markus und (mich / mir).
6 Fahren Sie über (die / der) Brücke dann links in (die / der) Hauptstraße.

A few prepositions are followed by the genitive case:

außerhalb	outside	*während*	during
statt	instead of	*wegen*	because of
trotz	despite		

Trotz des schlechten Wetters... – *Despite the bad weather...*
Während der Pause... – *During break...*

4.4 Translate the sentences into English.

1 Wegen des kalten Wetters bleiben wir neben dem Heizkörper.
2 Sie hat uns zur Party im Jugendklub eingeladen.
3 Während des Tages sind wir in den Bergen Ski gefahren.
4 Ich gehe ans Fenster und setze mich auf den Stuhl.
5 Ihr Foto hängt an der Wand über dem Fernseher.
6 Trotz seiner Krankheit ist er mit dem Rad in die Stadt gefahren.

5 Adjectives

What is an adjective?

An adjective is a 'describing word' – it tells you more about a noun. It usually changes its ending to match the noun it is attached to. This 'agreement' depends on three factors:

* the gender and number of the noun
* the case of the noun
* the determiner used.

Adjectives used after a noun

If an adjective is used by itself after a noun, it does not change.
Der Lehrer ist alt. Die Häuser sind alt. – *The teacher is old. The houses are old.*

Adjectives with the definite article

These are the endings with the definite article:

	singular			plural
	masculine	**feminine**	**neuter**	
Nominative	der alt**e** Hund	die alt**e** Katze	das alt**e** Pferd	die alt**en** Tiere
Accusative	den alt**en** Hund	die alt**e** Katze	das alt**e** Pferd	die alt**en** Tiere
Genitive	des alt**en** Hundes	der alt**en** Katze	des alt**en** Pferdes	der alt**en** Tiere
Dative	dem alt**en** Hund	der alt**en** Katze	dem alt**en** Pferd	den alt**en** Tieren

There are only two different endings – most are **-en** and the rest are **-e**.

The same pattern applies with these determiners: *dieser, jeder, welcher.*

Adjectives with the indefinite article

These are the endings with the indefinite article (and the negative):

	singular			plural
	masculine	**feminine**	**neuter**	
Nominative	ein alt**er** Hund	eine alt**e** Katze	ein alt**es** Pferd	keine alt**en** Tiere
Accusative	einen alt**en** Hund	eine alt**e** Katze	ein alt**es** Pferd	keine alt**en** Tiere
Genitive	eines alt**en** Hundes	einer alt**en** Katze	eines alt**en** Pferdes	keiner alt**en** Tiere
Dative	einem alt**en** Hund	einer alt**en** Katze	einem alt**en** Pferd	keinen alt**en** Tieren

There are only three changes from the definite article pattern (masculine nominative; neuter nominative and accusative).

The same pattern applies with all the possessive adjectives: *mein, dein, sein,* etc.

> **5.1 Complete the following sentences with the correct adjective ending.**
> 1 Hamburg ist eine faszinierend__ Stadt.
> 2 Das modern__ Verkehrssystem läuft sehr gut.
> 3 Ich mag die freundlich__ Leute.
> 4 Die Elbe ist ein wichtig__ Strom.
> 5 Die Alster ist der groß__ See in der lebendig__ Stadtmitte.
> 6 Es gibt keinen besser__ Ort als dieses beliebt__ Reiseziel.

Adjectives with no determiner

Sometimes an adjective is used by itself with a noun ('black coffee', 'good food', etc.). The adjective then takes the endings that the definite article would have had (with slight changes in the neuter and the genitive):

	singular			plural
	masculine	**feminine**	**neuter**	
Nominative	hart**er** Käse	warm**e** Milch	kalt**es** Wasser	heiß**e** Würste
Accusative	hart**en** Käse	warm**e** Milch	kalt**es** Wasser	heiß**e** Würste
Genitive	hart**en** Käses	warm**er** Milch	kalt**en** Wassers	heiß**er** Würste
Dative	hart**em** Käse	warm**er** Milch	kalt**em** Wasser	heiß**en** Würsten

Comparative adjectives

Add *-er* to an adjective in German, e.g. *cool**er*** or *kreativ**er***, to say that something is 'cool<u>er</u>' or '<u>more</u> creative.'

Some short adjectives also add an umlaut (*alt – älter, dumm – dümmer*).

There are a few common irregular comparatives:

gut – besser
hoch – höher
viel – mehr

If the comparative adjective comes before the noun, it has to have the same endings as other adjectives (see above).

*eine schön**e** Aussicht – eine schöner**e** Aussicht*

*mit einem gut**en** Freund – mit einem besser**en** Freund*

You compare two things by saying *X ist (nicht) cooler **als** Y (or X ist (nicht) **so** cool **wie** Y).*

> **5.2 Change the adjectives to the comparative form.**
> 1 Dieser Berg ist <u>hoch</u>.
> 2 Von hier aus haben wir eine <u>gute</u> Aussicht.
> 3 Wir haben den <u>langen</u> Weg genommen.
> 4 Ein <u>alter</u> Mann ist unterwegs krank getworden.
> 5 Das war für ein <u>junges</u> Mädchen ziemlich erschreckend.
> 6 Ich möchte mit <u>freundlichen</u> Leuten reisen.

Superlative adjectives

Add **-st** or **-est** to an adjective in German, e.g. *läng**st*** or *interessant**est*** to say that something is 'the longest' or 'the most interesting.'

Some short adjectives add an umlaut in the same way as the comparative.

There are a few common irregular superlatives:

gut – besser – best-
hoch – höher – höchst-
viel – mehr – meist-
nah – näher – nächst-

When used with a noun, a superlative adjective adds the same endings as other adjectives (see above).

*die besser**e** Wahl, das neust**e** Buch*

When used by itself after a noun, the superlative takes this form:

am längsten, **am best**en, **am interessant**esten, etc.

Sein Rad ist gut, aber mein Rad ist am besten.

> **5.3 Choose the sentences that include a superlative and translate them into English.**
> 1 Ich glaube, dass Heidi Klum ein schönes Model ist.
> 2 Ich habe den interessantesten Film über die Baader-Meinhoff-Gruppe gesehen.
> 3 Deutsche sind nicht immer die berühmtesten Schauspieler der Welt.
> 4 *Das Boot* ist ein sehr langer deutscher Film.
> 5 Es ist einer der besten deutschen Filme.
> 6 Wolfgang Petersen ist berühmter Dirigent geworden.

6 Adverbs

What is an adverb?

Adverbs tell you more about a verb – they describe when, how or where something happened. They can be one word (*schnell, pünktlich*), or they can be a whole adverbial phrase (*um 7 Uhr, mit dem Bus*).

Most German adverbs look exactly the same as an adjective and they do not add any endings.

Sie ist eine **fleißige** Schülerin. – *She's a hard-working student.* (adjective)

Sie arbeitet **fleißig**. – *She works hard.* (adverb)

Das Spiel war **gut**. – *The game was good.* (adjective)

Wir haben **gut** gespielt. – *We played well.* (adverb)

Comparative and superlative adverbs

These are formed in the same way as for adjectives. There are also the same few irregular ones.

examples of adverbs	comparative	superlative
	add -er	put *am* in front of the adverb and add -*(e)sten to it*
schlecht (*badly*)	schlechter (*worse*)	**am** schlecht**esten** (*the worst*)
gut (*well*)	besser (*better*)	am besten (*the best*)
viel (*a lot*)	mehr (*more*)	am meisten (*the most*)

Liking and preferring

Liking and preferring can be difficult to translate into German. These adverbs are very useful:

gern (indicates **liking** and goes after the verb)	lieber (indicates **preferring** and goes after the verb)	am liebsten (shows what you **most like** and also goes after the verb, but may also be used at the beginning of the sentence or clause for emphasis)

Ich trinke gern Wasser, aber ich trinke lieber Saft. Am liebsten trinke ich Limonade.

I like drinking water, but I prefer juice. I like lemonade most of all.

6.1 Translate the following sentences into German.

1 She played really well.
2 Tea tastes better with milk.
3 You eat biscuits the fastest of all!
4 I like eating bananas.
5 I prefer to drink tea.
6 They like eating chocolate best of all.

Question words (interrogative adverbs and pronouns)

These 'w' words are placed at the beginning of a sentence to make it into a question. Remember to put the verb next (see Word order, below).

wann	when	*wie viel(e)*	how much (how many)
wie	how	*was*	what
wo	where	*wer (wen, wem)*	who (whom)
warum	why	*was für*	what sort of

6.2 Make these statements into questions.

1 Sie hat heute Geburtstag.
2 Du hast dieses Buch gelesen.
3 Wir kommen um 10 Uhr an.
4 Das T-Shirt kostet zu viel Geld.
5 Mein Bruder ist zum Stadion gegangen.
6 Er hat sich nach dem Spiel geduscht.

Adverbial phrases of time and place

Here are some common adverbs and adverbial phrases:

time

manchmal	sometimes
oft	often
nie	never
ab und zu	now and again
dann und wann	now and then
nächstes Wochenende	next weekend
nächsten Montag	next Monday
letztes Jahr	last year
letzte Woche	last week
vor drei Jahren	three years ago
jeden Tag	every day
sonntags	every Sunday, on Sundays

place

hier	here
dort	there

If there are two or more adverbs or adverbial phrases in a sentence, they have to go in a certain order. (See **Time manner place** in **Word order** section, page 210.)

Intensifiers

Intensifiers are used in German to add emphasis to the adjective or adverb they accompany, e.g. *ziemlich* schwierig (**quite** difficult), *gar nicht* sportlich (**not at all** sporty).

ein bisschen	a bit	*so*	so
ein wenig	a little	*total*	totally
einfach	simply	*überhaupt nicht*	not at all
ganz	quite, completely	*viel*	much
gar nicht	not at all	*ziemlich*	quite
kaum	hardly	*zu*	to
sehr	very		

7 Pronouns

What is a pronoun?

A pronoun is a short word that replaces a noun (or noun phrase) to avoid repetition. Like nouns, pronouns change their case depending on the part they play in a sentence.

Personal pronouns

Here are the personal pronouns in the most common cases:

nominative	accusative	dative	
ich	mich	mir	I, me
du	dich	dir	you
er	ihn	ihm	he/it, him
sie	sie	ihr	she/it, her
es	es	ihm	it
wir	uns	uns	we, us
ihr	euch	euch	you (familiar plural)
Sie	Sie	Ihnen	you (polite)
sie	sie	ihnen	they, them

Sie hat **mich** gesehen. – **She** saw **me**.
Anja und Thomas, kommt **ihr** mit **uns** ins Kino? – *Anja und Thomas, are **you** coming to the cinema with **us**?*

You will often find the dative pronouns after verbs such as *geben*, *sagen*, *erzählen* and *zeigen*. Some verbs that are always followed by the dative are *passen*, *helfen* and *gefallen*.

Ich sage **dir** die Wahrheit. – *I'm telling **you** the truth.*
Das Buch gefällt **mir**. – *I like the book. ('The book pleases me.')*
Sie hilft **ihm** mit der Arbeit. – *She helps **him** with his work.*
Das Kleid passt **ihr** nicht. – *The dress doesn't fit/suit **her**.*

> **7.1 Complete the sentences with the correct pronoun.**
> 1 Anja, hier ist ein Geschenk für (*you*).
> 2 Das ist mein neuer Computer. (*It*) ist toll.
> 3 Wo ist Max? Ich habe (*him*) nicht gesehen.
> 4 Wann seid ihr zu Hause? Ich will mit (*you*) telefonieren.
> 5 Können Sie (*me*) bitte helfen?
> 6 Sie hat (*us*) €20 gegeben.

Reflexive pronouns

Most reflexive verbs have the accusative case of a reflexive pronoun, e.g. *Ich ziehe **mich** an* – I get dressed (I dress **myself**). This is because *mich* is the direct object of the verb.

A few reflexive verbs take the dative case (which conveys the idea of 'to someone'), e.g. *Ich putze **mir** die Zähne* – I brush my teeth (I brush 'to me' the teeth.). These verbs always have another direct object (in this case, 'teeth').

Here are the reflexive pronouns in full:

subject	reflexive pronouns	
(nominative)	accusative	dative
ich	mich	mir
du	dich	dir
er, sie, es, man	sich	sich
wir	uns	uns
ihr	euch	euch
Sie	sich	sich
sie	sich	sich

These common verbs take the dative reflexive pronoun:
sich wünschen – to wish (for something) – *Ich wünsche **mir** einen neuen Computer.*
sich ansehen – to watch (something) – *Siehst du **dir** den Film an?*

> **7.2 Complete the sentences with the correct reflexive pronouns.**
> 1 Erinnerst du _____ an deinen ersten Schultag?
> 2 Ich habe _____ eine neue Jeans gekauft.
> 3 Sie hat _____ lange für die Olympischen Spiele trainiert.
> 4 Mach _____ keine Sorgen!
> 5 Interessiert ihr _____ für Sport im Fernsehen?
> 6 Wir haben _____ heute sehr schnell angezogen.

Indefinite pronouns

Jemand (someone) and *niemand* (no one) usually change to *jemanden/niemanden* in the accusative, and to *jemandem/niemandem* in the dative.

Jemand ist vorbeigegangen, aber ich habe niemanden gesehen und mit niemandem gesprochen. – *Someone went by, but I saw no one and spoke to no one.*

Relative pronouns

Relative pronouns are one way of joining two related sentences together. They mean 'that', 'which' or 'who'. They have to be the same gender, number and case as the noun they replace. Apart from the dative plural, they look just like the word for 'the'.

	Masculine	Feminine	Neuter	Plural
Nom.	der	die	das	die
Acc.	den	die	das	die
Dat.	dem	der	dem	denen

Relative pronouns send the verb to the end of their clause. (See **Word order**, below.)

Das ist die Band. Ich <u>habe</u> **die Band** gestern gesehen – *That is the band. I saw the band yesterday.*
= Das ist die Band, **die** ich gestern gesehen <u>habe</u>.
= *That is the band that I saw yesterday.*

Ich habe einen Freund. Ich <u>fahre</u> **mit meinem Freund** nach Berlin. – *I have a friend. I'm going with my friend to Berlin.*

= Ich habe einen Freund, **mit dem** ich nach Berlin <u>fahre</u>.
= *I have a friend with whom I'm going to Berlin.*

7.3 Complete the sentences with the correct relative pronoun.

1 Das ist die Gruppe, ___ mir am besten gefällt.
2 Ich habe einen Lieblingssänger, ___ ein neues Album gemacht hat.
3 Das ist die CD, von ___ ich gesprochen habe.
4 Gleich kommen die Freunde an, mit ___ ich zum Konzert fahre.
5 Filme, ___ nicht lustig sind, gefallen mir nicht.
6 Die Kinder, ___ diese Sendung hilft, wohnen in Brasilien

---

8 Verbs

What is a verb?

Verbs describe the action (do, go, etc.) or situation (be, have, etc.) in a sentence or clause. They change in important ways depending on:
tense (past, present, future, etc.)
person (I, you, it, etc.)
number (singular, plural),

Most German verbs are 'weak' (regular), but some common ones are 'strong' (irregular) or 'mixed'.

The part given in a dictionary is the **infinitive** – this almost always ends in **-en** and means '**to** do', '**to** go', etc.

Formal and informal usage

Young Germans speak and write to each other using the informal forms **du** (one person) and **ihr** (more than one person). Family members also usually call each other **du**.

When speaking or writing to someone older or not well known to you or in a position of authority, use the formal **Sie** form, which is the same for one and for more than one person.

8.1 Write the correct form of the verb (and pronoun) using *du*, *ihr* or *Sie*.

1 Anna und Jens, (kommen) ___ mit ins Kino?
2 Herr Meyer, (gehen) ___ gleich ins Lehrerzimmer?
3 Mutti, (haben) ___ meine Schultasche gesehen?
4 Oma und Opa, wann (bekommen) ___ (*your*) neues Auto?
5 Carla, wie (sich fühlen) ___ ___ jetzt?
6 Herr und Frau Schmidt, was (wollen) ___ in der Stadt sehen?

Impersonal verbs

Some common verbs are used only in the **es** form.

Es gibt... – There is/are...
Es tut mir Leid. – I am sorry.
Es geht mir gut. – I am well.
Es schmeckt mir. – I like the taste.
Es gefällt mir. – I like it.
Mir ist kalt/heiß/schlecht. – I feel cold/hot/sick.

Negative

To make a verb negative, add **nicht**. This usually goes at or near the end of a clause or sentence. It can also go before an adverb or adverbial phrase to give it emphasis.

Remember that *kein* + noun means 'not a...'. (See **Indefinite article** section on page 202.)

8.2 Identify the negative sentences, and then translate them into English.

1 Es geht mir gar nicht gut.
2 Ich habe einen kleinen Bruder.
3 Wir fahren mitten in der Nacht los.
4 Heute treibt er keinen Sport.
5 Das Konzert hat noch nicht begonnen.
6 Es tut mir Leid, du darfst nicht mitkommen.

Modal verbs

Six irregular verbs are known as modal verbs:

dürfen (to be allowed to)
können (to be able to, 'can')
mögen (to like to)
müssen (to have to, 'must')
sollen (to be supposed to, 'ought')
wollen (to want to)

They normally need another verb to complete their meaning – this verb is in the infinitive and goes to the end of the clause. (See **Word order** section on page 210.)

Ich **kann** morgen nicht **arbeiten**. *I cannot work tomorrow.*

(See **Present**, **perfect**, **imperfect**, **conditional** sections on pages 208-209.)

8.3 Translate these sentences into German.

1 I can play rugby.
2 She wants to go to town.
3 I am not allowed to play tennis.
4 He is supposed to work today.
5 They have to watch television.
6 We don't have to study, but we want to learn.

Separable and inseparable verbs

In German, as in English, many verbs come in two parts. If the verb is separable, the two parts do not usually come next to each other in a sentence. If the verb is inseparable, they do.

*Ich **sehe** gern **fern**.* – I like watching television.
*Ich **be**komme eine Medaille.* – I get a medal.

Here are some common separable and inseparable verbs.

Separable
ankommen – to arrive
anrufen – to call (= telephone), phone
sich ansehen – to watch
zuhören – to listen to

Inseparable

bekommen – to receive, get
benutzen – to use
beschreiben – to describe
verstehen – to understand

8.4 Read the sentences and say whether the verbs are separable (S) or inseparable (I).

1 Ich bekomme 40 Euro pro Monat.
2 In der Woche stehe ich um 6.30 Uhr auf.
3 Ich verstehe nicht, warum die Schule so früh beginnt.
4 Mein Vater bereitet das Frühstück vor.
5 Gestern Abend habe ich mich ein bisschen ausgeruht.
6 Am Wochenende habe ich bei einem Freund übernachtet.

Reflexive verbs

Reflexive verbs need a pronoun to complete their meaning. Most take the accusative reflexive pronoun, but a few use the dative form (see Pronouns above).

Ich interessiere **mich** für Sport. – *I'm interested in sport.*
Ich mache **mir** Sorgen um Jochen. – *I'm worried about Jochen.*

The case of the pronoun is indicated in the dictionary entry for the verb, e.g. 'sich (*dat.*) vorstellen'.

Tenses

Present tense

Weak (regular) verbs form the present tense by taking **-en** from the infinitive (to give the stem) and adding these endings:

ich	**-e**	ihr	**-t**
du	**-st**	Sie	**-en**
er/sie/es/man	**-t**	sie	**-en**
wir	**-en**		

If the stem ends in **-t**, add an extra **-e** before the *du, er/sie/es/man* and *ihr* endings.
arbeit**en** – sie arbeit**et**

Strong (irregular) verbs almost all have the same endings as weak verbs, but there may be a change to the stem in the *du* and *er/sie/es/man* forms **only**. Some of these follow a pattern, but check in the **Verb table** (pages 211–212), e.g.

e → i (e.g. n**e**hmen – du n**i**mmst, sie n**i**mmt)
e → ie (e.g. s**e**hen – du s**ie**hst, es s**ie**ht)
a → ä (e.g. f**a**hren – du f**ä**hrst, er f**ä**hrt)
au → äu (e.g. l**au**fen – du l**äu**fst, er l**äu**ft)

The irregular verbs *haben, sein* and *werden* are widely used and need to be learnt.

8.5 Write out the present tense of each verb in these four forms: *ich; du; er/sie/es; wir.*

1	antworten	4	lassen
2	bekommen	5	schlafen
3	halten	6	tun

Perfect tense

The perfect tense is the main tense used to talk about the past. The perfect tense of to buy (*kaufen*) can be translated as 'bought', 'have bought', 'did buy', etc.

There are two parts:
– the auxiliary (takes the normal position of the verb)
– the past participle (goes to the end of the clause).

Most verbs, including reflexives, form the perfect with the present tense of the auxiliary verb **haben** and a past participle.

- Weak verbs form the past participle from the stem with the prefix **ge-** and the ending **-t** (*ge**kauft***).
- For mixed verbs, the stem is often different, but the prefix and ending are the same (*bringen – **ge**brach**t***).
- Strong verbs often have a changed stem, and take the **ge-** prefix and an **-en** ending (***ge**gess**en**, **ge**sung**en**, **ge**holf**en***).
- Separable verbs insert **-ge-** between the separable prefix and the verb stem.
- Inseparable verbs and those ending in **-ieren** do not take the **ge-** prefix (*verstand**en**, telefonier**t***)

Some verbs form the perfect with the auxiliary **sein**. These mostly show a change of place or state.

*gehen – ich **bin** gegangen*
*aufwachen – du **bist** aufgewacht*
*werden – er **ist** geworden*
*bleiben – wir **sind** geblieben*
*sein – sie **sind** gewesen*

8.6 Rewrite these sentences in the perfect tense.

1 Wir spielen jeden Mittwoch Handball.
2 Ich arbeite am Wochenende für meine Mutter.
3 Wann siehst du Leon?
4 Zu Weihnachten isst meine Familie Gans.
5 Wir fahren im Februar nach Österreich.
6 Meine Großeltern bleiben zu Hause.

Imperfect tense (simple past)

In German, one of the easiest ways to talk about the past is by using the imperfect tense: *ich war* – I was; *sie hatten* – they had; *wir mussten* – we had to

Weak verbs add these endings to the stem:

ich	**-te**	ihr	**-tet**
du	**-test**	Sie	**-ten**
er/sie/es/man	**-te**	sie	**-ten**
wir	**-ten**		

Note that these are mostly similar to the present tense endings with **-(e)t-** inserted: *ich spiel**te**; es mach**te**; sie wart**eten***
Some regular (mixed) verbs have the same endings, but the stem may change:
*bringen – ich brach**te***
*haben – du hatt**est***
*müssen – er muss**te***

Irregular (strong) verbs usually change the stem, and they have a different set of endings:

ich	–	ihr	-t
du	-st	Sie	-en
er/sie/es/man	–	sie	-en
wir	-en		

fahren – ich fuhr; sehen – er sah; nehmen – wir nahmen

8.7 Identify the sentences that are in the past tense.

1 Ich höre gern viele Musiksorten.
2 Mein Vater hatte eine tolle Sammlung von CDs.
3 Er musste sie verkaufen.
4 Andreas fährt zum *Cold-Play*-Konzert.
5 Das Konzert war total gut.
6 Wir sahen viele Freunde im Stadion.

Pluperfect tense

The pluperfect tense describes what **had happened** before another event in the past. It is formed like the perfect tense, but using the imperfect tense of *haben* or *sein* + past participle.

	haben	sein	
ich	hatte	war	
du	hattest	warst	
er/sie/es/man	hatte	war	
wir	hatten	waren	+ past participle
ihr	hattet	wart	
sie	hatten	waren	
Sie	hatten	waren	

wir hatten gespielt; sie war gegangen

8.8 Complete the sentences in the pluperfect tense.

1 Er arbeitete damals in Duisburg, aber vorher ___ er in München ___ (arbeiten)
2 Bevor ich nach Berlin kam, ___ ich nach Moskau ___ (fahren)
3 Die Mannschaft ___ jeden Tag ___ (trainieren)
4 Nachdem sie nach Hause ___ ___, haben sie ein bisschen ferngesehen. (gehen)
5 Er hatte Hunger, weil er sein Pausenbrot schon ___ ___ (essen)
6 Als Schülerin ___ sie nicht fleißig ___, aber als Studentin hat sie gute Noten bekommen. (sein)

Future tense

The future tense is formed using the present tense of **werden** plus the infinitive (at the end of the clause).

ich	werde	ihr	werdet
du	wirst	Sie	werden
er/sie/es/man	wird	sie	werden
wir	werden		

Ich **werde** Erdbeeren **vermeiden**. – *I will avoid strawberries.*

It is often sufficient to use the present tense to talk about the future, especially when combined with an expression of future time.

Nächstes Jahr fahre ich nach Deutschland. – *I'm going to Germany next year.*

Conditional

The conditional means 'would do', 'would buy', etc. It is formed using würde + infinitive.

ich	würde	wir	würden	+ infinitive
du	würdest	ihr	würdet	
er/sie/es/man	würde	Sie/sie	würden	

Ich **würde** kein großes Auto **kaufen**. – *I would not buy a big car.*

Modal and auxiliary verbs usually use the imperfect subjunctive to express the conditional, especially in **wenn** (if) clauses, e.g.

haben – ich hätte	sollen – ich sollte
sein – ich wäre	mögen – ich möchte
können – ich könnte	

Wenn ich reich **wäre**, **würde** ich mir einen besseren Computer **kaufen**. *If I were rich, I'd buy myself a better computer.*

(See **Word order** section, page 210.)

8.9 Identify which of these sentences are in the future tense (F) and which are conditional (C).

1 Ich werde später bei Volkswagen arbeiten.
2 Thomas würde gern an die Uni gehen.
3 Was würdest du machen, wenn du sehr reich wärst?
4 Hanif wird ein Praktikum bei Aldi machen.
5 Werdet ihr in einem Frisörsalon arbeiten?
6 Das würden wir nicht aushalten.

Infinitive constructions

Modal verbs are used with an infinitive (at the end of the clause).
Ich **muss** nach der Schule **arbeiten**. – *I have to work after school.*

For most other verbs you need to add zu before the infinitive.
Ich **versuche**, mit meinem Freund **zu telefonieren**. – *I'm trying to phone my friend.*

Some common expressions follow the same pattern:
um... zu... – in order to
ohne... zu... – without (doing something)
Sie wartete auf den Bus, **um** in die Stadt **zu fahren**. – *She waited for the bus (in order) to go into town.*

(See **Word order** section, page 210.)

The imperative

The imperative is used to give orders or instructions. Because there are three words for 'you' in German, there are three ways of forming the imperative:

• *du* form – take the **-st** off the du form of the verb and drop the *du*: du bleibst → **bleib!**
• *ihr* form – simply drop the *ihr*: ihr bleibt → **bleibt!**
• *Sie* form – simply invert the verb and the pronoun *Sie*: Sie bleiben → **bleiben Sie!**

The verb **sein** (to be) is irregular: *sei! seid! seien Sie!*

9 Word order

Main clauses

The main verb is always the second idea (though not necessarily the second word) in a German sentence.

If the subject of the verb does not start the sentence, it must go immediately after the verb.

Am Ende des Schultags **gehe** ich gern ins Café.

> **9.1 Rewrite these sentences with the phrase in brackets at the beginning.**
> 1 Wir machen Fitness-Training. (jeden Abend)
> 2 Ich fahre sehr gern Rad. (am Wochenende)
> 3 Gesundes Essen ist sehr wichtig. (für Sportler)
> 4 Man kann im Freibad schwimmen. (im Sommer)
> 5 Meine Mutter hat viel Tennis gespielt. (als Teenager)
> 6 Mein Vater und ich sehen Sport im Fernsehen. (zweimal in der Woche)

Time – Manner – Place

If there are several adverbs or adverbial phrases after a verb, they must be in this order: time (when?); manner (how?); place (where?).

Wir fahren <u>jeden Tag</u> <u>mit dem Rad</u> <u>durch die Stadt</u>. – *Every day we cycle through town.*

> **9.2 Rewrite these jumbled-up sentences.**
> 1 bin – freitags –in der Schule– sehr müde – ich
> 2 mit dem Zug – sind – gefahren – nach Berlin – gestern –wir
> 3 für ein Diplom – meine Mutter– in der Hochschule – studiert – seit drei Jahren
> 4 nach Salzburg – viele Touristen – mit Reisebussen – kommen – im Sommer
> 5 arbeitet – im Restaurant – meine Schwester – jeden Abend – sehr schwer
> 6 in China – 2008 – 16 Goldmedaillen – deutsche Sportler – gewannen

Joining sentences – coordinating conjunctions

Coordinating conjunctions are used to join two sentences of equal importance:

Max spielt gern Fußball. Seine Freundin treibt keinen Sport.
Max spielt gern Fußball, **aber** seine Freundin treibt keinen Sport.

Common coordinating conjunctions are: *und* – and; *aber* – but; *oder* – or; *denn* – for, because.

They do not affect the word order but are just added between the two clauses. There is usually a comma to separate each clause.

> **9.3 Join the sentences using the coordinating conjunction in brackets.**
> 1 Ich will Klempner werden. Ich suche ein gutes Praktikum. (und)
> 2 Nach der Schule arbeite ich im Supermarkt. Ich will das nicht als Beruf machen. (aber)

> 3 Du bleibst zwei Stunden hier. Du gehst sofort nach Hause. (oder)
> 4 Bodo möchte Rennfahrer werden. Er kann schon sehr gut fahren. (denn)
> 5 Steffi hat kein Geld. Sie will einen Hamburger essen. (*your choice*)
> 6 Wir können etwas Gesundes essen. Es gibt Pommes mit Würstchen. (*your choice*)

Subordinate clauses

Subordinating conjunctions introduce a clause that adds more information to the main sentence:

Max spielt in einem Verein. Er spielt gern Fußball.
Max spielt in einem Verein, **weil** er gern Fußball spielt.

Common subordinating conjunctions are:

als – when	*obwohl* – although
damit – so that	*während* – whilst
dass – that	*wenn* – if, whenever
ob – if, whether	*weil* – because

They send the verb to the **end** of the clause and there is always a comma to separate each clause.

If the verb is separable, the two parts join together again.

Er **steht** um 7 Uhr **auf**.
Ich weiß, **dass** er um 7 Uhr **aufsteht**.

If there is a modal verb with an infinitive, the modal verb goes after the infinitive.
Sie kann heute nicht kommen, **weil** sie noch arbeiten **muss**.

If a sentence starts with a subordinate clause, that counts as the first part and must be followed by the main verb (verb second rule). This gives the pattern verb – comma – verb.
This is common with *wenn* (if, whenever).

Wenn ich mit der Schule fertig **bin**, **fahre** ich mit Freunden durch Europa.

> **9.4 Join the sentences using the subordinating conjunction in brackets.**
> 1 Ich fühle mich gut. Ich habe zu viel Schokolade gegessen. (obwohl)
> 2 Ich will nicht Volleyball spielen. Ich habe Bauchschmerzen. (wenn)
> 3 Asif sieht ziemlich nervös aus. Er hat ein Vorstellungsgespräch gehabt. (weil)
> 4 Es ist mir klar. Er muss heute zum Training kommen. (dass)
> 5 Ich bleibe gesund. Ich esse viel Obst. (damit – *start the first sentence with this*)
> 6 Es regnet an einem Schultag. Ich nehme immer den Bus. (wenn – *start the first sentence with this*)

Relative pronouns (see **Pronouns** above) send the verb to the end of the clause, just like subordinating conjunctions.
Das ist die Sportlerin, **die** viele Medaillen gewonnen **hat**.
Der Ball, **mit dem** wir jetzt **spielen**, ist viel zu alt.
Das Spiel, **das** gerade **anfängt**, sollte sehr gut sein.

Verb Tables

The 3rd person singular (*er/sie/es/man*) form is given in the verb table. This allows you to work out the other forms.

Compounds of these verbs (e.g. **ver**bringen, **auf**stehen, etc.) follow the same pattern as the main verb, although the auxiliary changes in some cases. Separable verbs are indicated by /.

Infinitive	Meaning	Present	Imperfect	Perfect
Regular (weak) verbs				
arbeiten	*to work*	arbeitet	arbeitete	hat gearbeitet
hören	*to hear*	hört	hörte	hat gehört
machen	*to do/make*	macht	machte	hat gemacht
sagen	*to say*	sagt	sagte	hat gesagt
spielen	*to play*	spielt	spielte	hat gespielt
Irregular (strong) verbs				
an/kommen	*to arrive*	kommt an	kam an	ist angekommen
an/nehmen	*to accept, assume*	nimmt an	nahm an	hat angenommen
aus/gehen	*to go out*	geht aus	ging aus	ist ausgegangen
beginnen	*to begin/start*	beginnt	begann	hat begonnen
bekommen	*to receive, get*	bekommt	bekam	hat bekommen
beschreiben	*to describe*	beschreibt	beschrieb	hat beschrieben
bieten	*to offer*	bietet	bot	hat geboten
bleiben	*to stay, remain*	bleibt	blieb	ist geblieben
brechen	*to break*	bricht	brach	hat gebrochen
bringen	*to bring*	bringt	brachte	hat gebracht
denken	*to think*	denkt	dachte	hat gedacht
dürfen	*to be allowed to*	darf	durfte	hat gedurft
essen	*to eat*	isst	ass	hat gegessen
fahren	*to go (= travel)*	fährt	fuhr	ist* gefahren
fallen	*to fall*	fällt	fiel	ist gefallen
fern/sehen	*to watch TV*	sieht fern	sah fern	hat ferngesehen
fliegen	*to fly*	fliegt	flog	ist* geflogen
geben	*to give*	gibt	gab	hat gegeben
gehen	*to go (= walk)*	geht	ging	ist gegangen
gewinnen	*to win*	gewinnt	gewann	hat gewonnen
haben	*to have*	hat	hatte	hat gehabt
halten	*to hold, stop*	hält	hielt	hat gehalten
heißen	*to be called*	heißt	hieß	hat geheißen
helfen	*to help*	hilft	half	hat geholfen
kennen	*to know (people)*	kennt	kannte	hat gekannt
kommen	*to come*	kommt	kam	ist gekommen
können	*to be able to, "can"*	kann	konnte	hat gekonnt
lassen	*to let, leave (s.th)*	lässt	ließ	hat gelassen
laufen	*to run*	läuft	lief	ist gelaufen

Infinitive	Meaning	Present	Imperfect	Perfect
leihen	*to lend*	leiht	lieh	hat geliehen
liegen	*to lie (be lying down)*	liegt	lag	hat gelegen
mögen	*to like (to)*	mag	mochte	hat gemocht
müssen	*to have to, "must"*	muss	musste	hat gemusst
nehmen	*to take*	nimmt	nahm	hat genommen
rufen	*to call (= shout)*	ruft	rief	hat gerufen
scheinen	*to shine*	scheint	schien	hat geschienen
schlafen	*to sleep*	schläft	schlief	hat geschlafen
schlagen	*to hit*	schlägt	schlug	hat geschlagen
schließen	*to close*	schließ	schloss	hat geschlossen
schreiben	*to write*	schreibt	schrieb	hat geschrieben
schwimmen	*to swim*	schwimmt	schwamm	ist geschwommen
sehen	*to see*	sieht	sah	hat gesehen
sein	*to be*	ist	war	ist gewesen
senden	*to send*	sendet	sandte	hat gesandt
sitzen	*to sit (= be sitting)*	sitzt	saß	ist* gesessen
sollen	*to be supposed to, "should"*	soll	sollte	hat gesollt
sprechen	*to speak*	spricht	sprach	hat gesprochen
stehen	*to stand*	steht	stand	hat gestanden
steigen	*to climb*	steigt	stieg	ist gestiegen
sterben	*to die*	stirbt	starb	ist gestorben
treffen	*to meet (by intention)*	trifft	traf	hat getroffen
trinken	*to drink*	trinkt	trank	hat getrunken
tun	*to do*	tut	tat	hat getan
verbieten	*to forbid*	verbietet	verbot	hat verboten
verlassen	*to leave (= place)*	verlässt	verließ	hat verlassen
verlieren	*to lose*	verliert	verlor	hat verloren
verstehen	*to understand*	versteht	verstand	hat verstanden
waschen	*to wash*	wäscht	wusch	hat gewaschen
werden	*to become, get*	wird	wurde	ist geworden
werfen	*to throw*	wirft	warf	hat geworfen
wissen	*to know (facts)*	weiß	wusste	hat gewusst
wollen	*to want to*	will	wollte	hat gewollt
ziehen	*to pull*	zieht	zog	hat gezogen
zu/nehmen	*to grow (= get bigger)*	nimmt zu	nahm zu	hat zugenommen
zurück/kommen	*to come back*	kommt zurück	kam zurück	ist zurückgekommen

* these verbs use *haben* as the auxiliary if they have a direct object (e.g. *Er hat den Bus gefahren*.).
To form the future tense, take the conjugated part of the verb *werden* plus the infinitive (see page 209):
Ich werde zurückgommen. – I'll come back.
To form the conditional, use *würde* plus infinitive (see page 209):
Er würde zu viel Zeit verlieren. – He'd lose too much time.

Vokabular Deutsch-Englisch

*irregular (strong) verb   † takes sein in the perfect and pluperfect tenses   vb verb   sep vb seperable verb   nm masculine noun   nm feminine noun
nn neuter noun   npl plural noun   adj adjective   adv adverb

A

abbiegen*† *sep vb* to turn off (e.g. to the right)
der **Abend -e** *nm* evening
aber but
das **Abenteuer –** *nn* adventure
abfahren*† *sep vb* to leave, to depart
das **Abgas** *nn* exhaust
das **Abitur** *nn* ≈ A levels (German equivalent)
die **Abreise -n** *nf* departure
abschreiben* *sep vb* to copy out
absichtlich *adj/adv* deliberate(ly), on purpose
der **Affe -n** *nm* monkey, ape
ähnlich *adj* similar
keine **Ahnung!** no idea!
allgemein *adj/adv* generally
der **Alltag** *nm* daily life; weekday
das **Alltagsleben** *nn* daily life
als than
also so, therefore; *adv* so; (interjection) well
alt *adj* old
anbieten* *sep vb* to offer
andere(r, s) *adj* other
der **Anfang -fänge** *nm* beginning, start
anfangen* *sep vb* to begin
das **Angebot** *nn* offer
ängstlich *adj* anxious
ankommen* *sep vb* to arrive
anrufen* *sep vb* to call, to telephone
sich **anschauen** *sep vb* to have a look at
anstrengend *adj* tiring, strenuous
die **Antwort -en** *nf* answer
antworten *vb* to answer
die **Anzeige -n** *nf* small ad
die **Arbeit -en** *nf* work, job
arbeiten *vb* to work
der/die **Arbeitgeber/in –** *nm/f* employer
ärgerlich *adj* annoyed, annoying
arm *adj* poor
der **Arm -e** *nm* arm
die **Art -en** *nf* kind, sort, type
der **Artikel –** *nm* article
atemberaubend *adj* breathtaking

auf Deutsch in German
auf Wiederhören goodbye (on phone)
der **Aufenthalt -e** *nm* stay
die **Aufgabe -n** *nf* task, job
etwas **aufhaben*** *sep vb* to have something to do; to have on
aufhängen *sep vb* to hang up (e.g. the washing)
aufnehmen* *sep vb* to pick up; to record, to tape
aufpassen *sep vb* to watch out, be careful
aufschreiben* *sep vb* to write down
aufstehen*† *sep vb* to stand up, get up
aufsteigen*† *vb* to climb up
der **Ausdruck -drücke** *nm* expression
ausdrücken *sep vb* to express
der **Ausflug -flüge** *nm* trip, excursion
ausführen *sep vb* to carry out; to take out (e.g. a dog for a walk)
ausfüllen *sep vb* to fill out
ausgeben* *sep vb* to spend (money)
das **Ausland** *nn* foreign countries
im **Ausland** abroad
der **Ausländer –** *nm* (male) foreigner
die **Ausländerin -nen** *nf* (female) foreigner
ausmachen *sep vb* to turn off
ausprobieren *sep vb* to try out
die **Ausrede -n** *nf* excuse
die **Ausrüstung** *nf* outfit, equipment
die **Aussage -n** *nf* statement
ausschlafen* *sep vb* to have a good sleep
aussehen* *sep vb* to look (e.g. good)
das **Aussehen** *nn* appearance
außerdem moreover
außergewöhlich *adj* unusual
außerhalb (+ dat.) outside
äußern *vb* to express

die **Aussprache** *nf* pronunciation
die **Ausstattung** *nf* equipment
aussuchen *sep vb* to pick out
d r **Austausch** *nm* exchange
austragen* *sep vb* to deliver
auswählen *sep vb* to pick (out)
das **Auto -s** *nn* car

B

backen *vb* to bake
das **Bad/Bäde** *nn* bath
die **Bahn -en** *nf* track; railway
bald *adv* soon
die **Band -s** *nf* (music) band
die **Bank/Bänke** *nf* bench
die **Bank -en** *nf* bank
d r **Bärengraben** *nm* bear pit
die **Bauarbeiten** *npl* (construction) works
d r **Bauer -n** *nm* (male) farmer
die **Bäuerin -nen** *nf* (female) farmer; farmer's wife
beantworten *vb* to answer
bedeuten *vb* to mean
die **Bedeutung -en** *nf* meaning
bedienen *vb* to serve
begabt *adj* gifted
begeistert *adj* enthusiastic
beginnen* *vb* to begin
begründen *vb* to give reasons for (an opinion)
begrüßen *vb* to greet
behalten* *vb* to keep
behandeln *vb* to treat
beheizt *adj* heated
das **Bein -e** *nn* leg
das **Beispiel -e** *nm* example
zum **Beispiel** for example
bekannt *adj* well-known
bekommen* *vb* to receive
benutzen *vb* to use
bequem *adj* comfortable
d r **Berg -e** *nm* hill, mountain
d r **Beruf -e** *nm* profession, occupation
beruflich *adj* professional
sich **beruhigen** *vb* to calm down
jdm **Bescheid sagen** to let someone know
beschreiben* *vb* to describe

sich **beschweren** *vb* to complain
besichtigen *vb* to view
besondere(r, s) *adj* special
besonders *adv* especially
besprechen* *vb* to discuss
besser *adj/adv* better
bestätigen *vb* to confirm
bestehen aus *vb* to consist of
bestellen *vb* to order
am **besten** *adv* best
bestimmt *adj* certain, particular; *adv* certainly
bestrafen *vb* to punnish
der **Besuch -e** *nm* visit
besuchen *vb* to visit
außer **Betrieb** out of order
das **Bett -en** *nn* bed
sich **bewegen*** *vb* to move
sich **bewerben*** **um** *vb* to apply for (e.g. a job)
biegen*† *vb* to turn
bieten* *vb* to offer
das **Bild -er** *nn* picture
bilden *vb* to form, to shape; to educate
billig *adj* cheap
bis until
bis bald! see you soon!
ein **bisschen** a little
bitte please
bitten* **um** *vb* to ask for
blau *adj* blue
bleiben*† to stay, to remain
blöd *adj* silly
die **Blume -n** *nf* flower
(keinen) **Bock haben** to fancy / not fancy
der **Boden/Böden** *nm* floor, ground; soil
brauchen *vb* to need
brechen* to break
breit *adj* wide
der **Brief -e** *nm* letter
bringen* *vb* to bring, to take
die **Brücke -n** *nf* bridge
der **Bruder/Brüder** *nm* brother
der **Brunnen** fountain, well
das **Buch/Bücher** *nn* book
das **Bücherregal -e** *nn* bookshelf
der **Buchstabe -n** *nm* letter (of the alphabet)
buchstabieren *vb* to spell (out)
bummeln *vb* to hang out

der **Bürgermeister -** *nm* mayor
das **Büro -s** *nn* office

C

die **Charaktereigenschaft -en** *nf* character trait
die **Charakterschwäche -n** *nf* personal weakness
der **Computer -s** *nm* computer

D

ich **dachte** I thought (from **denken**)
daher *adv* that is why
die **Dame -n** *nf* lady
danach *adv* after that, afterwards
dank thanks to
vielen **Dank!** thank you!
danken *vb* to thank
dann then
ich **darf** I am allowed to (from **dürfen**)
dass that
das **Datum/Daten** *nn* date
dauern *vb* to last
denken* an *vb* to think of
denn because; *adv* then (emphasis)
derselbe/dieselbe/ dasselbe/dieselben the same
deshalb for that reason
deutsch *adj* German
der/die/die **Deutscher/Deutsche/ Deutschen** *nm/nf/npl* German(s)
Dezember December
dick *adj* fat
Dienstag *nm* Tuesday
das **Ding -e** *nn* thing
diskutieren *vb* to discuss
Donnerstag *nm* Thursday
doof *adj* daft
das **Dorf/Dörfer** *nn* village
dort there
der **Dramatiker -** *nm* (male) playwright
die **Dramatikerin -nen** *nf* (female) playwright
draußen outside
dreckig *adj* filthy
dritte(r, s) *adj* third
dünn *adj* thin
das **Durcheinander** *nn* mess
dürfen* *vb* to be allowed

E

echt *adj/adv* genuine(ly), real(ly)

die **Ecke -n** *nf* corner
das ist mir **egal** I don't mind
ehrlich *adj/adv* honest(ly)
eigen *adj* own
eigentlich *adv* actually
der **Einbauschrank -schränke** *nm* built-in wardrobe
einfach *adj/adv* easy; easily, simply; single (ticket)
einig sein* to agree, to be in agreement
einige(r, s) *adj* a few
einkaufen *sep vb* to do the shopping
das **Einkaufszentrum -zentren** *nn* shopping centre/mall
einmalig *adj* one-off
einordnen *sep vb* to (put in) order
der **Eintrag -träge** (written) entry
eintragen* *sep vb* to enter (e.g. data)
die **Einweisung** *nf* introduction, admission
der **Einwohner** *nm* inhabitant
die **Einzelheit -en** *nf* detail
einzig *adj/adv* only, sole(ly)
der **Ellenbogen -** *nm* elbow
die **Eltern** *npl* parents
empfangen* *vb* to receive
empfehlen* *vb* to recommend
endlich *adv* finally
das **Endspiel -e** *nn* final
eng *adj* narrow, tight
englisch *adj* English
englischsprachig *adj* English-speaking
die **Ente -n** *nf* duck
entlang along
sich **entscheiden (über)** *vb* to decide (on)
entschuldige bitte! / entschuldigen Sie bitte! excuse me, please
sich **entspannen** *vb* to relax
entstehen*† to arise
entweder ... oder either ... or
entwerfen *vb* to design
entziffern *vb* to decipher
entzündet *adj* inflamed
die **Erdbeere -n** *nf* strawberry
die **Erfahrung -en** *nf* experience
erfinden* *vb* to make up, to invent
der **Erfolg -e** *nm* success
das **Ergebnis -se** *nn* result
erkennen* *vb* to recognise
erklären *vb* to explain
die **Erklärung -en** *nf* explanation
erleben *vb* to experience

das **Erlebnis -se** *nn* experience; event
ernst *adj* serious
erraten *vb* to guess
erreichen *vb* to reach
erscheinen* *vb* to appear
ersetzen *vb* to replace
erste(r, s) *adj* first
erstens in the first place
erster Klasse first class
der/die/das **Erwachsene, die Erwachsenen** adult(s)
erwähnen *vb* to mention
erzählen *vb* to tell
erzeugen *vb* to generate, to produce
essen* *vb* to eat
etwas something

F

das **Fach/Fächer** *n* subject
fahren*† *vb* to go, to travel
die **Fahrkarte -n** *nf* ticket (for travel)
der **Fahrplan -pläne** (transport) timetable
das **Fahrrad -räder** *nn* bicycle
der **Fall/Fälle** *nm* fall; case, condition
auf alle **Fälle** in any case, anyway
die **Familie -n** *nf* family
die **Farbe -n** *nf* colour
der **Fasching -e** or **-s** *nm* (Shrovetide) Carnival
fast *adv* almost
Februar *nm* February
fehlen *vb* to be missing, absent
der **Fehler -** *nm* mistake
feiern *vb* to celebrate
das **Fenster -** *nn* window
die **Ferien** *npl* holidays
fernsehen *sep vb* to watch TV
der **Fernseher -** *nm* television
der/die **Fernsehmoderator, -in** *nm* TV presenter
die **Fernsehsendung -en** *nf* TV programme
fertig *adj* ready, finished
das **Fest -e** *nn* celebration, party
feststellen *vb* to find out, to ascertain
fettgedrückt *adj* printed in bold
das **Feuer -** *nn* fire
die **Feuerwehr** *nf* fire brigade
das **Feuerwerk** *nn* fireworks
finden* *vb* to find
der **Fingernagel -nägel** *nm* fingernail
der **Fleck -e** or **-en** *nm* stain
das **Fleisch** *nn* meat
fliegen*† *vb* to fly
der **Flitzer -** *nm* speed freak

der **Flughafen -** or **-häfen** *nm* airport
das **Flugzeug -e** *nn* (aero) plane
der **Fluss/Flusse** *nm* river
folgen *vb* to follow
folgend *adj* following
die **Form -en** *nf* form, shape
Formel(-1-Rennen) *nn* Formula-one racing
Fortschritte machen to make progress
die **Frage -n** *nf* question
eine **Frage stellen** to ask a question
fragen *vb* to ask
Frankreich *nn* France
frei *adj* free
das **Freibad** *nn* open-air swimming pool
Freitag *nm* Friday
die **Freizeit** *nf* free time
sich **freuen auf** *vb* to look forward to
der **Freund -e** *nm* (male) friend
die **Freundin -nen** *nf* (female) friend
der **Friseur -e** *nm* (male) hairdresser
die **Friseurin -nen** *nf* (female) hairdresser
froh *adj* happy
früh *adj* early
der **Frühling** *nm* spring
frühstücken *vb* to have breakfast
führen *vb* to lead
zu **Fuß** on foot

G

die **Gabel -n** *nf* fork
ganz *adj* whole; *adv* quite
gar *adj* at all; (intensifier) really
der **Gast/Gäste** *nm* guest
der **Gastgeber -** *nm* (male) host
die **Gastgeberin -nen** *nf* (female) host
das **Gebäude -** *nn* building
geben* *vb* to give
das **Gebiet -e** *nn* area
der **Gebrauch ⁻e** *nm* custom, usage
der **Geburtstag -e** *nm* birthday
die **Geburtstadt -städte** *nf* native town
die **Geduld** *nf* patience
gefallen* *vb* to please
es **gefällt mir** I like it
gegen against
die **Gegend -e** *nf* area, neighbourhood

gegenseitig *adj/adv* mutual(ly), alternate(ly)
gegenüber opposite
der **Gegenwart** *nm* present
das **Gehalt -hälter** *nn* salary
gehen*† *vb* to go
gehören zu *vb* to belong to
gelb *adj* yellow
das **Geld** *nn* money
gelegen *adj* situated
gemein *adj* common; mean, horrible
gemütlich *adj* cosy
genau *adj/adv* exact(ly)
genießen* *vb* to enjoy
gerade *adj* straight; (number) even; *adv* just (at the moment)
geradeaus *adv* straight ahead/on
gerecht *adj* fair
das **Gericht -e** *nn* the (law) court; dish (meal)
gern(e) *adv* with pleasure, willingly
gern haben* to like
das **Geschäft -e** *nn* business; shop
geschehen*† *vb* to happen
das **Geschenk -e** *nn* present
geschieden *adj* divorced
geschlossen *adj* shut
die **Geschwister** *npl* brothers and sisters
das **Gespräch -e** *nn* converation, discussion
die **Gesprächspause** *nf* pause in the conversation
gestern *adv* yesterday
die **Gesundheit** *nf* health
das **Getränk -e** *nn* drink
gewinnen* *vb* to win
das **Gewissen** *nn* consience
die **Gewohnheit -en** *nf* habit
es **gibt** there is/there are (from **geben**)
das **Glas/Gläser** *nn* glass
glauben *vb* (an) to believe (in)
gleich *adj* same; *adv* immediately
das **Glück** luck; happiness
zum **Glück** *adv* luckily
die **Grenze -n** *nf* border
die **Großeltern** *npl* grandparents
die **Großstadt -städte** *nf* city
Großbritannien Great Britain
die **Größe -n** *nf* size
grün *adj* green
günstig *adj* favourable, good (price)
der **Gürtel -** *nm* belt

gutaussehend *adj* good-looking
das **Gymnasium -ien** *nn* ≈ grammar school

H

haben* *vb* to have
das **Hähnchen -** *nn* chicken
halb *adj* half
der **Hals/Hälse** *nm* neck
halten* *vb* to hold, to keep; to stop
halten* **von** *vb* to think of
die **Haltestelle -n** *nf* (bus) stop
der **Hase -n** *nm* hare
hässlich *adj* ugly
häufig *adj* frequent, common; **adv** often
Haupt- main
die **Hauptrolle -n** *nf* principal role
hauptsächlich *adv* principally
die **Hauptspeise -n** *nf* main course
die **Hauptstadt -städte** *nf* capital
das **Haus/Häuser** *nn* house
zu **Hause** *adv* at home
die **Hausarbeit** *nf* housework
die **Hausaufgaben** *npl* homework
heben *vb* to lift (e.g. weights), to raise
heiß *adj* hot
die **Heimat** *nf* home
heißen* *vb* to be called
helfen* *vb* to help
das **Hemd -en** *nn* shirt
herausfinden* *sep vb* to find out
der **Herbst -e** *nm* autumn
der **Herr -en** *nm* gentleman
es **herrscht ...** ... prevails
herstellen *sep vb* to produce
das **Herz -en** *nm* heart
heute *adv* today
hin und zurück there and back; return ticket
hinzufügen *vb* to add
hoffen *vb* to hope
hoffentlich *adv* hopefully
höflich *adj* polite
die **Höhe -n** *nf* height
der **Höhepunkt -e** *nm* high point
das **Holz/Hölzer** *nn* wood, timber
hören *vb* to hear, to listen to
die **Hose -n** *nf* trousers
das **Hotel -s** *nn* hotel
hübsch *adj* pretty

der **Hund -e** *nm* dog
hungrig *adj* hungry

I

immer *adv* always
inbegriffen *adj* included
sich **informieren über** *vb* to inform oneself about
der **Ingenieur** *nm* (male) engineer
die **Ingenieurin** *nf* (female) engineer
innerhalb (+gen) inside
insbesondere especially
sich **interessieren für** *vb* to be interested in
irgendwo *adv* anywhere

J

die **Jacke -n** *nf* coat
jagen *vb* to chase
das **Jahr -e** *nn* year
mit (sechs) **Jahren** at the age of (six)
das **Jahrhundert -e** *nn* century
jährlich *adj/adv* yearly
Januar January
je *adv* ever
jeder/jede/jedes *adj* every
jedoch however
jetzt *adv* now
jetzt seid ihr dran! now it's your turn!
die **Jugend** *nf* youth
die **Jugendherberge -n** *nf* youth hostel
jugendlich *adj* youthful
der/die/die **Jugendlichen, die Jugendlichen** *nm/nf/npl* young man / young woman / young people
Juli July
jung *adj* young
der **Junge -n** *nm* boy
jünger *comp adj* younger
Juni June

K

der **Käfig -e** *nm* cage
kalt *adj* cold
das **Kaninchen -** *nn* rabbit
die **Karte -n** *nf* ticket
der **Kasten/Kästen** *nm* box
die **Katze -n** *nf* cat
kaufen *vb* to buy
kaum *adv* hardly
kein/keine/kein no, not any
keine(r, s) no one, nobody; not one, none

kennen* *vb* to know, be acquainted with (a person)
kennen lernen *sep vb* to get to know
die **Kenntnis -se** *nf* knowledge
das **Kind -er** *nn* child
das **Kino -s** *nn* cinema
die **Kirche -n** *nf* church
in **Klammern** in parentheses
klappen *vb* to work, to go smoothly
klar *adj* clear; ready
klar! understood!
die **Klasse -n** *nf* class(room)
klasse! great!
der **Klassenkamerad -en** *nm* (male) classmate
die **Klassenkammeradin -nen** *nf* (female) classmate
das **Klavier -e** *nn* piano
die **Kleider** *npl* clothes
die **Kleidung** *nf* clothes
klein *adj* small
die **Klimaanlage -n** *nf* air-conditioning
klingen *vb* to sound
die **Kneipe -n** *nf* bar
kochen *vb* to cook
kommen*† *vb* to come
können* *vb* to be able to, can
der **Kontakt -e** *nm* contact
kontrollieren *vb* to check
der **Kopf/Köpfe** *nm* head
Kopfschmerzen haben to have a headache
der **Körper -** *nm* body
korrigieren *vb* to correct
krank *adj* ill
die **Krankheit -en** *nf* illness
das **Krankenhaus -häuser** *nn* hospital
die **Kreuzung -en** *nf* crossroads
der **Krieg -e** *nm* war
kriegen *vb* to get
der **Krimi -s** *nm* crime thriller, murder mystery; crime series, film
die **Kunst / Künste** *nf* art
die **Kunsthochschule -n** *nf* academy of art
der **Künstler -** *nm* (male) artist
die **Küntslerin -nen** *nf* (female) artist
kurz *adj* short
die **Kurzgeschichte -n** *nf* short story
die **Küste -n** *nf* coast

L

das **Labor** -s or -e *nn* lab(oratory)
der **Lachs** -e *nm* salmon
lackieren *vb* to varnish
der **Laden/Läden** *nm* shop
das **Land/Länder** *nn* country (= nation); the countyside
die **Landkarte** -n *nf* map
die **Landschaft** -en *nf* landscape
langweilig *adj* boring
lassen* *vb* to let, to leave, to allow
laufen*† *vb* to run; (of film) to be showng
launisch *adj* moody
leben *vb* to live
das **Leben** - *nn* life
der **Lebenslauf** -läufe *nm* curriculum vitae (CV)
die **Lebensmittel** *npl* groceries
lecker *adj* delicious
legen *vb* to lay something down
sich **legen** *vb* to lie down
eine **Lehre** *nf* apprenticeship
lehren *vb* to teach
der **Lehrer** - *nm* (male) teacher
die **Lehrerin** -nen *nf* (female) teacher
leicht *adj* easy; *adv* easily
leider *adv* unfortunately
leihen *vb* to loan, to hire out, to borrow
leisten *vb* to achieve
die **Leistung** -en *nf* achievement, result
lernen *vb* to learn
lesen* *vb* to read
letzte(r, s) *adj* last
die **Leute** *nf* people
die **Liebe** -n *nf* love
lieben *vb* to love
lieber *adv* rather, sooner
das **Lied** -er *nm* song
liegen*(†) *vb* to lie, be situated
die **Liegewiese** -n *nf* lawn
der **Löffel** - *nm* spoon
es **lohnt sich!** it's worth it!
die **Lücke** -n *nf* gap
Lust haben* to want (to do something), to feel like doing something
lustig *adj* jolly, funny

M

machen *vb* to do
das **Mädchen** - *nn* girl
ich **mag** I like (from **mögen**)

die **Mahlzeit** -en *nf* meal
Mai May
das **Mal** -e *nn* time (occasion)
manchmal sometimes
die **Mannschaft** -en *nf* team
der **Markt/Märkte** *nm* market
der **Marktplatz** -plätze marketplace, market square
März March
die **Mauer** -n *nf* wall
das **Meer** -e *nn* sea
mehrere *adj* several
meinen *vb* to mean
die **Meinung** -en *nf* opinion
meiner **Meinung nach** in my opinion
meistens *adv* mostly
der **Mensch** -en *nm* person (people)
sich **merken** *vb* to make a mental notice of, remember
das **Messer** - *nn* knife
mieten *vb* to hire; to rent
mindestens *adv* at least
mitbringen* *vb* to bring along
miteinander with each other, together
das **Mitglied** -er *nn* member
mitkommen*† *vb* to come along
der **Mittag** -e *nm* midday
Mittwoch *nm* Wednesday
ich **möchte** I would like (from **mögen**)
die **Mode** *nf* fashion
mögen* *vb* to like
möglich *adj* possible
die **Möglichkeit** -en *nf* possibility
Montag *nm* Monday
der **Morgen** - *nm* morning
morgen *adv* tomorrow
morgen früh *adv* tomorrow morning
müde *adj* tired
die **Mühe** -n *nf* effort
der **Müll** *nm* rubbish
das **Museum/Museen** *nn* museum
die **Musik** -en *nf* music
der **Musiker** - *nm* (male) musician
die **Musikerin** -nen *nf* (female) musician
müssen *vb* to have to
die **Mutter/Mütter** *nf* mother
die **Mutti** -s *nf* mummy

N

nach after; to (in the direction of)
nachdem after

die **Nachhilfe** *nf* private coaching
der **Nachmittag** -e *nm* afternoon
nachschauen *sep vb* to look up (e.g. a word)
nächst next to; apart from
die **Nacht/Nächte** *nf* night
der **Nachteil** -e *nm* disadvantage
der **Nachtisch** -e *nm* dessert, pudding
der **Nacken** - *nm* neck
in der **Nähe von** near
der **Name** -n *nm* name
nämlich *adv* namely
nehmen* *vb* to take
nett *adj* nice
neu *adj* new
nie/niemals *adv* never
niemand no one
noch *adv* even, still; yet
nochmal *adv* again, once more
normalerweise *adv* normally
die **Note** -n *nm* mark (e.g. for schoolwork)
Notizen machen to make notes
nun *adv* now; (interjection) well
nur *adv* only
nützlich *adj* useful

O

obgleich although
das **Obst** *nn* fruit
obwohl although
die **öffentlichen Verkehrsmittel** *npl* public transport
das **Ohr** -en *nn* ear
Oktober October
die **Oma** -s *nf* granny
der **Onkel** - *nm* uncle
der **Opa** -s *nm* grandpa
der **Orangensaft** *nm* orange juice
in **Ordnung!** all right!
der **Ort** -e *nm* place
Ostern *nn* Easter
Österreich *nn* Austria
Österreichisch *adj* Austrian

P

das **Paar** -e *nn* pair, couple
ein **paar** *adj* a few
der **Partner** - *nm* (male) partner
die **Partnerin** -nen *nf* (female) partner

passen zu *vb* to fit, to suit
die **Pause** -n *nf* break
peinlich *adj* embarrassing, excrutiating
die **Person** -en *nf* person, individual
persönlich *adj* personal; *adv* in person
die **Persönlichkeit** *nf* personality
das **Pferd** -e *nn* horse
die **Pflanze** -n *nf* plant
pflegen *vb* to take care of
der **Platz/Plätze** *nm* room, space
plaudern *vb* to chat
der **Politiker** - *nm* (male) politician
die **Politikerin** -nen *nf* (female) politician
prima *adj* fantastic
der **Profi** -s *nm* pro
prüfen *vb* to check
die **Prüfung** -en *nf* exam
der **Pulli** -s *nm* pullover, jumper
putzen *vb* to clean

Q

der **Quatsch** *nm* rubbish, nonsense
die **Quittung** -en *nf* receipt

R

das **Rad/Räder** *nn* wheel; (= Fahrrad) bicycle
radeln† *vb* to cycle
Rad fahren*† *vb* to cycle
der **Rat/Ratschläge** *nm* (piece of) advice
das **Rathaus** ¨-er *nn* townhall
das **Rätsel** - *nn* puzzle, riddle
Recht haben* to be right
reden über *vb* to talk about, to chat about
die **Regel** -n *nf* rule
regelmäßig *adj/adv* regular(ly)
das **Regen** *nn* rain
es **regnet** it's raining
reich *adj* rich
die **Reihenfolge** *nf* order
rein *adj/adv* pure(ly)
die **Reise** -n *nf* journey, trip
der **Reiseleiter** - *nm* (male) tourguide
die **Reiseleiterin** -nen *nf* (female) tourguide
reisen† *vb* to travel
der **Reisende(r)** *nm* traveller
reißen*(†) *vb* to tear, to rip
reiten*† *vb* to ride

der **Reitstall -ställe** *nm* stable
die **Reklame -n** *nf* advert
der **Rennfahrer -** *nm* racing driver
richtig *adj/adv* right(ly), correct(ly), proper(ly)
der **Rinderbraten** *nm* joint of beef
der **Rivale -n** *nm* rival
der **Rock/Röcke** *nm* skirt
die **Rodelbahn -e** *nf* toboggan run
rodeln(†) *vb* to toboggan
roh *adj* raw
die **Rolle -n** *nf* roll; (e.g. film) role
der **Rosenmontag** *nm* Monday preceding Ash Wednesday
rot *adj* red
der **Rotkohl** *nm* red cabbage
der **Rücken -** *nm* back
Rücken an Rücken back to back
die **Rückfahrkarte -n** *nf* return ticket

S

die **S-Bahn** *nf* suburban railway
die **Sache -n** *nf* thing, matter
der **Saft/Säfte** *nm* juice
sagen *vb* to say
sagenhaft *adj* fabulous, incredible
sammeln *vb* to collect
Samstag *nm* Saturday
der **Sänger -** *nm* (male) singer
die **Sängerin -nen** *nf* (female) singer
der **Satz/Sätze** *nm* sentence
sauber *adj* clean
schade! *adj* shame!
der **Schaden/Schäden** *nm* damage, injury
die **Schande** *nf* shame, disgrace
der **Schauspieler -** *nm* actor
die **Schauspielerin -nen** *nf* actress
schicken *vb* to send
die **Schiene -n** *nf* rail
schlafen* *vb* to sleep
der **Schlafsack -säcke** *nm* sleeping–bag
schlagen* to hit
der **Schlagzeuger -** *nm* (male) drummer
die **Schlagzeugerin -nen** *nf* (female) drummer
schlank *adj* thin
schlecht *adj* bad
schlimm *adj* bad, wicked

Schlittenfahren* sep *vb* to go tobogganing, sledging
Schlittschuh laufen* *vb* to ice-skate
das **Schloss ̈-e** *nm* castle
zum **Schluss** finally, by way of a conclusion
schmecken *vb* to taste
sich etwas **schmecken lassen** to enjoy eating something
der **Schmuck** *nm* jewellery
schmutzig *adj* dirty
der **Schnee** *nm* snow
es **schneit** it's snowing
schnell *adj/adv* quick(ly)
schon *adv* already
schön *adj/adv* beautiful(ly)
schräg gedruckt *adj* italic
schrecklich *adj* terrible
schreiben* *vb* to write
schriftlich *adj* written; *adv* in writing
die **Schule -n** *nf* school
der **Schüler -** *nm* schoolboy, pupil
die **Schülerin -nen** *nf* schoolgirl, pupil
schwarz *adj* black
der **Schwarzwald** *nm* the Black Forest
die **Schweiz** *nm* Switzerland
die **Schwester -n** *nf* sister
schwierig *adj* difficult
die **Schwierigkeit -en** nf difficulty
schwimmen*† *vb* to swim
der **Schwimmbad -bäder** *nm* swimming pool
der **See -n** *nm* lake
die **See -n** *nf* sea
sehen* *vb* to see
sehr *adv* very
Sehr geehrte(r) Frau (Herr) ... Dear ... (at the beginning of a letter)
die **Seifernoper -n** *nf* soapopera
sein*† *vb* to be
seit since; for
seitdem *adv* since then
die **Seite -n** *nf* page; side
selbstverständlich *adv* of course
selten *adj/adv* rare(ly)
der **Sessel -** *nm* armchair
sicher *adj/adv* sure(ly), safe(ly)
der **Sinn -e** *nm* sense
Ski fahren*† to ski
sogar *adv* even
der **Sohn/Söhne** *nm* son
sollen *vb* to be to, should
der **Sommer** *nm* summer
Sonntag *nm* Sunday
sonst *adv* otherwise

sonst noch was? anything else?
die **Sorge -n** *nf* care, trouble
spannend *adj* exciting
sparen *vb* to save
der **Spaß** *nm* fun
Spaß haben*/machen to have fun
spazieren gehen*† *vb* to go for a walk
spielen *vb* to play
das **Spielzeug -e** *nn* toy
Sport treiben* *vb* to do sports
der **Sportler -** *nm* sportsman
die **Sportlerin -nen** *nf* sportswoman
sportlich *adj* sporty
die **Sprache -n** *nf* language
sprechen* *vb* (über) to speak (about)
springen*† *vb* to jump
die **Spülmaschine -n** *nf* dishwasher
die **Staatsangehörigkeit** *nf* nationality
die **Stadt/Städte** *nf* town, city
die **Stadtmitte -n** *nf* town centre
der **Standrand** *nm* edge of town, city outskirts
das **Stadtzentrum -zentren** *nn* town centre
stattfinden* sep *vb* to take place
stehen*† *vb* to stand; to be
er/sie/es **steht mir gut** it suits me
steigen in*† *vb* to climb into
der **Stiefbruder -brüder** *nm* stepbrother
die **Stiefmutter -mütter** *nf* stepmother
die **Stiefschwester -n** *nf* stepmother
der **Stiefvater -väter** *nm* stepfather
stoßen* to push
stimmen *vb* to be right / correct
da **stimmt doch was nicht!** there's something wrong!
das **Stock -** floor (storey)
stören *vb* to disturb
die **Strafe -n** *nf* punishment, penalty
strahlend *adj* bright
der **Strand/Strände** *nm* beach
die **Straßenbahn** *nf* tram
der **Strom** *nm* electricity
studieren *vb* to study
der **Stuhl/Stühle** *nm* chair
die **Stunde -n** *nf* hour

stundenlang for hours (on end)
suchen *vb* to look for
die **Suppe -n** *nf* soup
süß *adj* sweet

T

die **Tabelle -n** *nf* chart, table
die **Tafel -n** *nf* bar, blackboard
der **Tag -e** *nm* day
das **Tagebuch ̈-er** *nn* diary
täglich *adj* daily; *adv* every day
das **Tal/Täler** *nn* valley
die **Tante -n** *nf* aunt
tanzen *vb* to dance
tauschen *vb* to exchange, to swap
der **Teil -e** *nm* part
teilnehmen* sep *vb* to take part
das **Telefon -e** *nn* telephone
das **Tempo -s** *nn* speed; pace
teuer *adj* expensive
das **Tier -e** *nn* animal
der **Tisch -e** *nm* table
die **Tochter/Töchter** *nf* daughter
toll *adj* great, brilliant
der **Tonfall** *nm* intonation
tragen* *vb* to wear, to carry
der **Traum/Träume** *nm* dream
sich **treffen** *vb* to meet (up)
trennen *vb* to separate
trennbar *adj* separable
trinken* *vb* to drink
der **Trost** *nm* comfort
trotz despite
trotzdem *adv* nonetheless
tschüs! bye!
tun* *vb* to do
die **Tür -en** *nf* door
der **Turnshuh -e** *nm* training shoe
der **Typ -en** *nm* type

U

die **U-bahn** *nf* underground (railway)
üben *vb* to practise
überall *adv* everywhere
die **Übung -en** *nf* exercise
überhaupt nicht not at all
sich **überlegen** *vb* to ponder, to reflect
übernachten *vb* to stay (e.g. in a hotel), to spend the night
überprüfen *vb* to check
die **Überraschung -en** *nf* surprise

die **Überschrift -en** *nf* heading

übersetzen in *vb* to translate into

die **Übung -en** *nf* exercise

um (elf) Uhr at 11 o'clock

um wie viel Uhr ...? at what time ...?

um ... zu in order to

sich **umdrehen** *sep vb* to turn round/over

die **Umfrage -n** *nf* poll, survey

umgehen*† mit *sep vb* to know how to handle

umgekehrt *adv* vice-versa

umsteigen*† *sep vb* to change (e.g. trains)

umziehen*† *sep vb* to move house

unbeholfen *adj* clumsy

ungefähr *adv* about, roughly

ungerecht *adj* unfair

Unrecht haben* to be wrong

sich **unterhalten** *vb* to enjoy oneself

sich **unterhalten* mit** *vb* to talk to

die **Unterhaltung** *nf* entertainment

die **Unterkunft -künfte** *nf* accommodation

der **Unterricht** *mn* lessons, classes

unterstützen *vb* to support

der **Unterschied -e** *nm* difference

unterwegs *adv* on the way; away (on holiday)

der **Urlaub -e** *nm* holiday

im **Urlaub** on holiday

V

der **Vater/Väter** *nm* father

der **Vati -s** *nm* daddy

sich **verabreden** *vb* to arrange to meet somebody

verbessern *vb* to improve

die **Verbesserung -en** *nf* improvement

verbinden* mit *vb* to match up with; to connect (on the telephone)

verbringen* *vb* to spend (time)

der **Verein -e** *nm* club, association

vereinbaren *vb* to agree

verfügen über *vb* to have at one's disposal

die **Vergangenheit** *nf* past

vergeben* *vb* to forgive; to give away, to award

vergleichen* mit *vb* to compare with

der **Verkauf** *nm* sales

verkaufen *vb* to sell

der **Verkäufer -** *nm* salesman, sales assistant

die **Verkäuferin -nen** *nf* saleswoman, sales assistant

das **Verkehrsmittel** *nn* mode of transport

sich **verlaufen*†** *vb* to get lost

sich **verletzen** *vb* to injure oneself

die **Verletzung -en** *nf* injury

verlieren* *vb* to lose

vermeiden* *vb* to avoid

verschieden *adj* different; various

verschwinden*† *vb* to disappear

Verspätung haben to be delayed

verstauchen *vb* to sprain

verstehen* *vb* to understand

sich **verstehen*** *vb* to get on

versuchen *vb* to try

vertragen* *vb* to bear, to tolerate

verursachen *vb* to cause

vervollständigen *vb* to complete

verwandeln in *vb* to transform / change into

viel *adj* a lot of, many

vollständig *adj* complete

vor before, in front of; ago

vor allem above all

im **Voraus** in advance

vorbeikommen*† *sep vb* to come by, visit

vorbereiten *vb* to prepare

vorgestern *adv* the day before yesterday

vorhaben* *sep vb* to intend, to plan

vorher *adj* beforehand

vorlesen* *sep vb* to read out (loud)

der **Vormittag** *nm* morning

vorschlagen* *sep vb* to suggest

vorsichtig *adj* careful

die **Vorspeise -n** *nf* starter

sich **vorstellen** *sep vb* to imagine; to introduce oneself

der **Vorteil -e** *nm* advantage

W

wach werden* to wake up

wachsen*† *vb* to grow

wählen *vb* to chose, elect

wahnsinnig *adj* mad; great! incredible!; *adv* incredibly

während during

wandern† *vb* to hike

der **Wanderweg -e** *nm* footpath

wann? when?

warten auf *vb* to wait for

warum? why?

was? what?

was für ...? what kind of ...?

die **Wäsche** *nf* washing

das **Wasser** *nn* water

wechseln *vb* to change

der **Wecker -** *nm* alarm clock

weder ... noch neither ... nor

wegen owing to, due to

weh tun* *vb* to hurt

Weihnachten *nn* Christmas

weinen *vb* to cry

weil because

weit von ... entfernt far from ...

auf diese **Weise** in this way

welcher/welche/welches? which?

die **Welt -e** *nf* world

wem? to whom?

wen? whom?

wenn if

wer? who?

werden*† to become; with infinitives = future and conditional tenses; with past participles = passive

werfen* *vb* to throw

die **Werkstatt -stätte** *nf* workshop

der **Wettbewerb -e** *nm* competition

das **Wetter** *nn* weather

wichtig *adj* important

wie? how

wie bitte? pardon?

wiederholen *vb* to repeat

die **Wiese -n** *nf* meadow

der **Wildpark -s** *nm* gamepark

willkommen heißen* *vb* to welcome

der **Winter** *nm* winter

winzig *adj* tiny

wirklich *adv* really

wissen* *vb* to know (a fact)

witzig *adj* funny

die **Woche -n** *nf* week

das **Wochenende -n** *nn* weekend

wohnen *vb* to live, to reside

der **Wohnort -e** *nm* place of residence

wollen* *vb* to want

das **Wort/Wörter** *nn* word

das **Wörterbuch -bücher** *nn* dictionary

die **Wortstellung** *nf* word order

wünschen *vb* to wish

die **Wurst/Würste** *nf* sausage

Z

die **Zahl -en** *nf* number

zahlen *vb* to pay

zählen *vb* to count

zeichnen *vb* to draw

die **Zeichnung -en** *nf* drawing

zeigen *vb* to show

die **Zeit -en** *nf* time; epoch

die **Zeitschrift -en** *nf* magazine

die **Zeitung -en** *nf* newspaper

die **Zeitverschwendung** *nf* waste of time

das **Zelt -e** *nn* tent

zerstören *vb* to destroy

das **Ziel -e** *nn* aim, goal

ziemlich *adv* rather

das **Zimmer -** *nn* room

zubereiten *sep vb* to prepare (e.g a meal)

zuerst *adv* first (of all)

zufrieden *adj* satisfied

der **Zug/Züge** *nm* train

das **Zuhause** *nn* home

zuhören *sep vb* to listen

die **Zukunft** *nf* future

zurück *adv* back

zurzeit *adv* currently

zusammen *adv* together

zusammenpassen *sep vb* to go well together

zuschicken *sep vb* to send

zwar (emphasis) indeed, it's true

zweimal *adv* twice

zu **zweit** *adv* in a couple, in twos

zweite(r, s) *adj* second

zweiter Klasse *adv* second class

der **Zwilling -e** *nm* twin

zwischen between

Vokabular Englisch-Deutsch

A

A levels (German equivalent) ≈ das Abitur *nn*

to be **able to** ('can') können* *vb*

about (roughly) ungefähr, etwa *adv*

above über

abroad im Ausland

to go **abroad** ins Ausland gehen*†

absolutely total, absolut, völlig *adv*

to **accept** annehmen* sep *vb*

accommodation die Unterkunft -künfte *nf*

across über

actor der Schauspieler - *nm*

actress die Schauspielerin -nen *nf*

actually eigentlich

address die Adresse -n *nf*

adult der Erwachsene/ die Erwachsene/die Erwachsenen

in **advance** im Voraus

advantage der Vorteil -e *nm*

adventure das Abenteuer - *nn*

advert die Reklame -n *nf*, (small as in newspaper) die Anzeige -n *nf*

after nach

afternoon der Nachmittag -e *nm*

again nochmal *adv*

(3 days) **ago** vor (3 Tagen)

aeroplane das Flugzeug -e *nn*

against gegen

at the **age of** (6) mit (sechs) Jahre

airport der Flughafen - or ¨ *nm*

alarm clock der Wecker - *nm*

all right! in Ordnung!

to be **allowed** dürfen* *vb*

almost fast *adv*

alone allein *adj*

along entlang

already schon *adv*

also auch *adv*

although obgleich, obwohl

always immer *adv*

angry böse *adj*

animal das Tier -e *nn*

annoyed ärgerlich *adj*

answer die Antwort -en *nf*

to **answer** antworten *vb*

anxious ängstlich *adj*

anything else? sonst noch was?

anywhere irgendwo

appearance das Aussehen *nn*

to **apply for** (e.g. a job) sich bewerben* um (+ acc) *vb*

apprentice der Lehrling *nm*

apprenticeship eine Lehre *nf*

april April *nm*

arrival die Ankunft *nf*

arm der Arm -e *nm*

armchair der Sessel - *nm*

to **arrive** ankommen*† sep *vb*

art die Kunst/Künste *nf*

artist der Künstler - *nm* / die Küntslerin -nen *nf*

as (when) als; (manner) wie

as … as so … wie

to **ask** fragen *vb*

to **ask for** bitten* um (+acc) *vb*

at (position) an, in, bei; (time) um

August August *nm*

aunt die Tante -n *nf*

Austria Österreich *nn*

autumn der Herbst -e *nm*

to **avoid** vermeiden* *vb*

B

baby das Baby -s *nn*

back zurück *adv*

back der Rücken - *nm*

bad schlecht *adj*; (wicked) schlimm *adj*

bag die Tasche -n *nf*, (paper, plastic) die Tüte -n *nf*

band (music group) die Band -s *nf*

bank die Bank -en *nf*, die Sparkasse -n *nf*

bar Kneipe -n *nf*

bath(tub) die Badewanne -n *nf*

to **bathe** baden *vb*

bathroom das Badezimmer - *nn*, das Bad ¨er *nn*

to **be** sein*† *vb*

beach der Strand ¨e *nm*

to **bear** (tolerate) vertragen* *vb*

beautiful(ly) schön *adj*/ *adv*

because weil

to **become** werden*†

bed das Bett -en *nn*

bedroom das Schlafzimmer *nn*

before vor; (before that) vorher

to **begin** beginnen* *vb*, anfangen* sep *vb*

beginning der Anfang -fänge *nm*

behind hinter

to **believe (in)** glauben *vb* (an)

to **belong to** gehören zu (+dat) *vb*

bench die Bank ¨e *nf*

the **best** der/die/das Beste

better besser *adj/adv*

between zwischen

bicycle das Fahrrad -räder *nn*

bill die Rechnung -en *nf*

bird der Vogel/Vögel *nm*

birthday der Geburtstag -e *nm*

biscuits der Keks -e *nm*

black schwarz *adj*

blue blau *adj*

boat das Boot -e *nn*

body der Körper - *nm*

book das Buch ¨er *nn*

to **book** buchen *vb*

border die Grenze -n *nf*

boring langweilig *adj*

to **borrow** leihen *vb*

boss der Chef -s *nm* / die Chefin -nen *nf*

both beide

bottle die Flasche -n *nf*

box die Kiste -n *nf*, (e.g. of chocolates) die Schachtel -n *nf*

boy der Junge -n *nm*

(loaf of) **bread** das Brot -e *nn*

to **break** brechen* *vb*

to have **breakfast** frühstücken *vb*

to have a **break** Pause machen

bridge die Brücke -n *nf*

to **bring** bringen* *vb*

broken kaputt *adj*

brother der Bruder ¨ *nm*

building das Gebäude - *nn*

business das Geschäft -e *nn*

(bus)stop die (Bus) haltestelle -n *nf*

but aber

to **buy** kaufen *vb*

C

cake der Kuchen - *nn*

to **call** rufen*; (to telephone) anrufen* sep *vb*

to be **called** heißen*

to **calm down** sich beruhigen *vb*

camera der Fotoapparat -e *nm*, die Kamera -s *nf*

to **camp** campen *vb*

capital die Hauptstadt -städte *nf*

car das Auto -s *nn*, der Wagen - or Wägen *nm*

car park der Parkplatz -plätze *nm*

to take **care of** pflegen *vb*

careful vorsichtig adj

to **carry** tragen* *vb*

castle das Schloss/ Schlösser *nn*

cat die Katze -n *nf*

cathedral der Dom -e *nm*

ceiling die Decke -n *nf*

celebration das Fest -e *nn*

to **celebrate** feiern *vb*

century das Jahrhundert -e *nn*

certainly bestimmt *adv*

chair der Stuhl/Stühle *nm*

to **change** (money) wechseln *vb*

to **change** (e.g. trains) umsteigen*† sep *vb*

to get **changed** sich umziehen* sep *vb*

to **chat** plaudern *vb*

cheap billig adj, preiswert *adj*

to **check** prüfen *vb*; (e.g. tickets) kontrollieren *vb*

cheers! zum Wohl!

cheese der Käse -n *nm*

chicken das Hähnchen - *nn*

child das Kind -er *nn*

to **chose** wählen *vb*

Christmas Weihnachten *nn*

church die Kirche -n *nf*

cinema das Kino -s *nn*

city die Großstadt -städte *nf*

class die Klasse -n *nf*

classmate der Klassenkamerad -en *nm* / die Klassenkameradin -nen *nf*

clean sauber *adj*

to **clean** putzen *vb*

clear klar *adj*

climate das Klima -s or -te *nn*

to **climb** steigen*† *vb*

to **close** schließen *vb*, zumachen *sep vb*
closed geschlossen *adj*
clothes die Kleider *npl*, die Kleidung *nf*
coast die Küste -n *nf*
coat der Mantel/Mäntel *nm*
cold kalt *adj*
to have a **cold** erkältet sein*
colour die Farbe -n *nf*
to **come** kommen*† *vb*
comfortable bequem *adj*
to **compare with** vergleichen* mit (+dat) *vb*
competition der Wettbewerb -e *nm*
to **complain** sich beklagen *vb*; (more formal) sich beschweren *vb*
comprehensive school die Gesamtschule -n *nf*
computer der Computer -s *nm*
to **continue** (with something) weiter machen *vb*
conversation das Gespräch -e *nn*
to **cook** kochen *vb*
corner die Ecke -n *nf*
correct(ly) richtig *adj/adv*
cosy gemütlich *adj*
to **count** zählen *vb*
country (= state) das Land/Länder *nn*; (countyside) das Land *nn*
in the **country** auf dem Land
of **course** natürlich *adv*
cousin der Cousin -s *nm* / die Cousine, die Kusine -n *nf*
crossroads die Kreuzung -en *nf*
to **cry** weinen *vb*
cup die Tasse -n *nf*
curly (of hair) lockig *adj*
curriculum vitae (CV) der Lebenslauf -läufe *nm*
customer der Kunde -n *nm* / die Kundin -nen *nf*
to **cut** schneiden* *vb*
to **cycle** Rad fahren*† *sep vb*

D

daily täglich *adj*
to **dance** tanzen *vb*
dark dunkel *adj*
date das Datum/Daten *nn*; die Verabredung *nf*
daughter die Tochter/Töchter *nf*
day der Tag -e *nm*
dead tot *adj*
Dear ... (at the beginning of a letter to a friend)

Liebe(r) ...; (at the beginning of a formal letter) Sehr geehrte(r) Frau (Herr) ...
December Dezember *nm*
deep tief *adj*
to be **delayed by 10 minutes** (10 Minuten) Verspätung haben
deliberate(ly) absichtlich *adj/adv*
delicious lecker *adj*
department store das Kaufhaus -häuser *nn*
departure die Abfahrt -en *nf*, Abreise -n *nf*, (plane) der Abflug - flüge *nm*
that **depends!** das kommt darauf an!
to **describe** beschreiben* *vb*
despite trotz
dessert der Nachtisch -e *nm*
to **destroy** zerstören *vb*
detail die Einzelheit -en *nf*
diary das Tagebuch ¨-er *nn*
dictionary das Wörterbuch -bücher *nn*
difference der Unterschied -e *nm*
different verschieden *adj*, anders *adj*
difficult schwierig *adj*
difficulty die Schwierigkeit -en *nf*
dining room das Esszimmer - *nn*
dinner das Abendessen - *nn*
dirty schmutzig *adj*
disadvantage der Nachteil -e *nm*
to **disappear** verschwinden*† *vb*
to **discuss** besprechen* *vb*, diskutieren *vb*
dish (recipe) das Gericht -e *nn*
dishwasher die Spülmaschine -n *nf*
divorced geschieden *adj*
to **do** machen *vb*, tun* *vb*
doctor der Arzt/Ärzte *nm* / die Ärztin -nen *nf*
dog der Hund -e *nm*
door die Tür -en *nf*
downstairs unten *adv*
to **draw** zeichnen *vb*
drawing die Zeichnung -en *nf*
dream der Traum/Träume *nm*
dress das Kleid -er *nn*
to get **dressed** sich anziehen* *vb*
to **drink** trinken* *vb*

drink das Getränk -e *nn*
dry trocken *adj*
to **dry up** abtrocken *sep vb*
during während

E

each (every) jede(r, s); (per item) je, das Stück
ear das Ohr -en *nn*
early früh *adj*
to **earn** verdienen *vb*
the **East** Osten *nm*
Easter Ostern *nn*
easy leicht *adj*
to **eat** essen* *vb*
either ... or entweder ... oder
electricity der Strom *nm*
embarrassing peinlich *adj*
employee der Angestellter *nm* / die Angestellte *nf*
employer der Arbeitgeber - *nm* / die Arbeitgeberin -nen *nf*
end das Ende -n *nn*, der Schluss / Schlüsse *nm*
English englisch *adj*
Englishman der Engländer - *nm*
Englishwoman die Engländerin -nen *nf*
to **enjoy oneself** sich unterhalten *vb*
entertainment die Unterhaltung *nf*
entrance (to) der Eingang - gänge *nm* (in + acc)
environment die Umwelt *nf*
environmentally friendly umweltfreundlich *adj*
especially besonders *adv*
Europe Europa *nn*
even sogar *adv*
evening der Abend -e *nm*
ever je *adv*
every jeder/jede/jedes *adj*
everybody jeder
everywhere überall *adv*
exactly genau *adv*
exam die Prüfung -en *nf*
example das Beispiel -e *nm*
for **example** zum Beispiel
excellent ausgezeichnet *adj*
except for außer (+dat)
exchange der Austausch *nm*
exciting spannend *adj*
excursion der Ausflug -flüge *nm*
excuse me, please entschuldige bitte! / entschuldigen Sie bitte!

exercise book das Heft -e *nn*
expensive teuer *adj*
experience die Erfahrung -en *nf*
to **experience** erleben *vb*
to **explain** erklären *vb*
to **express** ausdrücken *sep vb*, äußern *vb*
exit (from) der Ausgang -gänge (von +dat) *nm*

F

face das Gesicht -er *nn*
factory die Fabrik -en *nf*
fair gerecht *adj*
to **fall** fallen*†; (person) hinfallen*† *sep vb*
family die Familie -n *nf*
far from (Berlin) weit von Berlin entfernt
fare das Fahrgeld *nn*
farm der Bauernhof -höfe *nm*
farmer der Bauer -n *nm* / die Bäuerin -nen *nf*
fashion die Mode n *nf*
fashionable modisch *adj*
fat dick *adj*
father der Vater/Väter *nm*
favourite Lieblings-
February Februar *nm*
festival der Fest -en *nm*
to **fetch** holen *vb*
a **few** einige(r, s) *adj*, ein paar
to **fight** kämpfen *vb*
filthy dreckig *adj*
final das Endspiel -e *nm*
finally endlich, schließlich *adv*
to **find** finden* *vb*
to **find out** herausfinden* *sep vb*
finger der Finger *nm*
fingernail der Fingernagel -nägel *nm*
fire das Feuer - *nn*
fire brigade die Feuerwehr *nf*
fireworks das Feuerwerk (sing)
firm die Firma/Firmen *nf*, der Betrieb -e *nm*
first erste(r, s) *adj*
first (of all) zuerst
first class erster Klasse
first name der Vorname -n *nm*
in the **first place** erstens
for the **first time** zum ersten Mal
fish der Fisch -e *nm*
fit fit, gesund *adj*
to **fit** passen *vb*
flat flach *adj*
flat die Wohnung -en *nf*

(plane) flight der Flug/die Flüge *nm*

floor (ground) der Boden/ Böden *nm*; (storey) das Stock – *nn*

flower die Blume -n *nf*

to **fly** fliegen*† *vb*

to **follow** folgen *vb* (+*dat*)

on **foot** zu Fuß

for für

to **forbid** verbieten* *vb*

forbidden verboten *adj*

foreigner der Ausländer - *nm* / die Ausländerin -nen *nf*

foreign language die Fremdsprache -n *nf*

fork die Gabel -n *nf*

France Frankreich *nn*

free frei *adj*; (without charge) kostenlos *adj*

free time die Freizeit *nf*

Friday Freitag *nm*

friend der Freund -e *nm* / die Freundin -nen *nf*

in **front** of vor

fruit das Obst *nn*

full voll *adj*

full-time job die Vollzeitstelle *nf*

to have **fun** Spaß haben* / machen

funny (amusing) komisch, lustig *adj*; (strange) merkwürdig *adj*

furniture das Möbel *nn*

future die Zukunft *nf*

in **future** in Zukunft

G

game das Spiel -e *nn*

garden der Garten/Gärten *nm*

in **general** im Allgemeinen

German deutsch *adj*

German der Deutscher *nm* / die Deutsche *nf* / die Deutschen *npl*

in **German** auf Deutsch

German-speaking deutschsprachig *adj*

to **get lost** sich verlaufen*† *vb*

to **get off** aussteigen*† *sep vb*

to **get on with** sich verstehen* *vb* mit (+*dat*), auskommen* mit (+*dat*) *sep vb*

girl das Mädchen - *nn*

to **give** geben* *vb*

glass das Glas/Gläser *nn*

global warming die globale Erwärmung *nf*

to **go** gehen*† *vb*; (to travel) fahren*† *vb*

to **go away** weggehen*† *sep vb*

to **go to bed** ins Bett gehen*†

good gut *adj*

good-looking gutaussehend *adj*

goodbye auf Wiedersehen, tschüss; (on phone) auf Wiederhören

grammar school ≈ das Gymnasium *nn*

grandchild das Enkelkind -er *nn*

granddaughter die Enkelin -nen *nf*

grandparents die Großeltern *npl*

grandson der Enkel *nm*

great groß *adj*; (brilliant) toll *adj*

Great Britain Großbritannien *nn*

green grün *adj*

grey grau *adj*

groceries die Lebensmittel *npl*

ground der Boden/Böden *nm*

ground floor das Erdgeschoss *nn*

to **grow** wachsen*† *vb*; (in numbers) zunehmen* *sep vb*; (crop) anbauen *sep vb*

to **guess** erraten *vb*

guest der Gast/Gäste *nm*

H

hair die Haare *npl*

hairdresser der Friseur *nm*, die Friseurin *nf*

half halb *adj*

half die Hälfte *nf*

half price zum halben Preis

hall (entrance room) die Diele -n *nf*

hand der Hand/Hände *nm*

to **hang up** (e.g. the washing) aufhängen *sep vb*

to **happen** geschehen*† *vb*

happiness das Glück *nn*

happy glücklich, froh *adj*

hard-working fleißig *adj*

hardly kaum *adv*

hat der Hut/Hüte *nm*

to **have** haben* *vb*

to **have to** müssen *vb*

head der Kopf/Köpfe *nm*

headache Kopfschmerzen *npl*

health die Gesundheit *nf*

to **hear** hören *vb*

heart das Herz -en *nm*

heavy schwer *adj*

hello hallo!, guten Tag!

to **help** helfen* *vb* (+*dat*)

helpful hilfsbereit *adj*

high hoch *adj*

to **hike** wandern† *vb*

hill der Hügel - *nm*

to **hire** mieten *vb*

to **hit** schlagen* *vb*

hobby das Hobby -s

holiday der Urlaub -e *nm*

on **holiday** im Urlaub

holidays die Ferien *npl*

to take a **holiday** Ferien machen

home die Heimat *nf*

at **home** zu Hause

to come **home** nach Hause kommen*†

homework die Hausaufgaben *npl*

honest(ly) ehrlich *adj/adv*

to **hope** hoffen *vb*

hopefully hoffentlich *adv*

hospital das Krankenhaus -häuser *nn*

hot heiß *adj*

hotel das Hotel -s *nn*

hour die Stunde -n *nf*

for **hours** (on end) stundenlang

house das Haus ¨-er *nn*

housework die Hausarbeit *nf*

how wie?

how are you? wie geht's?

how do you say that in German? wie sagt man das auf Deutsch?

how long? wie lange?

how many? wie viele?

how much is it? was kostet das?

however jedoch

to be **hungry** Hunger haben*

to hurt weh tun* *vb*

husband der Mann/ Männer *nm*; der Ehemann -männer *nm*

I

idea die Idee *nf*

no **idea!** keine Ahnung!

ill krank *adj*

illness die Krankheit -en *nf*

immediately sofort *adv*

important wichtig *adj*

impossible unmöglich *adj*

in front of vor

incredible wahnsinnig *adj*

inhabitant der Einwohner - *nm* / die Einwohnerin -nen *nf*

to **injure oneself** sich verletzen *vb*

injury die Verletzung -en *nf*

inside drinnen *adv*; innerhalb

to **intend** vorhaben* *sep vb*

intelligent intelligent *adj*

to be **interested in** sich interessieren für (+*acc*) *vb*

interview das Interview -s *nn*

to **introduce oneself** sich vorstellen *sep vb*

to **invent** erfinden* *vb*

to **invite** einladen* *sep vb*

to **iron** bügeln *vb*

J

January Januar *nm*

jewellery der Schmuck *nm*

job die Stelle -en *nf*, (task) die Aufgabe -n *nf*

journey (longer) die Reise -n *nf*, (shorter, by car, train etc.) die Fahrt -en *nf*

juice der Saft/Säfte *nm*

July Juli *nm*

to **jump** springen*† *vb*

June Juni *nm*

just as genau so

K

key der Schlüssel - *nm*

kiss der Kuss/Küsse *nm*

kitchen die Küche -n *nf*

knife das Messer - *nn*

to **know** (a fact) wissen* *vb*

to **know** (a person) kennen* *vb*

to **know one's way around** (e.g. a town) sich auskennen* *sep vb*

to get to **know** kennen lernen *sep vb*

L

lady die Dame -n *nf*

lake der See -n *nm*

landscape die Landschaft -en *nf*

language die Sprache -n *nf*

last letzte(r, s) *adj*

at **last** endlich, schließlich *adv*

to **last** dauern *vb*

late spät *adj*

lawn der Rasen - *nm*

to **lay the table** den Tisch decken

to **lead** führen *vb*

to **learn** lernen *vb*

at **least** mindestens *adv*

to leave (in a certain state) lassen*; (a place) verlassen*; (to depart) abfahren*†

(on the) left links

on the left-hand side auf der linken Seite

leg das Bein -e *nn*

to lend leihen *vb*

less weniger *adj/adv*

to let lassen* *vb*

letter (mail) der Brief -e *nm*; (of the alphabet) der Buchstabe -n *nm*

letterbox der Briefkasten - *nm*

to lie (to be lying down) liegen*(†)

to lie down sich hinlegen *sep vb*

life das Leben - *nn*

lift der Aufzug -züge *nm*

light das Licht -er *nn*

to like mögen* *vb*, gern haben* *vb*

to listen (to) zuhören *sep vb* (+dat)

a little ein bisschen

to live (exist) leben *vb*; (in a place) wohnen *vb*

living room das Wohnzimmer - *nn*

long lang *adj*

to look (e.g. good) aussehen* *sep vb*

to look at anschauen *sep vb*

to look for suchen *vb*

to look forward to sich freuen auf* (+acc) *vb*

to lose verlieren* *vb*

lost verloren *adj*

a lot of viel *adj*

loud laut *adj*

love die Liebe -n *nf*

to love lieben *vb*

luckily zum Glück

lunch das Mittagessen *nn*

M

magazine die Zeitschrift -en *nf*

main course die Hauptspeise -n *nf*

manager der Geschäftesführer - *nm*

man der Mann/Männer *nm*

map die Landkarte -n *nf*; (of town) der Stadtplan -pläne *nm*

March März *nm*

mark (for schoolwork) die Note -n *nm*

market der Markt/Märkte *nm*

marketplace der Marktplatz -plätze

married verheiratet *adj*

to marry heiraten *vb*

it doesn't matter es macht nichts

May Mai *nm*

meal die Mahlzeit -en *nf*

to mean bedeuten *vb*; (intend) beabsichtigen *vb*

meat das Fleisch *nn*

to meet (up) sich treffen *vb*

meeting das Treffen - *nn*

member das Mitglied -er *nn*

menu die Speisekarte -n

midday der Mittag -e *nm*

at midday mittags

midnight die Mitternacht *nf*

at midnight um Mitternacht *nf*

milk die Milch *nf*

mirror der Spiegel - *nm*

to be missing fehlen *vb*

mistake der Fehler - *nm*

mobile phone das Handy -s *nn*

Monday Montag *nm*

money das Geld *nn*

month der Monat -e *nm*

in a good/bad mood guter/ schlechter Laune

more mehr

moreover außerdem

morning der Morgen - *nm*

mostly meistens *adv*

mother die Mutter/Mütter *nf*

motorway die Autobahn -en *nf*

mountain der Berg -e *nm*

mouth der Mund/Münder *nm*

to move house umziehen*† *sep vb*

museum das Museum/ Museen *nn*

music die Musik -en *nf*

musician der Musiker - *nm* / die Musikerin -nen *nf*

N

name der Name -n *nm*

narrow eng *adj*

nature conservation der Naturschutz *nm*

near in der Nähe von

necessary notwendig *adj*

neck der Hals/Hälse *nm*

to need brauchen *vb*

neighbour der Nachbar -n *nm* / die Nachbarin -nen *nf*

neither ... nor weder ... noch

nephew der Neffe -n *nm*

never nie, niemals *adv*

new neu *adj*

New Years's Eve Sylvester *nn*

news die Nachrichten *npl*

newspaper die Zeitung -en *nf*

next to neben

nice nett *adj*

niece die Nichte -n *nf*

night die Nacht/Nächte *nf*

at night nachts *adv*

no (not any) kein/keine/ kein

no one (nobody) niemand

noise der Lärm *nm*

nonetheless trotzdem *adv*

normally normalerwiese *adv*

north Norden *nm*

nose die Nase -n *nf*

not one (none) keine(r, s)

nothing nichts

novel der Roman -e *nm*

November November *nm*

now jetzt *adv*

now and again ab und zu; dann und wann

number (maths) die Zahl -en *nf*; (digit) die Ziffer -n *nf*; (designation, e.g. telephone) die Nummer -n; (amount) die Anzahl -en *nf*

O

October Oktober *nm*

at (11) o'clock um (elf) Uhr

of course selbstverständlich *adv*

to offer anbieten* *sep vb*

office das Büro -s *nn*

often oft *adv*

OK in Ordnung!, klar!, OK!

old alt *adj*

only nur *adv*

only child das Einzelkind -er *nn*

open offen *adj*

opinion die Meinung -en *nf*

in my opinion meiner Meinung nach

opposite gegenüber

or oder

out of order außer Betrieb

to order bestellen *vb*

in order to um ... zu

other andere(r, s) *adj*

otherwise sonst *adv*

outside draußen

over über

overcast bedeckt *adj*

own eigen *adj*

P

page die Seite -n *nf*

to paint malen *vb*

pair das Paar -e *nn*

pardon? wie bitte?

parents die Eltern *npl*

park der Park -s *nm*

to park parken *vb*

part der Teil -e *nm*

to take part teilnehmen* *sep vb*

party die Party -s

passenger der Fahrgast -gäste *nm*, der Passagier -e *nm*

past die Vergangenheit *nf*

patient geduldig *adj*

to pay for bezahlen *vb*

pedestrian der Fußgänger - *nm* / die Füßgängerin -nen *nf*

pen der Stift -e *nm*

pencil der Bleistift -e *nm*

penfriend der Brieffreund -e *nm* / die Brieffreundin -nen *nf*

people die Menschen *npl*, die Leute *nf*

perhaps vielleicht

person (human being) der Mensch -en *nm*; (in official contexts) die Person -en *nf*

pet das Haustier -e *nn*

petrol das Benzin -e *nn*

to pick up (fetch) abholen *sep vb*

picture das Bild -er *nn*

piece das Stück -e *nn*

place der Ort -e *nm*

to take place stattfinden* *sep vb*

(aero) plane das Flugzeug -e *nn*

plant die Pflanze -n *nm*

plate der Teller - *nm*

platform (train) der Bahnsteig -e *nm*

to play spielen *vb*

please bitte

pleasure die Lust / Lüste *nf*

pocket money das Taschengeld *nn*

point der Punkt/Pünkte *nm*

police die Polizei *nf*

policeman der Polizist -en *nm*

policewoman die Polizistin -nen *nf*

polite höflich *adj*

politician der Politiker - *nm* / die Politikerin -nen *nf*

poor arm *adj*; schwach *adj*

popular beliebt *adj*

possible möglich *adj*

to **post** schicken *vb*

post die Post -en *nf*

post office die Post -en *nf*

to **practise** üben *vb*

to **prepare** vorbereiten *vb*; (a meal) zubereiten *sep vb*

present (current time) der Gegenwart *nm*; (gift) das Geschenk -e *nn*

pretty hübsch *adj*

problem das Problem *nn*

to **produce** herstellen *sep vb*

profession der Beruf -e *nm*

to make **progress** Fortschritte machen

public transport die öffentlichen Verkehrsmittel *npl*

to **pull** ziehen* *vb*

pullover der Pulli -s *nn*

pupil der Schüler - *nm* / die Schülerin -nen *n*

to **push** drücken *vb*, stoßen* *vb*

to **put** (lay) legen *vb*; (stand) stellen *vb*

to **put on** anziehen* *sep vb*

Q

quarter das Viertel - *nn*

question die Frage -n *nf*

to ask a **question** eine Frage stellen

quick(ly) schnell *adj/adv*

quite ganz *adv*

R

railway die Bahn -en *nf*

rain das Regen *nn*

it's **raining** es regnet

rare(ly) selten *adj/adv*

rather ziemlich *adv*; (prefer) lieber *adv*

raw roh *adj*

to **reach** erreichen *vb*

to **read** lesen* *vb*

to **read out** (loud) vorlesen* *sep vb*

ready fertig *adj*

really wirklich *adv*

reason der Grund ̈-e *nm*

receipt die Quittung -en *nf*

to **receive** bekommen* *vb*; (letter, salary. present etc.) empfangen* *vb*

recently neulich *adv*

reception der Empfang *nm*

receptionist (in hotel) der Empfangschef -s *nm* / die Empfangsdame -n *nf*

to **recognise** erkennen* *vb*

to **recommend** empfehlen* *vb*

red rot *adj*

regular(ly) regelmäßig *adj/adv*

relatives die Verwandten

to **relax** sich entspannen *vb*

to **remain** bleiben*† *vb*

renewable erneubar *adj*

to **rent** mieten *vb*

to **rent out** vermieten *vb*

to **repair** reparieren *vb*

to **repeat** wiederholen *vb*

to **represent** vertreten *vb*

to **reserve** reservieren *vb*

result das Ergebnis -se *nn*

to **return** zurückkommen*† *sep vb*

return journey die Rückfahrt *nm*

return ticket die Rückfahrkarte -n *nf*

rich reich *adj*

(on the) **right** rechts

to be **right** (person) Recht haben; (fact) stimmen *vb*

on the **right-hand side** auf der rechten Seite

river der Fluss/Flüsse *nm*

room das Zimmer - *nn*; (space) der Platz/Plätze *nm*

rubbish der Müll *nm*; (nonsense) der Quatsch *nm*

rule die Regel -n *nf*

to **run** laufen*† *vb*

S

sad traurig *adj*

safe(ly) sicher *adj/adv*

salary das Gehalt -hälter *nn*

sales assistant der Verkäufer - *nm* / die Verkäuferin -nen *nf*

the **same** derselbe/dieselbe/ dasselbe/dieselben

sandwich der Butterbrot -e *nm*

satisfied zufrieden *adj*

Saturday Samstag *nm*

sausage die Wurst ̈-e *nf*

to **save** (money) sparen *vb*; (rescue) retten *vb*

to **say** sagen *vb*

school die Schule -n *nf*

science die Wissenschaft -en *nf*

Scotland Schottland *nn*

Scottish schottisch *adj*

to **scream** schreien*

sea das Meer -e *nn*, die See -n *nf*

seat der Platz/Plätze

second zweite(r, s) *adj*

second class zweiter Klasse *adv*

to **see** sehen* *vb*

see you soon! bis bald!

to **seem** scheinen* *vb*

to **sell** verkaufen *vb*

to **send** senden* *vb*, schicken *vb*

to **separate** trennen *vb*

September September *nm*

serious ernst *adj*

to **serve** bedienen *vb*

several mehrere *adj*

shame! schade!

shirt das Hemd -en *nn*

shoe der Shuh -e *nm*

shop das Geschäft -e *nn*, der Laden/Läden *nm*

to go **shopping** einkaufen *sep vb*

shopping centre/mall das Einkaufszentrum -zentren *nn*

short kurz *adj*

'should' sollen *vb*

to **show** zeigen *vb*

shower die Dusche *nf*

to have a **shower** sich duschen *vb*

shut geschlossen *adj*

side die Seite -n *nf*

to go **sightseeing** Sehenswürdigeiten besichtigen *vb*

silly blöd *adj*

similar ähnlich *adj*

since seit(dem)

single (unmarried) ledig *adj*

single ticket die einfache Fahrkarte -n *nf*

sister die Schwester - *nf*

to **sit down** sich hinsetzen *vb*

size die Größe -n *nf*

to **ski** Ski fahren*†

skirt der Rock/Röcke *nm*

to **sleep** schlafen* *vb*

to go to **sleep** einschlafen* *sep vb*

slow(ly) langsam *adj/adv*

small klein *adj*

snow der Schnee *nm*

it's **snowing** es schneit

so (therefore) also

someone jemand

something etwas

sometimes manchmal

somewhere irgendwo

son der Sohn/Söhne *nm*

song das Lied -er *nm*; (pop) das Song -s *nn*

soon bald

sort die Art -en *nf*

soup die Suppe -n *nf*

south der Süden *nm*

space der Platz/Plätze *nm*

to **speak** sprechen* *vb*

special besondere(r, s) *adj*

to **spell** buchstabieren *vb*

to **spend** (money) ausgeben* *sep vb*; (time) verbringen* *vb*

to do **sports** Sport treiben* *vb*

sports club der Sportverein -e *nm*

sportsman der Sportler - *nm* / die Sportlerin -nen *nf*

sporty sportlich

to **sprain** verstauchen *vb*

spring der Frühling *nm*

(town) **square** der Platz/Plätze *nm*

stadium das Stadion/ Stadien

stain der Fleck -e or -en *nm*

(postage) **stamp** die Briefmarke -n *nf*

to **stand** stehen*† *vb*

to **stand up** aufstehen*† *sep vb*

start der Anfang -fänge *nm*

to **start** beginnen* *vb*

starter die Vorspeise -n *nf*

station der Bahnhof -höfe *nm*

stay der Aufenhalt -e *nm*, die Übernachtung -en *nf*

to **stay** bleiben*† *vb*; (e.g. in a hotel) übernachten *vb*

stomach der Magen/ Mägen or - *nm*

to **stop** (e.g. walking) halten* *vb*; (doing something) aufhören *sep vb*; (a vehicle) anhalten* *sep vb*

storm der Sturm/Stürme *nm*

straight (hair) glatt *adj*

straight ahead/on geradeaus *adv*

stairs die Treppe (sing)

street die Straße -n *nf*

strong stark *adj*

to **study** studieren *vb*

study das Arbeitszimmer - *nn*

stupid blöd, dumm *adj*

subject das Fach ̈-er *n*

suburb der Vorort -e *nm*

success der Erfolg -e *nm*

suddenly plötzlich *adv*

sugar der Zucker *nm*

to **suggest** vorschlagen* *sep vb*

(men's) **suit** der Anzug -züge *nm*

to **suit** passen zu *vb*

it **suits me** er/sie/es steht mir gut

summer der Sommer *nm*

sun die Sonne -n *nf*
Sunday Sonntag *nm*
sunglasses die Sonnenbrille (sing)
supermarket der Supermarkt -märkte
sure(ly) sicher *adj/adv*
surprise die Überraschung -en *nf*
survey die Umfrage -n *nf*
sweet süß *adj*
to **swim** schwimmen*† *vb*
swimming pool der Schwimmbad ¨-er *nm*
Switzerland die Schweiz *nm*

T

table der Tisch -e *nm*
to **take** nehmen* *vb*, bringen* *vb*, mitnehmen* *sep vb*
to **take off** (plane) starten *vb*
to **take part** teilnehmen* *sep vb*
to **talk about** reden über *vb*
to **talk to** sich unterhalten* mit *vb*
tall groß *adj*
task die Aufgabe -n *nf*
to **taste** schmecken *vb*
taxi das Taxi -s *nn*
to **teach** lehren *vb*
teacher der Lehrer - *nm* / die Leherin -nen *nf*
team die Mannschaft -en *nf*
telephone das Telefon -e *nn*
to **telephone** anrufen* *sep vb*, telefonieren *vb*
television der Fernseher - *nm*
to watch **television** fernsehen *sep vb*
television programme die Fernsehsendung -en *nf*
to **tell** erzählen *vb*
terrible schrecklich, furchtbar *adj*
to **text** eine SMS schicken
to **thank** danken *vb*
tin (can) die Dose -n *nf*
that dass *conj*
then dann *adv*; (at that time) dann, damals
there dort
thin dünn, schlank *adj*
thing das Ding -e *nn*, die Sache -n *nf*
to **think** denken* *vb*
third dritte(r, s) *adj*
to be **thirsty** Durst haben*
to **throw away** wegwerfen* *sep vb*
Thursday Donnerstag *nm*

ticket die Karte -n *nf*; (for travel) die Fahrkarte -n *nf*
tidy ordentlich *adj*
to **tidy up** aufräumen *sep vb*
time die Zeit -en *nf*; (occasion) das Mal -e *nn*
on **time** pünktlich *adv*
timetable (transport) der Fahrplan -pläne *nm* ; (school) der Stundenplan -pläne *nm*
tired müde *adj*
tiring anstrengend *adj*
today heute
together zusammen *adv*
tomorrow morgen
tomorrow morning morgen früh
too zu
tooth der Zahn/Zähne *nm*
toothbrush die Zahnbürste -n *nf*
at the **top** oben
town die Stadt/Städte *nf*
town centre die Stadtmitte -n *nf*, das Stadtzentrum -zentren *nn*
traffic das Verkehr *nn*
train der Zug ¨-e *nm*
trainers die Turnschuhe *npl*
tram die Straßenbahn *nf*
to **translate into** übersetzen in *vb*
to **travel** fahren*† *vb*, reisen† *vb*
to **treat** behandeln *vb*
tree der Baum/Bäume *nm*
trip der Ausflug -flüge *nm*
trousers die Hose -n *nf*
to **try** versuchen *vb*
Tuesday Dienstag *nm*
to **turn off** ausmachen *vb*
twice zweimal *adv*
twin der Zwilling -e *nm*
type der Typ -en *nm*

U

ugly hässlich *adj*
umbrella der Regenschirm -e *nm*
uncle der Onkel - *nm*
the **underground** (railway) die U-bahn *nf*
to **understand** verstehen* *vb*
unemployed arbeitslos *adj*
unfair ungerecht *adj*
unfortunately leider *adv*
until bis
unusual außergewöhnlich *adj*
upstairs oben

to **use** benutzen *vb*, gebrauchen *vb*
useful nützlich *adj*
useless nützlos *adv*
usually gewöhnlich *adv*

V

to **vaccum clean** staubsaugen *sep vb*
valid gültig *adj*
valley das Tal ¨-er *nn*
vegetables das Gemüse *nn*
very sehr
view die Aussicht *nf*
village das Dorf/Dörfer *nn*
visit der Besuch -e *nm*
to **visit** besuchen *vb*

W

to **wait for** warten auf (+acc) *vb*
waiter der Kellner - *nm*
waitress die Kellnerin -nen *nf*
to **wake up** aufwachen *sep vb*, wach werden* *vb*
Wales Wales *nn*
to go for a **walk** spazieren gehen*† *vb*
wall die Mauer -n *nf*; (internal) die Wand
to **want** wollen* *vb*; (feel like doing something) Lust haben*
war der Krieg -e *nm*
wardrobe der Schrank/ Schränke *nm*
to **wash** waschen *vb*
to **wash up** abspülen *sep vb*
washing die Wäsche *nf*
washing machine die Waschmaschine -n *nf*
to **waste** verschwenden *vb*
weak schwach *adj*
to **wear** tragen* *vb*
weather das Wetter *nn*
weather forecast die Wettervorhersage -n *nf*
Wednesday Mittwoch *nm*
week die Woche -n *nf*
on **weekdays** wochentags
weekend das Wochenende -n *nn*
at the **weekend** am Wochenende
to **welcome** willkommen heißen* *vb*
as **well as** sowie
well-known bekannt *adj*
Welsh walisisch *adj*
west der Westen *nm*
wet nass *adj*
what? was?
when als, wenn

when? wann?
where? wo? wohin? woher?
which? welcher/welche/ welches?
white weiß *adj*
who? wer?
whom? wen?
to **whom?** wem?
why? warum?
wide breit *adj*
wife die Frau -en *nf*, die Ehefrau -en *nf*
to **win** gewinnen* *vb*
window das Fenster - *nn*
wine der Wein -e *nm*
windy windig *adj*
winner der Sieger - *nm* / die Siegerin -nen *nf*
winter der Winter *nm*
to **wish** wünschen *vb*
with mit
without ohne
woman die Frau -en *nf*
word das Wort ¨-er *nn*
work die Arbeit -en *nf*
to **work** arbeiten *vb*; (function) funktionieren *vb*
world die Welt -e *nf*
to be **worth** wert sein*
it's **worth it!** es lohnt sich!
to **write** schreiben* *vb*
to **write down** aufschreiben* *sep vb*
to be **wrong** (person) Unrecht haben; (fact) nicht stimmen
wrong falsch *adj*

Y

year das Jahr -e *nn*
yearly jährlich *adj*
yellow gelb *adj*
yes ja; (contradicting) doch
yesterday gestern *adv*
young jung *adj*
young people die Jugendlichen *npl*
Yours sincerely mit freundlichen Grüßen
youth die Jugend *nf*
youth hostel die Jugendherberge -n *nf*